朱佳木精选集

朱佳木 ◎ 著

人民日报出版社

北京

图书在版编目（CIP）数据

朱佳木精选集 / 朱佳木著 . — 北京：人民日报出
版社 , 2023.12
ISBN 978-7-5115-8130-3

Ⅰ . ①朱… Ⅱ . ①朱… Ⅲ . ①朱佳木－文集 Ⅳ .
① K092-53

中国国家版本馆 CIP 数据核字（2023）第 248116 号

书　　名：**朱佳木精选集**
　　　　　ZHU JIAMU JINGXUAN JI
作　　者：朱佳木

出 版 人：刘华新
策 划 人：欧阳辉
责任编辑：寇　诏　杨冬絮
装帧设计：新成博创

出版发行：人民日报出版社
社　　址：北京金台西路 2 号
邮政编码：100733
发行热线：（010）65369509　65369527　65369846　65363528
邮购热线：（010）65369530　65363527
编辑热线：（010）65363105
网　　址：www.peopledailypress.com
经　　销：新华书店
印　　刷：北京盛通印刷股份有限公司
法律顾问：北京科宇律师事务所　（010）83622312

开　　本：710mm×1000mm　　1/16
字　　数：220 千字
印　　张：19.5
版次印次：2024 年 3 月第 1 版　　2024 年 3 月第 1 次印刷

书　　号：ISBN 978-7-5115-8130-3
定　　价：78.00 元

前　言

我自从 1985 年在《红旗》杂志（即今《求是》）上发表《用比较法作决策——学习〈陈云文选〉（1949–1956）的体会》一文后，至今已在党报党刊和理论与学术杂志上陆陆续续发表了数百篇文章，也结集出版了七八本论文集。但这些书都是按照专题编辑的，还没有一本将文章以时间为序编排集纳、反映自己学术和理论思考历程的书。2023 年 5 月，人民日报出版社来函，提出他们正在打造"人民文选"系列图书，准备为理论界、学术界的一些专家出版一套"精选集"，将我也列入了出书名单，并约我为这本书提供文稿。本人自知才疏学浅，获此殊荣，实在愧不敢当。但想到出这样一本书，毕竟可以弥补上述缺憾，也就不揣浅陋，答应了下来。

由于这套丛书有字数限制，所以，只能从已有研究成果中挑选最能反映自己学术和理论观点的文章。经过反复筛选，我重点选择了于 2001 年初调到当代中国研究所工作后，至今 20 多年来在中国当代史和政治理论研究领域形成的文章，并最终选出了 25 篇。其中 10 篇是关于当代史研究的基本理论与方法，以及对当代史重大事件、重要问题的分析和经验总结；10篇是对于一些政治理论问题的论述；还有4篇，既涉及当代史也涉及政治理论，可以说是中国当代史研究与政治理论研究的结合。另外有一篇文章，即《认识中国共产党在全民族抗战中的中流砥柱作用》，是以纪念抗战胜利80周年为契机，针对当时舆论界一些人在抗日战争史研究和宣传方面人为抬高国民党正面战场作用、贬低共产党及其领导的八路军、新四军作用的倾向而写的，虽不属于当代史范围，但与当代史有关，且在《光明日报》上发表过，故也收入了本书。

关于当代史研究的基本理论与方法，以及对当代史重大事件、重要问题的分析和经验总结的那10篇文章有：《关于提前向社会主义过渡原因的探讨》《正确认识社会主义市场经济条件下的宏观调控》《研究"三农"问题的出发点》《党的十一届三中全会与中国当代史上的伟大转折》《论中华人民共和国史研究》《中国改革开放30年基本经验的核心》《正确认识新中国两个30年的关系》《新中国65年的发展与抓住历史机遇》《贯通总结新中国70年的历史经验》《新中国70年的变与不变》。这些文章主要论述的是：什么是国史研究，国史与近代史、中共党史的关系，国史的分期、主线与主流；提前向社会主义过渡的原因；党的十一届三中全会与当代史上伟大转折的由来、必然性及历史意义和性质；加强宏观调控对于实行社会主义市场经济的作用；"三农"问题的起源与出路；改革开放之前30年和此后30年的相互关系；新中国历史的发展与捕抓历史机遇的关系，以及新中国历史中的政策变化与大目标不变的关系；总结新中国历史经验应当采取的方法，以及改革开放基本经验的核心；等等。

阐发政治理论问题的那10篇文章有：《站在民族复兴的高度

认识和履行党的历史使命》《坚持党的基本路线一百年不动摇》《学习贯彻党的十八大精神应着力解决的两个问题》《中国道路是顺应时代发展潮流的选择》《新时代与改革开放航向的校准》《学习老一辈，深刻悟"初心"》《中国特色社会主义是社会主义》《矢志践行初心使命让我们党永远年轻》《从第三个历史决议看党总结自身历史经验的方法》《深刻把握中国式现代化的本质特征》。这些文章主要论述的是：中华民族伟大复兴是我们党的光荣历史使命，只有坚持走中国特色社会主义道路、抓紧抓好党的自身建设才能完成这一使命；始终坚持党的"一个中心、两个基本点"的基本路线，是邓小平南方谈话的核心思想；贯彻党的十八大精神，应当着力解决城乡区域发展差距和居民收入分配差距过大，以及干部脱离群众、腐败案件频发这两大问题；中国特色社会主义道路不仅与中国国情相契合，而且与当今时代发展的潮流相契合；中国特色社会主义虽然允许私人资本存在和发展，但土地、矿藏等重要资源和关系国民经济命脉的行业仍然掌握在国家和集体手中，并且不允许私人资本形成任何形式的政治组织，不允许党政干部与之进行利益输送、权钱交易，因此，中国特色社会主义仍然是社会主义而不是别的什么主义；中国共产党领导的社会主义现代化，是中国式现代化的本质特征；党的十八大以来，运用正确的政治方向，对改革开放的方向、方法、出发点、落脚点、立足点、自主性、核心，以及改革开放中的党风、社会风气校准偏差，是中国特色社会主义进入新时代的重要特征；"要将革命党变成执政党"的观点，本质上是"告别革命论"的翻版，不仅理论上荒谬，实践上也十分有害；党的第三个历史决议并没有回避改革开放中的失误、挫折，只不过更多地采取了正面分析和总结经验的方式加以指出；党之所以能在奋斗百年之后依旧保持青春活力，关键在于始终坚守初心和使命；党的老一辈革命家在坚守初心使命方面，为我们树立了光辉榜样；等等。

既涉及当代史又涉及政治理论的那4篇文章有：《如何观察当代中国》《科学社会主义理论逻辑和中国社会发展历史逻辑的统一》《坚持和加强中国共产党领导的理论与实践依据》《新时代中国特色社会主义的开篇之作》。这些文章主要回答的问题是：为什么要在观察当代中国时运用历史的观点、全面的观点、发展的观点，以及如何运用这些观点；为什么说坚持共产党领导不仅是中国人民的历史选择，而且具有法律依据，还由社会主义经济基础所决定，是人民民主的实现形式和中华民族伟大复兴的根本保证；为什么说习近平总书记的2013年"1·5"重要讲话中，有关中国特色社会主义是社会主义，改革开放前后两个历史时期不能彼此割裂，共产党员既要坚定走中国特色社会主义道路又要胸怀共产主义理想等观点，既符合马克思主义的基本理论，也符合新中国的历史实践，以及为什么说这篇重要讲话是新时代的开篇之作；等等。

当代史与其他历史的一个主要区别在于，其他历史都是有始有终的，而当代史只有起点，尚无终点，并且仍在不断向前发展。因此，当代史研究的成果与其产生的时间节点，在相互间的关联度上，远远大于古代史和近代史的研究。比如，当代史研究成果中引用的领导人讲话、数据、事例，以及对问题的分析、判断，都离不开成果产生的那个时间节点的背景和条件的制约。正因为如此，我在编排文章时，考虑到文章刊出的时间一般要比其形成时间晚一些，甚至晚几个月，故不仅采用以时间为序的方法，而且在每篇文章标题后面都标明了形成时间，在题解中说明了文章发表的报刊名称及日期或期号，以便帮助读者了解文章的观点和提法所产生的时间背景和条件。

　　最后，我谨借此机会，对人民日报出版社给予我研究成果的认可，表示衷心感谢！尤其感谢刘华新社长为出版这本书专程到我工作的地方洽谈，也感谢出版社编辑为这本书的编校付出的辛勤努力。正是由于他们的支持，使我终于有了自己研究成果的精选集。我今年已78岁，但我仍然希望凡看到这本书的读者能提出宝贵意见，以促使我在今后的有限时间里继续学习、思考，做到生命不息，精进不止。

前　言

关于提前向社会主义过渡原因的探讨*

（2004年9月27日）

中国共产党的最高理想是实现社会主义和共产主义，因此，新民主主义革命胜利后还要继续进行社会主义革命，是必然的，肯定的，也是从来没有隐讳过的。但在中华人民共和国建立前夕和建立之初，党的主要领导人多次表示，在新民主主义革命胜利后不可能马上进行社会主义革命，而要先经过新民主主义的过渡阶段，这个阶段是"一个相当长的时期"[①]，"也许全国胜利后还要十五年"[②]，"少则十年、多则十五年"[③]。可是新中国刚建立 3 年，毛泽东同志又提出从现在起就要用 10 年到 15 年时间，基本上完成到社会主义的过渡；而且，从正式提出过渡时期总路线到完成"三大改造"，实际只用了 3 年时间。究竟出现了什么新的情况，使党的决策发生如此

---

* 本文是作者 2004 年在首届当代中国史国际高级论坛上的发言，刊发于《当代中国史研究》2004 年第 5 期，标题为《由新民主主义向社会主义的提前过渡与优先发展重工业的战略抉择》。收入本书时，作者作了删节修改。

① 《毛泽东选集》第 4 卷，人民出版社 1991 年版，第 1431 页。

② 《刘少奇论新中国经济建设》，中央文献出版社 1993 年版，第 7 页。

③ 《刘少奇论新中国经济建设》，中央文献出版社 1993 年版，第 209 页。

大的变化呢？

关于这个问题，学术界曾经有过很长时间的讨论，也有过各种各样的分析。有的认为，这是由于新中国成立后资本家的"五毒"行为激化了工人阶级同资产阶级的矛盾，使新民主主义经济中两条道路的斗争被突出；有的认为，这是由于西方帝国主义采取敌视新中国的政策，迫使中国共产党决定按照苏联模式进行建设；有的认为，这是由于新中国成立初期经济恢复取得了超出预期的成绩，国营工商业的比重超过了私营工商业，使新中国具备了提前向社会主义过渡的客观条件。这些观点无疑都是合乎实际的，都有一定道理。但笔者认为，仅仅这些因素，还不足以构成这个变化的根本原因。

究竟是什么原因，从根本上促使党作出向社会主义提前过渡决定的呢？笔者在 2002 年写的《中国工业化与中国共产党》[①] 一文中曾提出，这首先是因为要适应优先发展重工业的需要。本文循着这一思路，再对这个问题进行一些具体考察，以便对提前过渡的原因作进一步探讨。

一

人们只要稍微留心就会发现，中国共产党决策者们凡是论述中国革命的发展战略时，总是与论述中国经济尤其是工业经济的发展状况联系在一起。例如，毛泽东同志在 1940 年的《新民主主义论》中，讲到中国革命必须两步走，第一步先建立新民主主义共和国，并不禁止"不能操纵国民生计"的资本主义生产的发展时指出：

---

① 朱佳木：《中国工业化与中国共产党》，《当代中国史研究》2002 年第 6 期。

"这是因为中国经济还十分落后的缘故。"[1]他在 1945 年中共七大的报告中又讲到，没有私人资本主义经济和合作社经济的发展，要建立社会主义社会只是空想。在 1948 年 9 月中共中央政治局会议上，当刘少奇同志和毛泽东同志讲"过早地采取社会主义政策是要不得的""到底何时开始全线进攻？也许全国胜利后还要十五年"时，也是首先分析了当时的工业状况，并分别指出："工业生产是在全国胜利后，顶多占国民经济的百分之十至百分之二十"；"连资本主义工业在内，整个近代机器工业的生产量顶多占百分之十至百分之二十。"[2]在 1949 年党的七届二中全会上，毛泽东同志进一步说：中国的工业和农业在国民经济中的比重，大约是现代性的工业占 10%左右，农业和手工业占 90% 左右，这"是在中国革命的时期内和在革命胜利以后一个相当长的时期内一切问题的基本出发点"。"由于中国经济现在还处在落后状态，在革命胜利以后一个相当长的时期内，还需要尽可能地利用城乡私人资本主义的积极性，以利于国民经济的向前发展。"[3]刘少奇同志在 1949 年 6 月写的一份党内报告提纲中也说："只有在经过长期积累资金、建设国家工业的过程之后，在各方面有了准备之后，才能向城市资产阶级举行第一个社会主义的进攻，把私人大企业及一部分中等企业收归国家经营。"[4]

上述情况说明，中国共产党决策层之所以决定在革命胜利后实行一段新民主主义政策，然后再向社会主义过渡，主要原因是考虑到中国当时的经济尤其现代工业太落后，需要利用私人资本主义发展工业，等到工业有了一个较大的发展之后，再来消灭资本主义，

---

① 《毛泽东选集》第 2 卷，人民出版社 1991 年版，第 666、678 页。

② 《刘少奇论新中国经济建设》，中央文献出版社 1993 年版，第 7、1 页。

③ 《毛泽东选集》第 4 卷，人民出版社 1991 年版，第 1430、1431 页。

④ 《刘少奇论新中国经济建设》，中央文献出版社 1993 年版，第 148 页。

实行社会主义。当时，他们虽然没有具体设想将来采取什么样的工业化战略，也没有明确把上述考虑概括为中国工业化的发展道路，但实际上已经向世人勾勒出了这条道路的轮廓。

那时，在中国共产党人面前摆着三条工业化道路：一条是欧、美等老牌资本主义国家的道路，即先通过对内剥夺农民、对外掠夺殖民地半殖民地，然后投资轻工业，待进一步积累资金后，再来发展重工业；另一条是德、日等后起资本主义国家的道路，即用国家的力量，对外加紧进行争夺殖民地、半殖民地的战争，对内加大税收，较快积累充足资金，用以优先发展重工业；再一条是社会主义苏联的道路，即通过国内已有一定基础的工业，加上国家的统一计划，对内实行高积累、高投入，以保证优先发展重工业。这三条路，对于中国来说，前两条不可能走也不应当走；后一条在 1945年抗日战争胜利前后考虑建立联合政府和 1947 年以后考虑建立人民民主专政的政权时，都不具备走的条件。因此，笔者认为，当党的决策者们反复表示，在新民主主义革命胜利后，要利用私人资本主义发展工业，等到中国由农业国变为工业国后再进行社会主义革命时，实际上是在说，中国打算走第四条道路，也就是新民主主义的道路，即通过没收官僚资本，巩固和壮大国有工业基础和技术力量，在国有经济的主导下，重点发展私人资本主义工业（其中主要是轻工业），以此积累资金，扩充装备和技术队伍，然后再着重发展重工业，相应实行社会主义。

诚然，1949 年 9 月中国人民政治协商会议制定的《共同纲领》，在第四章"经济政策"的第 35 条"关于工业"中，也曾说过"应以有计划有步骤地恢复和发展重工业为重点"[1]。但这并不等于当时

---

[1]《建国以来重要文献选编》第 1 册，中央文献出版社 1992 年版，第 9 页。

已经把优先发展重工业当成了中国工业化建设的方针。因为，第一，正如毛泽东同志所言，"《共同纲领》只说现阶段的任务"①，而当时的现阶段任务主要是恢复经济。因此，这里所说的以"恢复和发展重工业为重点"，只是就恢复工业而言的，并非指国家工业化建设的方针。第二，新中国成立之初刘少奇同志在谈到中国工业化道路问题时，不仅重申要发展一段新民主主义经济，而且逐步明晰了先着重发展农业和轻工业，等积累到足够资金后再重点发展重工业的思路。在1951年7月的《春耦斋讲话》中，他讲到经济建设的步骤时，还是讲首先要恢复农业和一切可能恢复的工业，其次要发展农业和轻工业以及必要的可能的重工业，然后发展重工业，最后依靠重工业进一步发展农业和轻工业。他同时指出："十年建设加三年准备是十三年。到那时看情形怎样，或再搞个五年计划，进入社会主义。采取社会主义步骤，少则十年、多则十几年，二十年恐怕不要。"②

　　从刘少奇的上述讲话中不难看出，党的决策层当时仍然是考虑用新民主主义的办法，先着重发展轻工业，再着重发展重工业，并没有一个优先发展重工业的工业化方针，因此也不打算很快采取社会主义的步骤。虽然他在讲话中一再声明，这只是"个人意见""不是定见"，讲出来供大家"研究""批评""补充"，但他的这些意见与党中央关于革命胜利后"需要广泛地发展资本主义"③的方针是完全一致的。虽然至今未见到其他中央领导人在新中国成立后有过同样的论述，但毛泽东同志在1950年6月全国政协一届二次会议的讲话中，仍然强调实行私营工业国有化和农业社会化"还

---

① 熊华源、汤桂芳：《"共同纲领"诞生记》，《党的文献》1989年第5期。

②《刘少奇论新中国经济建设》，中央文献出版社1993年版，第209页。

③《毛泽东文集》第3卷，人民出版社1996年版，第322页。

在很远的将来"①, 也应当被看作是对先着重发展轻工业思路的一种认可。尽管 1950 年和 1951 年党的决策层在要不要提高农村互助合作组织、推广土地入股的农业生产合作社等问题上发生过争论, 但那还只涉及农业的半社会主义化问题, 并没有超出《中国人民政治协商会议共同纲领》所规定的新民主主义经济政策的范围。因此, 很难说 1951 年之前, 中国共产党决策层在工业化发展道路和由新民主主义向社会主义过渡问题上有过什么原则分歧。

二

但是, 到了 1951 年年底, 情况变了。

早在 1951 年 2 月, 党中央根据国民经济开始好转和抗美援朝战局趋于稳定的形势, 以及毛泽东同志关于"三年准备, 十年计划经济建设"的思想, 决定从 1953 年起实施第一个五年计划 (简称"一五"计划), 并指定周恩来同志、陈云同志、薄一波同志、李富春同志等负责领导"一五"计划的编制。"一五"计划究竟以什么为指导思想, 或者说从哪里入手, 什么是重点? 对这个问题, 编制者们一开始是有过不同意见的。薄一波同志在《若干重大决策与事件的回顾》一书中写道: "把一个经济落后的农业大国逐步建设成为工业国, 从何起步? 这是编制计划之初就苦苦思索的一个问题。有关部门的同志也曾引经据典地进行过探讨, 把苏联同资本主义国家发展工业化的道路作过比较, 提出过不同的设想。经过对政治、经济、国际环境诸多方面利弊得失的反复权衡和深入讨论之后, 大

---

① 《毛泽东文集》第 6 卷, 人民出版社 1999 年版, 第 80 页。

家认为必须从发展原材料、能源、机械制造等重工业入手。"[1]他讲的这个过程说明，党的决策层在制订"一五"计划时，对于前一时期先着重发展轻工业再着重发展重工业的考虑，的确进行了重新思考，提出了新的优先发展重工业的战略构想。

从现有的材料看，第一次透露"一五"计划的重点是重工业和国防工业的，是党中央于1951年12月1日作出的《关于实行精兵简政，增产节约，反对贪污、反对浪费和反对官僚主义的决定》。在这个决定中，毛泽东同志加了一段话，指出："从一九五三年起，我们就要进入大规模经济建设了，准备以二十年时间完成中国的工业化。完成工业化当然不只是重工业和国防工业，一切必要的轻工业都应建设起来。为了完成国家工业化，必须发展农业，并逐步完成农业社会化。但是首先重要并能带动轻工业和农业向前发展的是建设重工业和国防工业。"[2]这段话表明，当时党的决策层已经倾向于把优先发展重工业当成国家工业化的战略，并为此提出了农业社会化的任务。

紧接着，在1952年5月中央财政经济委员会（以下简称中财委）召开的全国财经会议上，李富春同志作关于"一五"计划指导思想与分行业计划的报告，明确说："经济建设的重点放在重工业，尤其是钢铁、燃料动力、机械军工、有色金属和化学工业等基础工业上，为我国工业化打下基础；农业、轻工业和交通等事业应当围绕重工业这个中心来发展。"[3]会后，中财委会同有关部门做了两件事，一是对"一五"计划的轮廓草案作进一步修改，二

---

① 薄一波：《若干重大决策与事件的回顾》，上册，中共中央党校出版社1991年版，第290页。

②《毛泽东文集》第6卷，人民出版社1999年版，第207页。

③《李富春传》，中央文献出版社2001年版，第421页。

是准备请苏联支援"一五"计划中重工业基建项目的有关材料。7月1日，陈云同志将"一五"计划草案报送毛泽东同志，并附信说：草案要点是今后5年办些什么新的工厂，以便在七八月间向苏联提出需供设备的清单。随即，中央书记处于7月12日、14日、17日连续召开三次会议。① 目前虽然还没有关于这几次会议内容的材料，但可以判断，正是在这些会上，党的决策者们认真研究了中国工业化建设的方针问题，最终敲定以建设重工业基础为五年计划的中心环节；同时，决定由周恩来同志、陈云同志、李富春同志等组成中国政府代表团前往苏联，就"一五"计划中需要苏联援助的141个工业项目问题进行商谈。因为，此后不久，中财委印发的《关于编制五年计划轮廓的方针》以及《中国经济状况和五年建设的任务及附表》中就已写明，五年建设的基本任务是为国家工业化打下基础，建设方针是工业建设以重工业为主、轻工业为辅；而周恩来一行也于8月15日启程赴苏。

对于这次访问，中苏双方都十分重视。中国政府代表团除周恩来为首席代表，陈云同志、李富春同志、张闻天同志、粟裕同志等为代表外，还有一大批由各方面高级干部担任的顾问和随员。苏联方面负责与中方商谈的代表团，也是由莫洛托夫、布尔加宁、米高扬、维辛斯基、库米金等当时最高级别的领导人组成的。中国代表团17日抵达莫斯科，20日便与斯大林进行了三个小时谈话。斯大林明确表示，愿意在工业资源勘察、设计、工业设备、技术资料及派人来苏留学和实习等方面援助中国的五年计划。② 在看过中方提供的《三年来中国主要情况及今后五年建设方针报告提纲》《中国

① 《陈云年谱（1905—1995）》中卷，中央文献出版社2000年版，第145页。
② 《陈云年谱（1905—1995）》中卷，中央文献出版社2000年版，第145页。

经济状况和五年建设的任务及附表》等文件后，斯大林于 9 月 3 日与中国政府代表团进行了第二次会谈。从披露的材料中看，斯大林的答复有三个要点：一是中国三年经济恢复工作给了他们很好的印象，但五年计划规定工业总产值年递增 20% 是勉强的，应降为 15% 或 14%，以便留有后备力量；二是计划中不应把民用工业和军事工业分开，而应放在一起计算，以便掌握全盘情况和进行调度；三是再次表示对"一五"计划所需的设备、贷款、专家一定给予援助，但具体给什么不给什么，还需要经过工作人员用两个月时间加以计算后才能说。[①] 斯大林的这个态度，表明中国以重工业为重点的"一五"计划得到了苏联方面予以援助的明确保证。于是，中方决定周恩来同志、陈云同志、粟裕同志等先行回国，留下李富春同志和代表团其他成员继续就具体问题进行洽谈。

周恩来同志、陈云同志等于 9 月 22 日离开莫斯科，24 日抵达北京。当晚，毛泽东同志便召集中共中央书记处会议，听取他们同苏联商谈情况的汇报。据薄一波同志回忆，那次会议主要讨论的是"一五"计划的方针任务，毛泽东同志第一次提出："我们现在就要开始用十年到十五年的时间基本上完成到社会主义的过渡，而不是十年或者以后才开始过渡。"这个话给了他极深的印象，中央其他领导同志"对此都没有提出异议"[②]。中共中央文献研究室编写的《毛泽东传》印证了他的回忆，说："根据现存的文献记载，新中国成立后毛泽东同志最早提出向社会主义过渡的问题，是在 1952 年

① 《周恩来年谱（1949—1976）》上卷，中央文献出版社 1997 年版，第 257 页；《陈云年谱（1905—1995）》中卷，中央文献出版社 2000 年版，第 148 页；薄一波：《若干重大决策与事件的回顾》上册，中共中央党校出版社 1991 年版，第 286 页；《李富春传》，中央文献出版社 2001 年版，第 425—426 页。

② 薄一波：《若干重大决策与事件的回顾》上册，中共中央党校出版社 1991 年版，第 213—214 页。

9 月 24 日中共中央书记处会议上。"书中还说："这是一次十分重要的会议。毛泽东同志这个讲话表明，他关于由新民主主义向社会主义转变的步骤、方法，同原来的设想，发生了变化。"[①]

为什么在讨论"一五"计划方针的会上，在听取周恩来同志、陈云同志汇报访苏情况之后，毛泽东同志会提出要提前向社会主义过渡呢？这难道是偶然的巧合吗？绝对不是。笔者认为，这一事实恰恰反映了选择优先发展重工业的战略、苏联答应对"一五"计划建设进行援助、决定向社会主义提前过渡，这三件事情之间存在的内在联系。

关于优先发展重工业需要在经济中加大社会主义比重、巩固国营经济领导的意见，早在 1952 年 7 月中财委提交的"一五"计划轮廓草案中就已经提出来了。草案明确五年计划基本任务是为国家工业化打基础的同时指出，要"保证我国经济向社会主义前进"。[②]同年 8 月，中财委为赴苏商谈援助而制定的《中国经济状况和五年建设的任务》中，也指出要"扩大人民经济中的社会主义经济比重，保证长期建设在计划经济轨道上前进，进一步巩固国营经济的领导"。[③]这说明，扩大和加强社会主义成分在经济中的比重，是优先发展重工业的内在要求；也说明毛泽东同志在 1952 年 9 月 24 日提出现在就向社会主义过渡，并不是他的个人主张，更非突发奇想，而是他对党内决策层较长时间酝酿的集中与概括。正因为如此，当他讲出这个意见时，其他中央领导同志才会"没有异议"。

另外，苏联在中国还没有一个向社会主义过渡时间表的情况下，就答应对中国的工业化建设进行全面援助，显然是对中国共产

---

① 《毛泽东传（1949—1976）》上卷，中央文献出版社 2003 年版，第 236、237 页。

② 《李富春传》，中央文献出版社 2001 年版，第 422 页。

③ 《周恩来年谱（1949—1976）》上卷，中央文献出版社 1997 年版，第 255 页。

党人充分信任的一种表示。因此，从中国方面来说，也需要在过渡的时间问题上给苏联共产党一个明确说法。1952年10月，毛泽东同志在提出现在就向社会主义过渡的设想后，紧接着派刘少奇同志利用赴苏参加苏共十九大的机会，就中国用15年时间逐步实现工业国有化和农业集体化的具体步骤，写信征求斯大林的意见。这固然有请教的意思，但也可以看作是对苏联答应援助中国优先发展重工业而作出的必要回应。果然，斯大林对中国党的设想作了肯定的评价。[①] 正是在得到斯大林的答复后，毛泽东同志对于向社会主义提前过渡的设想，在党内逐渐扩大了吹风范围，并最终在1953年6月15日的中央政治局会议上，把它作为过渡时期总路线提了出来。8月，这个总路线被载入党内文件下发；9月，又用政协全国委员会庆祝中华人民共和国成立四周年口号的形式，正式对外公布。

以上说明，中国共产党之所以做出优先发展重工业的战略抉择，主观上是为了加快中国工业化的发展速度，客观上的关键因素是从苏联方面得到了援助中国优先发展重工业的承诺。之所以做出提前向社会主义过渡的决定，一方面是为了适应优先发展重工业的需要，另一方面，是为了回应苏联对中国优先发展重工业的援助。如果没有苏联的全面援助，中国不可能马上选择优先发展重工业的工业化战略，也不可能决定提前向社会主义过渡，而只能按照既定方针，继续走新民主主义工业化的道路。

三

今天回头看这段历史，无论你赞成还是不赞成把新民主主义向

[①]《毛泽东传（1949—1976）》上卷，中央文献出版社2003年版，第244、255页。

社会主义过渡的时间提前，都不能不承认，这个决定是出于抓住当时国内国际有利时机的考虑，是为了通过优先发展重工业把中国的社会生产力迅速搞上去。

优先发展重工业需要有大量的资金投入，而在当时，中国的工业基础比苏联实施第一个五年计划时还要薄弱得多。因此，中国要优先发展重工业，更需要在经济体制上实行高度集中的计划经济，以便把有限的资金和其他各种资源集中用于重工业建设；更需要轻工业企业降低成本，以便提高效率，多缴利税；更需要农业较大幅度地增加产量，以便向国家更多地提供商品粮和可供出口换汇的农副产品。然而，那时轻工业主要集中在私人手里，其中大部分企业虽然已纳入了加工、订货、统购、包销以及公私合营等国家资本主义轨道，但生产资料仍然属于资本家个人；利润虽然已采取了"四马分肥"的办法，但仍然有20%落入资本家腰包。这显然与集中人力、物力、财力的计划体制不相容，也不利于企业优化组合、降低成本。广大个体农民经过土改，生产积极性有了极大提高，但个体经营的生产力十分有限，也缺少抵御自然灾害的能力，产量难以大幅度增长。怎样才能改变这种状况呢？根据当时人们的认识水平和客观条件，只能是尽快把私营企业改造成国营企业，基本实现国有化；尽快把多数农民组织起来，基本实现集体化。而要这样做，显然超出了新民主主义的经济范畴，是向社会主义的过渡了。

优先发展重工业除了需要有大量的资金投入，还需要有对工业资源的勘查、对工业设备的设计和制造、对科学技术的掌握。所有这些，旧中国都没有给新生的人民政权留下什么底子，只能寻求苏联的援助。而苏联的援助不限于个别项目，而是涉及经济、科技、教育等多领域，因此，要使援助顺利进行，双方在经济制度，乃至工作方法、工作程序上都需要有所衔接，用今天的话说就叫作"接轨"。比如，苏联的企业都是国营的，在中苏贸易中，中方自然只能由国营商业企业经营。[①] 再比如，苏联实行的是高度集中的计划经济体制，何时交货，何时进行设备安装，何时试运行，都要按照计划来做，如果中方没有计划，或者执行计划不严格，合作就很难进行。这些也无疑是促使中国经济制度向社会主义过渡的一个客观因素。

为什么优先发展重工业就要对农业、手工业和资本主义工商业进行社会主义改造？对此，毛泽东同志在关于过渡时期总路线中的工业化和三大改造是"一体两翼"的比喻中，已经讲得很清楚了。在1953年12月由中宣部起草并由毛泽东同志本人审阅修改的关于过渡时期总路线的学习宣传提纲中，对此回答得更详细。这份提纲说明，那时人们尽管对于什么是社会主义和怎样建设社会主义的认识水平，与今天相比存在很大差距，但是，对于向社会主义提前过渡的根本出发点，在于抓住朝鲜战局缓和和苏联答应援助中国"一五"计划建设的有利时机加快工业化建设速度，并使生产关系和经济体制尽快适应战略的需要，头脑中还是十分明确的。

四

如果说选择优先发展重工业的战略是中国共产党决定向社会主义提前过渡的根本原因的话，那么，也正是这一选择从根本上导致了过渡的提前完成。

毛泽东同志最早提出过渡时期总路线时，把基本完成工业化和"三大改造"的时间确定为10年到15年或者更多一些时间。以后，

---

① 《1949—1952中华人民共和国经济档案资料选编》（对外贸易卷），经济管理出版社1994年版，第207页。

1953 年 9 月，他在全国政协常委会第 49 次扩大会上又说，"整个过渡时期不是三年五年，而是几个五年计划的时间。"① 同年底，他在审阅修改中宣部的学习宣传提纲时，又把过渡时间改为"在一个相当长的时期内"②。不难看出，毛泽东同志之所以作这些改动，目的在于尽可能把时间打得宽裕一些，做到留有余地。但由于缺乏经验，当时对什么叫基本完成国家工业化和社会主义改造以及需要多少时间，很大程度上都是参考的苏联标准。

那时，苏联对工业化的标准是工业产值占工农业总产值的 70%以上，从 1926 年开始工业化建设算起，它用了 8 年；对完成社会主义改造的标准，它规定的是资本主义在国民经济各部门中被完全消灭，从 1924 年开始社会主义改造算起，它用了 13 年。我国参考苏联经验，当时也为自己制定了一个实现社会主义工业化的标准，即数量上，工业产值占工农业总产值的 60% 左右；质量上，要有独立的工业体系和农业相应的协调发展。③ 按照这个标准的数量要求，我国在 1957 年的工业产值已占工农业总产值的 56.7%，可以说十分接近了；按照这个标准的质量要求，我国在"一五"计划末也已为独立、完整的工业体系奠定了初步基础。然而，这个标准并不科学，我国后来并没有采用，直到今天仍然表示要争取在 2020 年基本实现工业化。不过，我国对农业、手工业和资本主义工商业的社会主义改造，从提出过渡时期总路线算起，却只用了 3 年时间，即使加上国民经济恢复时期，也只有 7 年。这不仅大大快于总路线规定的时间，也快于苏联完成社会主义改造的时间。之所以出

---

① 《毛泽东传（1949—1976）》上卷，中央文献出版社 2003 年版，第 264 页。

② 《毛泽东传（1949—1976）》上卷，中央文献出版社 2003 年版，第 266 页。

③ 《中华人民共和国国民经济和社会发展计划大事辑要（1949—1985）》，红旗出版社 1987 年版，第 54 页。

现这种情况，从主观上看，主要由于缺乏经验和有急躁情绪；从客观上看，根本原因在于优先发展重工业战略造成的形势压力。

先说资本主义工商业。在"一五"计划实施后，大规模工业化建设引发城市商品粮、食用油和轻纺工业的原料——棉花等农产品供应的紧张，迫使国家实行了对粮、棉、油的计划收购和计划销售（即统购统销）；同时，对于一些重要的工业原料，如钢材、生铁、煤炭、木材等也开始实行计划供应。这样一来，私营商业，主要是批发商就没有了货源；私营工业主要是轻纺企业，获取原材料也发生了困难。于是，公私合营步伐加快，就成了不以人的意志为转移的趋势。

另外，当时没有合营的私人企业大多是中小型企业，设备技术都很落后，国家分配任务，它无法承担；硬要塞给它，做出的东西又不合乎要求。在这种情况下，如果只对较大的企业进行个别合营，就会使中小企业更加困难；而要解决中小企业的困难，就必须打破企业的私人所有制，在行业内部进行改组，该并的并，该淘汰的淘汰，用今天的话，叫作企业优化组合。于是，全行业公私合营应运而生。正如陈云同志在1955年关于资本主义工商业改造的会议上所说：实行全行业的公私合营，"并不是哪个人空想出来的，是经济发展的结果。现在既然按整个行业来安排生产、实行改组，那末，整个行业的公私合营也就是不可避免的"①。

还有一个情况，就是在对不法资本家进行"五反"斗争后，许多私营工厂"工人不服管，职员不敢管，资本家消极，代理人原有的纷纷辞职甚至逃走，继起无人，开支日增，浪费严重，生产潜力

---

① 《陈云文选》第2卷，人民出版社1995年版，第286页。

难以发挥"①。这种情况也促使工人强烈要求尽快合营，以改善待遇；资本家也希望尽快合营，以摆脱困境。

再说农业。中国是农业国，但长期以来农作物单位面积产量并不高。新中国成立时，全国粮食平均亩产 137 斤，北方许多地方还不到 100 斤；棉花亩产也不过 30 斤。因此，当"一五"计划实施后，农业的落后局面与工业化建设飞速发展的要求之间，矛盾越来越尖锐。正是这个形势，促使党的决策层急于推行农业的合作化。从当时有可能较大幅度增加农业产量的三种办法，即大规模开荒、兴修水利和合作化中，选择最可行、见效最快的合作化。

在推行农业合作化过程中，出现过把主张谨慎稳妥的意见当成政治问题，批所谓"小脚女人"、右倾保守思想的情况。有人据此认为，加快合作化的目的是急于向社会主义过渡，是从"不断革命"的思想出发的。然而，实际情况并非如此。毛泽东同志在《关于农业合作化问题》中指出："我国的商品粮食和工业原料的生产水平，现在是很低的，而国家对于这些物资的需要却是一年一年地增大，这是一个尖锐的矛盾。如果我们不能在大约三个五年计划的时期内基本上解决农业合作化的问题，即农业由使用畜力农具的小规模的经营跃进到使用机器的大规模的经营，……我们就不能解决年年增长的商品粮食和工业原料的需要同现时主要农作物一般产量很低之间的矛盾，我们的社会主义工业化事业就会遇到绝大的困难，我们就不可能完成社会主义工业化。"他还指出："为了完成国家工业化和农业技术改造所需要的大量资金，其中有一个相当大的部分是要从农业方面积累起来的。这除了直接的农业税以外，就是发展为农民所需要的大量生活资料的轻工业的生产，拿这些东西去

---

① 李维汉：《统一战线问题与民族问题》，人民出版社 1981 年版，第 56—57 页。

同农民的商品粮食和轻工业原料相交换，既满足了农民和国家两方面的物资需要，又为国家积累了资金。而轻工业的大规模的发展不但需要重工业的发展，也需要农业的发展。因为大规模的轻工业的发展，不是在小农经济的基础上所能实现的，它有待于大规模的农业，而在我国就是社会主义的合作化的农业。"[1]可见，加快农业合作化，根本原因也是为了适应大规模工业化的需要。

今天，人们对于社会主义改造过快出现的弊病以及如何做才会避免这些弊病，有了更加清醒的认识。但无论如何都否认不了这样一个基本事实，即社会主义改造之所以提前完成，是优先发展重工业战略的实践给农业和轻工业造成巨大压力的结果。

五

改革开放后，特别是在 20 世纪 90 年代，学术界出现过一种议论，认为优先发展重工业战略是落后国家的"赶超战略"，扭曲了产业结构，且绩效低下，因此是错误的。应当肯定，这一战略的确具有"赶超"先进工业国的性质，实施这一战略的国家也确实在不同时期不同程度上影响了产业结构的优化。但历史唯物主义告诉我们，讨论任何历史问题，必须把它放到当时的历史条件下。所谓重工业的发展"优先"还是"不优先"，是从国家建设投资的重点讲的。在当时的历史条件下，中国要进行工业化建设，如果没有先进工业国的帮助，当然不可能优先发展重工业，只有等资金积累到足够多时，再向重工业倾斜。但是，当先进工业国，具体说就是苏联，表示愿意帮助中国优先发展重工业，中国为什

---

[1]《毛泽东文集》第 6 卷，人民出版社 1999 年版，第 431—433 页。

么不应该、不可以抓住这个机遇，加快发展自己呢？当初苏联答应帮助中国，只是同意提供技术、设备、专家和一部分低息贷款，而设备是要付钱的，贷款也并不多，只占"一五"计划工业基本建设投资的3%多一点。因此，优先发展重工业，资金缺乏是一个严重问题，势必造成各种经济关系、利益关系的紧张。

对于优先发展重工业战略的局限性以及在实施这一战略时出现的一些片面性，党中央的决策者们当时就有所察觉，而且也曾试图纠正。比如，毛泽东同志在1956年《论十大关系》的讲话，就提出要接受苏联和一些东欧国家片面注重重工业、忽视农业和轻工业的教训，在重工业为主的前提下，加大对农业、轻工业的投资；在1957年《关于正确处理人民内部矛盾的问题》一文中，又提出工业和农业同时并举的方针；在1959年进一步提出要按照农、轻、重的次序来安排国民经济的思想。遗憾的是，尽管有了这样一些正确认识，在实际工作中却未能很好贯彻。相反一再要求加快工业建设速度，以致一度造成农、轻、重等国民经济重大比例关系的严重失调。可是，如果当年我国不是优先发展重工业，是不可能那么快建立起独立、完整的工业体系的；如果没有这个体系作为基础，改革开放后的现代化建设也是不可能出现如此神奇的成就的。另外，优先发展重工业的战略虽然早已不再提了，但今天重工业在工业中、工业在三次产业中的投资比重和发展速度，仍然处于领先地位。

对于优先发展重工业要付出的代价，党中央的决策者们也是从一开始就十分清楚的。周恩来同志早在1954年第一届全国人民代表大会上就讲过："重工业需要的资金比较多，建设时间比较长，赢利比较慢，产品大部分不能直接供给人民的消费，因此在国家集中力量发展重工业的期间，虽然轻工业和农业也将有相应的发展，人民还是不能不暂时忍受生活上的某些困难和不便。但是我们究竟是忍受某些暂时的困难和不便，换取长远的繁荣幸福好呢，还是贪图眼前的小利，结果永远不能摆脱落后和贫困好呢？我们相信，大家一定会认为第一个主意好，第二个主意不好。"[1] 人们今天享受当年全国人民在党的领导下节衣缩食、艰苦奋斗换取的繁荣和幸福时，面对老一辈革命家的宽广胸怀，评价优先发展重工业战略的优劣得失，难道不应当更客观、更公正一些吗？历史是不允许假设的，但我们仍然不妨假设一下，如果当年不是优先发展重工业，而是像新民主主义革命胜利之前和新中国成立之初所设想的那样，先用十几年或者更长一些时间，慢慢发展轻工业，等到资金积累到一定程度时再着重发展重工业，那会是一种什么结果呢？可以肯定，那时的人不会吃那么多苦，受那么多累；但同样可以肯定的是，今天的发展也绝不会建立在这么坚实的工业基础之上，国家的国防力量和人民生活也绝不会像现在这样强大和富裕。

优先发展重工业作为一个历史问题，在苏联也存在评价上的分歧。20 世纪 80 年代后期，在"新思维"的诱发下，苏联史学界曾掀起一场重评苏联历史的运动，其中对于斯大林时期的工业化建设，多数人认为由于人为强调重工业发展速度，迫使农业、轻工业发展付出代价，阻碍了社会现代化进程。但苏联解体后，俄罗斯史学界的多数人和代表政府的主流观点，却发生了变化。经俄罗斯教育部审定的 2002 年版历史教科书《20 世纪祖国史》说，20 世纪"30 年代，国家面临新的战争威胁。……要取得战争胜利必须有强大的工业，这对国家是生与死的问题"。苏联没有殖民地，没有外资，工业落后……又不可能走传统的从轻工业开始较为缓慢的工业化道路。所以实行"集中的计划管理、缩小市场的作用"，对农业

---

① 《周恩来选集》下卷，人民出版社 1984 年版，第 133—134 页。

"超经济强制"获取资金，使人民"勒紧裤腰带"，等等，都是"迫不得已"的。该书还认为："农业集体化是保证加速实现工业化最重要的条件。"①

中共中央 1981 年作出的《关于建国以来党的若干历史问题的决议》（以下简称《决议》），对于 1952 年提出的过渡时期总路线，对于"一化三改"，都有过结论性的评价。《决议》指出：过渡时期总路线"反映了历史的必然性""是完全正确的"；"国家的社会主义工业化，是国家独立和富强的当然要求和必要条件"；"一五"计划建设"取得了重大成就。一批为国家工业化所必需而过去又非常薄弱的基础工业建立了起来。从 1953 年到 1956 年，全国工业总产值平均每年递增 19.6%，农业总产值平均每年递增 4.8%。经济发展比较快，经济效果比较好，重要经济部门之间的比例比较协调。市场繁荣，物价稳定。人民生活显著改善"；"在过渡时期中，我们党创造性地开辟了一条适合中国特点的社会主义改造的道路"；"在改造过程中，国家资本主义经济和合作经济表现了明显的优越性。"《决议》同时指出：这项工作中也有缺点和偏差，"但整个说来，在一个几亿人口的大国中比较顺利地实现了如此复杂、困难和深刻的社会变革，促进了工农业和整个国民经济的发展，这的确是伟大的历史性胜利"②。《决议》制定到今天已过去 20 多年，20 多年来国内国外的实践，从正反两个方面都证明，上述评价是完全站得住脚，经得起历史检验的；制定这个《决议》的中国共产党，不愧是一个能够运用历史唯物主义观点对待历史问题的伟大的党。

---

① 转引自吴恩远：《还历史公正——俄罗斯对全盘否定苏联历史的反思》，《高校理论战线》2004 年第 8 期。

② 《三中全会以来重要文献选编》下卷，人民出版社 1982 年版，第 799—801 页。

正确认识社会主义
市场经济条件下的宏观调控*

（2006年10月）

　　计划与市场的关系问题，是社会主义经济体制中的核心问题。自社会主义社会基本制度建立以来，我们党对这个问题一直在进行艰辛的探索。党的十一届三中全会之后，相继提出了"计划经济与市场调节相结合"等改革方案，并最终根据邓小平同志关于计划多一点还是市场多一点不是社会主义与资本主义本质区别的论断，在党的十四大上作出了由计划经济体制向社会主义市场经济体制转变的决策。这是我们党在认识和处理计划与市场问题上一个重大的突破性进展，是对马克思主义经济理论的创造性贡献。但实践也告诉我们，对这一问题的探索并没有就此完结。在社会主义市场经济条件下如何正确处理市场机制与宏观调控的关系，仍然是社会主义经济体制中一个需要解决的重大问题。《江泽民文选》和《论社会主义市场经济》，对这一问题有大量论述，为我们正确认识在社会主

---

* 本文曾发表于《求是》2006年第19期，标题为《正确认识社会主义市场经济条件下的宏观调控——学习江泽民同志的有关论述》。收入本书时，作者作了删节修改。

义市场经济的宏观调控中运用计划手段的必要性、可能性和途径，提供了重要指导。

一、社会主义市场经济需要国家通过宏观调控来抑制市场的弱点，弥补市场的不足

高度集中的计划经济体制的一个突出弊病就是集中过多、信息不灵、活力不强，而市场对经济信号的反应却是灵敏迅速的，并且能通过竞争机制和价格杠杆，把资源配置到效益较好的环节中去。正因为如此，我国随着经济规模的不断扩大，把计划经济体制转变为社会主义市场经济体制。但这是否意味着市场就没有短处、计划就没有长处了呢？不是的。

1992 年 6 月 9 日，江泽民同志在中共中央党校省部级干部进修班上的讲话中明确指出：“市场也有其自身的明显弱点和局限性。例如，市场不可能自动地实现宏观经济总量的稳定和平衡；市场难以对相当一部分公共设施和消费进行调节；在某些社会效益重于经济效益的环节，市场调节不可能达到预期的社会目标；在一些垄断性行业和规模经济显著的行业，市场调节也不可能达到理想的效果。”“这就要求我们必须发挥计划调节的优势，来弥补和抑制市场调节的这些不足和消极作用，把宏观经济的平衡搞好，以保证整个经济全面发展”。他还提出，“在那些市场调节力所不及的若干环节中，也必须利用计划手段来配置资源。同时，还必须利用计划手段来加强社会保障和社会收入再分配的调节，防止两极分化”[1]。

在党的十四届三中全会讨论通过《关于建立社会主义市场经济

---

[1]《江泽民文选》第 1 卷，人民出版社 2006 年版，第 201 页。

体制若干问题的决定》时，江泽民同志就正确处理加强宏观调控和发挥市场作用的关系问题进一步指出："建立社会主义市场经济体制，就是要使市场在国家宏观调控下对资源配置起基础性作用。国家宏观调控和市场机制的作用，都是社会主义市场经济体制的本质要求，二者是统一的，是相辅相成的、相互促进的。要改革传统的计划经济体制，必须强调充分发挥市场在资源配置中的基础性作用，不如此便没有社会主义市场经济。但是，同时也要看到市场存在自发性、盲目性、滞后性的消极一面，这种弱点和不足必须靠国家对市场活动的宏观指导和调控来加以弥补和克服。"[1] 在 1992 年 6 月 9 日中共中央党校省部级干部进修班上的讲话中，他还把"市场经济和计划经济的长处有机结合起来，充分发挥各自的优势作用"，作为社会主义市场经济的三个主要特征之一。这说明，我们把计划经济体制变为社会主义市场经济体制，不等于说市场就是万能的，也不是说计划就一无是处。相反，要在充分发挥市场机制反应灵敏的优点的同时，通过包括一定的计划调节在内的宏观调控来抑制和弥补市场调节的消极作用与局限性。

二、社会主义市场经济的宏观调控与资本主义市场经济的政府调控不完全是一回事

江泽民同志指出，20 世纪"三十年代以来，西方国家都已不存在完全自由的市场经济了，都是由政府程度不同地调控经济的发展"[2]。"到了二次大战后，尤其是六十年代以来，随着资本主义所固有的矛盾日益加深以及科学技术的迅速发展，一些西方发达国家纷

---

[1] 江泽民：《论社会主义市场经济》，中央文献出版社 2006 年版，第 159 页。

[2] 江泽民：《论社会主义市场经济》，中央文献出版社 2006 年版，第 90—91 页。

纷制定和实施各种形式的宏观经济计划。"因此,"不能把有计划只看成是社会主义独具的特征"①。另一方面,他又指出:"建立社会主义市场经济体制,是要改革过去那种计划经济模式,但不是不要计划,就是西方市场经济国家也都很重视计划的作用。我们是社会主义国家,更有必要和可能正确运用必要的计划手段。""社会主义制度下和资本主义制度下运用计划手段的范围和形式是会有些区别的,如同运用市场手段的范围和形式也是会有些区别的一样。""在当今世界,没有哪一个国家的市场经济是不受政府调控的。我国是社会主义国家,应该而且也更有条件搞好宏观调控。"②这就告诉我们,尽管资本主义国家也有计划调节、有宏观调控,但社会主义市场经济的计划调节、宏观调控,无论在目的、范围、形式上还是在实施的有效性上,都与资本主义国家有所不同。其原因主要有以下几点。

首先,我国的社会主义基本制度与资本主义国家不同。江泽民同志说:"社会主义市场经济体制是同社会主义基本制度结合在一起的。"③"我们搞的是社会主义市场经济,'社会主义'这几个字是不能没有的,这并非多余,并非画蛇添足,而恰恰相反,这是画龙点睛。所谓'点睛',就是点明我们的市场经济的性质。西方市场经济符合社会化大生产、符合市场一般规律的东西,毫无疑义,我们要积极学习和借鉴,这是共同点;但西方市场经济是在资本主义制度下搞的,我们的市场经济是在社会主义制度下搞的,这是不同点。"④这就决定了社会主义市场经济的宏观调控需要把"国有经济和整个公有制经济在市场竞争中不断发展壮大,始终保持公有制经

---

① 江泽民:《论社会主义市场经济》,中央文献出版社 2006 年版,第 3 页。

② 江泽民:《论社会主义市场经济》,中央文献出版社 2006 年版,第 31、3、159 页。

③《江泽民文选》第 1 卷,人民出版社 2006 年版,第 227 页。

④ 江泽民:《论社会主义市场经济》,中央文献出版社 2006 年版,第 203 页。

济在国民经济中的主体地位，充分发挥国有经济的主导作用"，把"防止两极分化，逐步实现共同富裕"，"把人民的当前利益与长远利益、局部利益与整体利益结合起来"当成自己的重要目标。[①]另一方面，由于社会主义制度具有集中力量办大事和全国一盘棋的优势，因而使社会主义市场经济的宏观调控更有可能和条件实现自己的目标。正如江泽民同志所说："消灭贫困，实现共同富裕，是社会主义的本质要求和社会主义优越性的体现……发展社会主义市场经济体制，既要追求资源配置的效率目标，也要兼顾公平原则，更要对贫困地区采取有效的扶持政策。"[②]我国社会主义市场经济"既可以发挥市场经济的优势，又可以发挥社会主义制度的优越性，在处理市场机制和宏观调控、当前发展和长远发展、效率和公平等关系方面，应该比西方国家做得更好、更有成效"[③]。

其次，我国的国情和发展阶段与资本主义国家尤其是西方发达国家不同。经过 50 多年的社会主义建设，尤其是 20 多年的改革开放，我国综合国力和人民生活水平都有了大幅度提高，与新中国成立之初相比早已不可同日而语。但人口多、底子薄、耕地少、资源相对贫乏、地区间发展不平衡等，仍是我们的基本国情。我国经济总量已跃居世界第 4 位，但人均 GDP 仍排在世界的第 100 位以后。因此，从总体上讲，我国仍然处在并将长期处在社会主义初级阶段，仍然是并将长期是发展中的国家。与西方发达国家相比，我国和它们既不在一个起跑线上，也没有并驾齐驱。这些都决定了宏观调控对于我们比对于它们更加重要。正如江泽民同志指出的那样："我们是一个发展中的社会主义国家，生产力相对落后、整体素质不高，

① 《江泽民文选》第 1 卷，人民出版社 2006 年版，第 441、227 页。

② 江泽民：《论社会主义市场经济》，中央文献出版社 2006 年版，第 166 页。

③ 《江泽民文选》第 1 卷，人民出版社 2006 年版，第 467 页。

经济发展又很不平衡，特别是我们没有搞社会主义市场经济的经验。我们的国情和目前所处的经济发展阶段，要求我们必须搞好国家宏观调控。"[1] "我国是发展中的大国，又处在经济体制转轨、产业结构升级和经济快速发展的时期，加强和改善宏观调控尤为重要。"[2]

再次，经济体制转轨也是我国的社会主义市场经济比西方发达国家更需要宏观调控，而且调控的范围、形式也不尽相同的一个重要原因。他指出："我们的经济体制正在向社会主义市场经济体制过渡，原有体制的一些弊端没有消除，新体制尚未形成，市场机制未能有效发挥作用。在体制转轨过程中，需要有一系列相应的体制改革和政策调整，必然涉及经济基础和上层建筑的许多领域，要从总体上协调好各方面的利益关系，就必须加强和改善国家宏观调控。"[3]

三、社会主义市场经济体制下的宏观调控应注意总结和汲取计划经济的经验教训

社会主义市场经济体制不是对计划经济体制的细枝末节的修补，而是经济体制的根本性变革，但我们也应注意认真总结和汲取计划经济的经验和教训。党的十四大召开前夕，在 1992 年 6 月 9 日中共中央党校省部级干部进修班上的讲话中，江泽民同志在解释为什么会从"计划与市场相结合的社会主义商品经济""社会主义有计划的市场经济""社会主义的市场经济"这三种提法中，选择后者作为新经济体制的提法时说过："有计划的商品经济，也就

---

[1] 江泽民：《论社会主义市场经济》，中央文献出版社 2006 年版，第 118 页。

[2] 《江泽民文选》第 1 卷，人民出版社 2006 年版，第 467 页。

[3] 江泽民：《论社会主义市场经济》，中央文献出版社 2006 年版，第 118 页。

是有计划的市场经济。社会主义经济从一开始就是有计划的，这在人们的脑子里和认识上一直是清楚的，不会因为提法中不出现'有计划'三个字，就发生是不是取消了计划性的疑问。"[1]在党的十四大报告中，他又指出："原有经济体制有它的历史由来，起过重要的积极作用。"[2]过了两年，他进一步指出："对计划经济体制曾经起过的历史作用，我们是充分肯定的。从历史进程看，苏联能够对付并最终打败德国法西斯，同他们通过计划经济建立了独立的完整的工业体系和国民经济体系是分不开的。这就是说，在无产阶级夺取政权和建设社会主义初期那种历史条件下，实行计划经济还是有其必要的。我们建国初期的历史也说明了计划经济曾经起过重要作用……我们既不能抱着过去的计划体制不放，看不到它的弊病和改革的必要性，也不能照搬照抄西方资本主义市场经济的模式，而应在总结我们搞计划经济的经验教训和借鉴西方国家搞市场经济的有益经验的基础上，通过实践、认识、再实践、再认识，开拓一条发展社会主义市场经济的正确道路，使这种新的经济体制逐步成熟和完善起来。"[3]这些论断告诉我们，计划经济与经济计划既有区别又有联系，我们放弃了计划经济体制，但没有取消经济的计划性。计划经济时期积累的搞经济计划的一些有益经验，完全可以为社会主义市场经济所继承、所借鉴。

社会主义市场经济的宏观调控主要应当运用经济手段、法律手段，但也离不开对计划手段和行政手段的运用。江泽民同志指出："国家计划是宏观调控的重要手段之一。"他又指出："在当前新旧经济体制转换的过程中，为保证整个国民经济稳定协调发展，尽

① 《江泽民文选》第 1 卷，人民出版社 2006 年版，第 202 页。
② 《江泽民文选》第 1 卷，人民出版社 2006 年版，第 212 页。
③ 江泽民：《论社会主义市场经济》，中央文献出版社 2006 年版，第 203—204 页。

量减少可能出现的不协调甚至混乱现象，必须运用经济手段、法律手段，同时辅之以必要的行政手段加强宏观调控。那种以为搞市场经济就可以离开国家的宏观指导和调控，放任自流、自行其是、随心所欲，完全是一种误解。"① 他还说："宏观调控应当以间接手段为主，更多地运用经济的和法律的办法。但在目前经济体制转换过程中，由于多种因素，一时还难以完全做到。必须根据经济运行的实际情况，相机综合地运用各种手段，其中包括采用一些必要的行政手段，以利于不失时机地解决矛盾和问题。"他强调："必须采取必要的行政手段，这是因为经济生活中出现的大量秩序混乱的问题是由于行政行为导致的。同时，目前的管理体制也需要通过行政手段来保证经济手段正确、有效地实施。""越是改革开放，越是搞活经济，就越要加强纪律性和法制观念，越要防止和克服那种有令不行、有禁不止、各行其是、纪律松弛的现象。"② 可见，在当前情况下，运用计划手段、行政手段对于我们搞好社会主义市场经济条件下的宏观调控仍然是很重要的。

江泽民同志关于社会主义市场经济条件下宏观调控的论述，是他关于社会主义市场经济思想的重要组成部分。深入学习这些论述，有助于我们进一步搞清楚什么是社会主义市场经济的宏观调控，以及怎样加强社会主义市场经济的宏观调控。我们要把学习《江泽民文选》同树立和落实科学发展观紧密结合起来，把社会主义市场经济中的市场调节和计划调节有机结合起来，在充分发挥市场配置资源的基础性作用和加强宏观调控两方面共同努力，保证我国经济真正走上全面、协调、可持续发展的轨道。

---

① 江泽民：《论社会主义市场经济》，中央文献出版社 2006 年版，第 31、90 页。

② 江泽民：《论社会主义市场经济》，中央文献出版社 2006 年版，第 200、119、46 页。

研究"三农"问题的出发点[*]

（2008年4月14日）

中国农业合作经济发展问题，是当前中国改革发展处于新的历史起点之际，全党面对的重大而紧迫的问题，也是中华人民共和国史研究中的课题。它涉及对农业合作化运动的历史评价，涉及对当年合作化与今天合作经济的比较，也涉及对邓小平关于农业改革"两个飞跃"思想的理解。

中国是一个历史悠久的农业国，但自从进入近代以来，"三农"，即农业、农村、农民，便作为一个被捆在一起的问题摆到了国人面前。在旧中国的"三座大山"压迫下，这一问题不仅得不到解决，反而日益严重。新中国建立后，"三农"问题与旧中国相比具有了完全不同的性质。经过社会主义革命和建设，尤其经过改革开放，农业生产力、农村面貌、农民状况与旧中国相比，都发生了翻天覆地的变化。但由于种种原因，"三农"问题时至今日仍然是摆在我们面前的一个没有完全解决的问题。

---

[*] 本文是作者2008年在当代中国研究所、中国经济史学会现代经济史专业委员会、河北农业大学商学院联合召开的"中国农业合作经济发展论坛"上的讲话，刊发于《理论前沿》2008年第19期。

　　从新中国成立到现在的近60年时间，"三农"问题大体可以分为改革开放之前的近30年和改革开放之后的近30年两大阶段。这两个阶段的"三农"问题尽管存在共性，但各自具有显著的经济社会发展的阶段性特征，内涵有很大的区别。前一阶段"三农"问题所处的历史条件是中国要在一穷二白的基础上进行优先发展重工业的快速工业化建设，面临的主要任务和情况是农业要为工业化提供大量原材料和尽可能多而且价格稳定的商品粮。那时，农村除生产需要外，很少或基本得不到国家建设的投资；农民除少数按国家计划进入城市变成工人外，大部分要固定在农村从事农业生产。分析当年的合作化运动、人民公社化运动、学大寨运动、粮油统购统销政策等决策和事件的动因，评价它们的得失，固然可以有这样的看法或那样的看法，但有一点应当肯定，那就是一定要把它们的动因放在当时为突击奠定工业化基础、大幅度增加农业单位面积产量而大兴水利和大搞农田基本建设的那个历史条件下来分析，把它们的得失同我国用较短时间就初步建立起独立的比较完整的工业体系和国民经济体系、大大改善了水利和农田状况这一基本的事实放在一起来评价。

　　然而，经过改革开放30年后的"三农"问题，所处历史条件与改革开放前相比有了很大不同。我们不能用今天的眼光来看待过去的"三农"问题，也不要用过去的眼光来硬套今天的"三农"问题。今天，"三农"问题所面临的，已经是在改革开放前30年社会主义建设基础上实行了30年改革开放政策并出现经济社会大发展的时期，是国家进入工业化中期阶段并正在向基本实现工业化大迈进的时期，是工业化、信息化、城市化、市场化、国际化同时到来并引起社会大变迁的时期。这个时期的"三农"问题，已不再是农业如何为工业化做积累做贡献的问题，而是工业如何反哺农业、城市如何支持农村的问题；已不再是农民能不能进城的问题，而是有越来越多的农民进城务工后，农民工的户籍管理、社会保障、子女上学等如何解决的问题；已不再是国家财政要不要覆盖农村、强化对农村的公共服务、以城带乡的问题，而是在城镇化率不断提高的情况下，农副业生产如何发展、新农村如何建设，以及妇女、老人、孩子"三留守"等问题如何解决的问题。因此，研究今天的"三农"问题，一方面要看到土地家庭承包制、市场化、城镇化，带给农业生产力、农民积极性、农村面貌的极大发展、提高和改变；另一方面也要看到，制约它们进一步发展、提高、改变的深层次矛盾和问题，从而努力总结新经验，理清新思路，寻求新突破，解决新问题。

改革开放后的历史条件，相对于改革开放前尽管发生了巨大变化，但我国仍然是并将长期是发展中的大国、仍然处在并将长期处在社会主义初级阶段的这一基本国情并没有改变。这个国情包括：人口多但耕地少，人均资源尤其是土地、水和矿物资源相对贫乏，且随着人口的增加、工业和城市的发展而日趋紧张；国民生产总值虽然跃居世界前几名，但工业化起步晚，家底薄，人均国民生产总值仍处在世界落后国家行列；农业单产虽然高，但抗灾能力弱，基本上还是靠天吃饭，粮食自给的压力仍然很大，且会随着城镇人口的增加和食物结构的变化而越来越大；农民虽然大量进城务工，但基本没有可接续的养老、医疗、失业保险，其中多数人还不是稳定的城镇人口，还不能失去在农村的土地承包权；城镇化率虽然已大幅度提高，但农村人口仍然占人口的大多数，即使今后少于城镇人口，其绝对数在长时期内也还是相当庞大的；农村虽然已普遍通上了电和公路，但人均收入、基础设施、教育水平等仍远远落后于城市，而且与城市之间的差距还有继续扩大之势；国家虽然实施了中西部大开发和振兴东北的战略，但地区不平衡的现象仍然很严重，等等。

这种国情，在美国等高度发达的国家中没有，在新加坡一类中等发达的小国中也没有。面对这种国情和经济社会发展的阶段性特征，研究"三农"问题的出路，研究农业经营方式的选择，必须把农业生产特别是粮食生产能否基本保证自给、农民收入能否稳步增加、农村与城市以及地区与地区之间的差距能否逐渐缩小，继续作为研究的出发点。就是说，无论过去、现在和将来，选择农业的经营方式，应当主要看它是否有利于保证农产品特别是粮食的基本自给，有利于农民的稳步增收，有利于城乡差距的逐渐缩小。有利的就用，不利的就不用。这个时期这个地区这种方式有利，就用这种方式；过一个时期换一个地区，这种方式不利了，就不用这种方式。总之，一切要从中国自己基本的国情和一定的经济社会发展阶段出发，因时因地选择农业的经营方式，不搞一刀切，不搞大呼隆。如果说改革开放前30年农业合作化的经验教训中有什么拿到今天仍然有效的话，我想这应当是最为重要的一条。

建立在土地集体所有、家庭承包基础上的农业合作组织，是小农户应对大市场的新型农业合作经济形式。它有利于农民增强竞争力、降低生产经营的风险和成本、建立增收的长效机制，有利于传统农业向现代农业、商品农业的转变，有利于社会主义新农村的建设，是解决今天"三农"问题的有效途径。前不久颁布的《农民专业合作社法》，为这一经济形式提供了法律保障，开辟了广阔空间。但要使它发展壮大，还有许多问题需要我们研究解决。

邓小平早在1992年就说过："农业的改革和发展会有两个飞跃，第一个飞跃是废除人民公社，实行家庭联产承包为主的责任制，第二个飞跃就是发展集体经济。社会主义经济以公有制为主体，农业也一样，最终要以公有制为主体。""仅是一家一户的耕作，不向集体化集约化经济发展，农业现代化的实现是不可能的。就是过一百年二百年，最终还是要走这条路。""但是不要勉强，不要一股风。如果农民现在还没有提出这个问题，就不要着急。条件成熟了，农民自愿，也不要去阻碍。"① 党的十七大报告中也指出："解决好农业、农村、农民问题，事关全面建设小康社会大局，必须始终作为全党工作的重中之重。"要"坚持农村基本经营制度，稳定和完善土地承包关系，按照依法自愿有偿原则，健全土地承包经营权流转市场，有条件的地方可以发展多种形式的适度规模经营。探索集体经济有效实现形式，发展农民专业合作组织，支持农业产业化经营和龙头企业发展。"② 我们应当深刻领会这些重要论述的精神实质，把它们作为研讨当前中国农业合作经济发展问题的指导思想。

---

① 《邓小平年谱（1975—1997）》（下），中央文献出版社 2004 年版，第 1349、1350 页。
② 《中国共产党第十七次全国代表大会文件汇编》，人民出版社 2007 年版，第 22、23 页。

党的十一届三中全会与中国
当代史上的伟大转折*

（2008年10月13日）

党的十一届三中全会（以下简称"三中全会"或"全会"）揭开了改革开放的序幕，开辟了中国特色社会主义道路，实现了新中国成立以来党的历史，也是当代中国历史上，具有深远意义的伟大转折。对此，人们早已了解，并形成广泛共识。但是，这一转折是怎么实现的，是偶然的还是必然的，性质是什么？在这些问题上，认识就不那么统一了。因此，分析三中全会及此前中央工作会议的主要成果、基本特点、历史背景和伟大意义等问题，是十分必要的。

一、三中全会及此前中央工作会议的成果和特点与转折的由来

要搞清楚三中全会为什么能成为中国当代史上的伟大转折，首

＊ 本文是作者 2008 年在中国社会科学院纪念改革开放 30 周年学术报告会上的报告，刊发于《当代中国史研究》2008 年第 5 期。收入本书时，作者作了删节修改。

先应当搞清楚全会及此前中央工作会议的主要成果和基本特点。

1. 关于两个会议的主要成果

三中全会及此前中央工作会议的成果，从当时的全会公报上看，可以大体归纳为六点：第一，决定把全党工作的着重点从 1979 年起转移到社会主义现代化建设上来；第二，讨论了国际形势和外交工作，同意党和政府的对外政策；第三，讨论并原则通过了关于加快农业发展问题和 1979 年、1980 年两年国民经济计划的安排；第四，审查和解决了历史上遗留的一大批重大问题，重新评价了一些重要领导人的功过是非；第五，决定在党的生活和国家生活中加强民主，明确了党的唯物主义的思想路线；第六，加强和充实了党中央领导机构，成立了中央纪律检查委员会。

根据十一届三中全会之后一年半里党和国家政治生活出现的新进展，十一届六中全会在《关于建国以来党的若干历史问题的决议》（以下简称《历史决议》）中，又从新的认识高度，将三中全会及此前中央工作会议的主要成果概括成八条：第一，结束了 1976 年 10 月以来党的工作在徘徊中前进的局面，开始全面地认真地纠正"文化大革命"中间及之前的"左"倾错误；第二，坚决批判了"两个凡是"的错误方针，充分肯定了必须完整地、准确地掌握毛泽东思想的科学体系；第三，高度评价了关于真理标准问题的讨论，确定了解放思想、开动脑筋、实事求是、团结一致向前看的指导方针；第四，停止了使用"以阶级斗争为纲"的口号，作出了把工作重点转移到社会主义现代化建设上来的战略决策；第五，提出了注意解决好国民经济重大比例严重失调的要求，制订了关于加快农业发展的决定；第六，着重提出了健全社会主义民主和加强社会主义法制的任务；第七，审查和解决了党的历史上一批重大冤假错案和一些重要领导人的功过是非问题；第八，增选了中央领导机构的成员。

在列举以上八大成果后,《历史决议》指出:"这些在领导工作中具有重大意义的转变,标志着党重新确立了马克思主义的思想路线、政治路线和组织路线。"①

在十一届三中全会召开 30 年后的今天,如果要对它的成果再作进一步归纳的话,我认为其中最重要的成果有两个:一是重新确立了党的马克思主义的路线,二是形成了以邓小平为核心的第二代中央领导集体。揭开改革开放序幕、开辟建设中国特色社会主义新道路的关键因素,正是这两大成果。我们说三中全会实现了当代中国史上的伟大转折,主要根据即在于此。

先说党的第二代中央领导集体。邓小平同志在 1989 年 6 月十三届四中全会前夕说过:"党的十一届三中全会建立了一个新的领导集体,这就是第二代的领导集体。在这个集体中,实际上可以说我处在一个关键地位。"②三中全会闭幕时,中央政治局常委一共有 6 个人,主席是华国锋同志,副主席是叶剑英同志、邓小平同志、李先念同志、陈云同志、汪东兴同志。由于会议否定了"两个凡是"的方针,中央工作的实际主导权已从华国锋同志转移到了邓小平同志手中。另外,汪东兴同志在会议期间作了书面检查,提出了辞职的请求,并在不久后召开的十一届五中全会上被批准辞职。到了十一届六中全会,华国锋同志又提出请求辞去中央主席和中央军委主席的职务,并得到会议同意。所以,邓小平同志所讲的三中全会建立的新的中央领导集体,是指也只能是指邓小平同志、陈云同志、叶剑英同志、李先念同志。对此,邓小平同志在十三届四中全会之后有更加明确的说明。他指出:"从我们党的十一届三中全

① 《三中全会以来重要文献选编》下,人民出版社 1982 年版,第 821 页。
② 《邓小平文选》第 3 卷,人民出版社 1993 年版,第 309 页。

会以后，开始产生了第二代领导集体，包括我在内，还有陈云同志、李先念同志，还有叶帅。"①历史证明，三中全会以来，我们党和国家之所以能不断深化改革、扩大开放，之所以能逐步开辟出一条中国特色社会主义道路，关键就在于有这个中央领导集体在政治上和组织上提供坚强的保证。

再说十一届三中全会路线。对于三中全会的路线，曾经有过各种各样的表述。②但无论哪种表述，意思都差不多，都是指我们党在十一届三中全会和会后所制定并不断丰富的马克思主义的思想路线、政治路线、组织路线。从三中全会公报上看，这条路线的主要内容是：在思想上，完整准确地掌握毛泽东思想的科学体系，在马列主义、毛泽东思想的指导下，解放思想，研究新事物、新问题，坚持实事求是，一切从实际出发；在政治上，把全党工作重点和全国人民的注意力转移到社会主义现代化建设上来，根据新的历史条件和实践经验，对经济体制和经营管理方法着手改革，在自力更生的基础上积极发展同世界各国的经济合作，努力采用世界先进技术和先进设备，同时不放松同极少数反革命分子和刑事犯罪分子的阶级斗争，不削弱无产阶级专政，不允许损害安定团结的政治局面；在组织上，健全党的民主集中制，健全党规党法，严肃党纪，强调党中央和各级党委的集体领导，保障党员在党内对上级领导直至中央常委提出批评意见的权利，党的各级领导干部必须带头严守党纪。对于三中全会的政治路线，当时虽然没有概括为"一个

①《邓小平年谱（1975—1997）》下，中央文献出版社 2004 年版，第 1295 页。

② 可参阅：《三中全会以来重要文献选编》上，人民出版社 1982 年版，第 11、236
页；《邓小平文选》第 2 卷，人民出版社 1994 年版，第 183、193、242、275 页；
《三中全会以来重要文献选编》下，第 821、848 页；《十三大以来重要文献选编》
上，人民出版社 1991 年版，第 15 页。

中心、两个基本点"，但从上述内容不难看出，这个意思已经有了。特别是三中全会之后，党中央为了正确贯彻解放思想的方针，及时重申坚持四项基本原则，并明确提出实行改革开放的总方针，"一个中心、两个基本点"的意思更加凸显出来。对于三中全会的组织路线，会后也有进一步发展。其中最重要的是，在政治合格的前提下，使干部队伍做到年轻化、知识化、专业化，并使选拔中青年干部的工作制度化。

由此可见，三中全会确定的马克思主义路线，是指在坚持四项基本原则的前提下，通过解放思想、改革开放，促进生产力不断发展，实现社会的全面进步，最大限度地满足人民的物质需要和精神需要，巩固和发展社会主义制度；而不是相反，要搞指导思想的多元化、经济制度的私有化、政治体制的西方化，使中国走资本主义的发展道路，融入世界资本主义体系。正如邓小平反复强调的那样，解放思想决不能够偏离四项基本原则的轨道，"离开四项基本原则去'解放思想'，实际上是把自己放到党和人民的对立面去了。""离开坚持四项基本原则，就没有根，没有方向，也就谈不上贯彻党的思想路线。"①"如果不坚持这四项基本原则，纠正极左就会变成'纠正'马列主义，'纠正'社会主义。"②"某些人所谓的改革，应该换个名字，叫作自由化，即资本主义化。他们'改革'的中心是资本主义化。我们讲的改革与他们不同，这个问题还要继续争论的。"③我们决定实行开放政策，"同时也要求刹住自由化的风，这是相互关联的问题。"④历史证明，三中全会以来，我们党和国家之所

---

① 《邓小平文选》第 2 卷，人民出版社 1994 年版，第 278、279 页。

② 《邓小平文选》第 3 卷，人民出版社 1993 年版，第 137 页。

③ 《邓小平文选》第 3 卷，人民出版社 1993 年版，第 297 页。

④ 《邓小平文选》第 3 卷，人民出版社 1993 年版，第 124 页。

以能战胜国内国际一个又一个风险和挑战，之所以能在不断深化和扩大改革开放、经济持续飞速发展的情况下始终保持社会的总体稳定，关键就在于有这条马克思主义路线的正确指引。

2. 关于两个会议的基本特点

三中全会及此前的中央工作会议取得了那么多重要的成果，是否是事先计划好了的，是否是有步骤地自然而然地取得的呢？回答这个问题，只要看看这两个会议在中共党史和中国当代史上不同寻常的显著特点就清楚了。

首先，议题中途发生违反主持人意愿的改变前所未有。

中央工作会议开始前发出的通知和开始时由时任党中央主席华国锋宣布的议题，都是讨论《关于加快农业发展速度的决定》和《农村人民公社工作条例（试行草案）》，商定 1979 年、1980 年国民经济计划安排，学习李先念同志在国务院务虚会上的讲话；只在进入正式议题前，用两三天时间讨论从 1979 年 1 月起把全党工作着重点转移到社会主义现代化建设上来的问题。但是，会议刚进入第 3 天，党的八大时便是中央副主席而"文化大革命"以来一直是中央委员会一般委员的陈云，率先在小组会上发言，指出实现"四个现代化"是全党和全国人民的迫切愿望，安定团结也是全党和全国人民关心的事，现在干部、群众对党内是否能安定团结有顾虑。接着，他提出了 6 个影响大或涉及面广、需要由中央考虑决定的冤假错案和问题，如"薄一波等六十一人所谓叛徒集团案"，根据 1937 年和 1941 年中央决定从国民党反省院履行自首手续出狱者被打成叛徒的问题，陶铸同志、王鹤寿同志的历史遗留问题，彭德怀同志的骨灰安放问题，"天安门事件"的平反问题，康生的严重错误问题等。这些问题都是当时最为敏感，也是大家最为关心但又不便于说的问题。因此，当他的发言在简报上全文刊出后，立即引起强烈反响，起到了扭转会议方向的作用。代表们纷纷表示赞成他的意见，同时加以发挥和补充。华国锋同志在紧接着召开的第二次全体会议上虽然要求会议由讨论工作重点转移问题转入讨论农业文件，但代表们并没有照他的要求办，而是依旧热烈讨论重大历史遗留问题，并且延伸到关于真理标准大讨论中出现的不正常情况、对"两个凡是"的提法和对中央个别领导同志的意见，以及对中央领导机构和中央宣传领导部门人事调整的建议等重大现实政治问题。

鉴于会议形势发生的巨大变化，在会议开始不久后出访回国的邓小平同志，与叶剑英同志、李先念同志等中央政治局常委一起，力促华国锋代表中央政治局，在第三次全体会议上对与会代表所提问题——作出了答复，宣布对"天安门事件""二月逆流""薄一波等六十一人所谓叛徒集团案"、彭德怀同志、陶铸同志、杨尚昆同志予以平反，决定撤销有关"反击右倾翻案风"的全部文件，将康生、谢富治的问题交由中央组织部审理，对地方性重大事件问题交由地方自行解决。这次会后，胡乔木同志在小组发言中又提出，真理标准问题已在一定意义上成为了政治问题，建议华国锋同志能对这一问题的讨论也作一个结论，以便统一全党思想，澄清国内外各种猜测。于是，华国锋同志在第四次全体会议（即中央工作会议闭幕会）上，就"两个凡是"的提出作了自我批评，对没有能及时解决在真理标准讨论中的分歧问题作了解释。

会议对原有议题的突破和取得的进展，使邓小平会前所准备的讲话稿显得不再适用。会议临近结束时，他针对会议内外出现的新情况，亲自草拟了讲话提纲，提出解放思想是当前一大政治问题，民主是解放思想的重要条件，处理历史遗留问题为的是团结一致向前看，要研究经济建设上的新情况，解决经济管理方法、管理制度改革上的新问题等。这篇题为《解放思想，实事求是，团结一致向前看》的重要讲话，从思想路线的高度对会议作出了深刻总结，为全党指明了改革开放的大方向，受到与会代表的一致拥护，因此，事实上成为三中全会的主题报告。

三中全会原定议题是审议通过中央工作会议讨论后提交的关于农业问题的两个文件和 1979—1980 年的计划安排，选举产生中央纪律检查委员会。但事实上，除了上述内容外，全会主要是学习讨论邓小平在中央工作会议上的重要讲话，确认中央工作会议取得的一系列重要成果，以及增选和增补中央领导机构的成员。

其次，会议持续时间之长和解决问题数量之多、分量之重前所未有。

中央工作会议于 1978 年 11 月 10 日开始，原定开 20 多天。三中全会原定与中央工作会议间隔十来天，在 12 月 10 日召开，会期 3 天。但由于工作会议讨论十分热烈，不断有新问题提出，使会议结束时间一延再延，实际开了 36 天。全会则紧接在中央工作会议结束两天后召开，会期也比原计划延长了两天。两个会加在一起共 41 天，合起来看，大体分为三个阶段。

第一阶段从 11 月 12 日陈云同志在小组会上发言算起，到 11 月 25 日华国锋同志在第三次全体会议上宣布对一系列重大历史遗留问题的平反决定，共 14 天，可以看作是发动阶段。其间主要讨论历史遗留问题，也涉及对个别中央领导同志的批评。

第二阶段从 11 月 26 日开始到 12 月 13 日结束的小组讨论，共 18 天，可以看作是深入阶段。其间主要议论真理标准大讨论中出现的种种不正常情况，对中央个别领导的意见，对中央领导机构和中央宣传领导部门人事安排的建议。

第三阶段从 12 月 13 日下午邓小平在中央工作会议闭幕会上发表重要讲话，到 12 月 15 日下午工作会议结束；再从 12 月 17 日三中全会召开小组召集人会议到 12 月 22 日全会闭幕会，增选陈云同志、邓颖超同志、胡耀邦同志、王震同志为中央政治局委员，陈云同志为政治局常委、中央委员会副主席，增补黄克诚同志等 9 人为中央委员，以及通过全会公报，共 9 天，可以看作是总结阶段。其间主要讨论邓小平同志在中央工作会议上的重要讲话，酝酿增选、增补中央领导机构成员的名单，同时继续发表前两个阶段没有讲完的意见。

再次，会议气氛之生动活泼、面对面开展批评之开诚布公前所未有。

会议开始时，还有扣压简报的事情发生，但当代表提出意见后，情况很快改变了，基本做到了代表们畅所欲言，直言不讳；简报有闻必录，印发及时。正因为如此，邓小平同志的重要讲话在评价中央工作会议时指出："这次会议讨论和解决了许多有关党和国家命运的重大问题。大家敞开思想，畅所欲言，敢于讲心里话，讲实在话。大家能够积极地开展批评，包括对中央工作的批评，把意见摆在桌面上。一些同志也程度不同地进行了自我批评。这些都是党内生活的伟大进步，对于党和人民的事业将起巨大的促进作用。"[1]陈云同志在三中全会闭幕会上的即席讲话中也说："三中全会和此前的中央工作会议开得很成功。大家在马列主义、毛泽东思想的基础上，解放思想，畅所欲言，充分恢复和发扬了党内民主和党的实事求是、群众路线、批评和自我批评的优良作风，认真讨论了党内存在的一些重大问题，增强了团结，真正实现了毛泽东所提倡的又有集中又有民主，又有纪律又有自由，又有统一意志，又有个人心情舒畅、生动活泼的那样一种政治局面……一九五七年以后，由于

---

[1]《邓小平文选》第 2 卷，人民出版社 1994 年版，第 140—141 页。

种种干扰，毛泽东提出的这种心情舒畅、生动活泼的政治局面很多年没有实现。这一次党中央带了个好头，只要大家坚持下去，就有可能在全国实现。"① 以上这些话，高度概括了会议的真实情况。

在中共党史和中国当代史上，同时具有以上三个特点的会议，即便不是绝无仅有，也是极其少见的。正是这些特点，构成了三中全会成为中国当代史上伟大转折的直接原因。它说明，三中全会的胜利并非自然而然取得的，而是与会的大多数高级干部在老一辈无产阶级革命家带动、支持下，充分发扬党内民主和党的实事求是、群众路线、批评与自我批评作风，通过积极的思想斗争争取到的，是来之不易、弥足珍贵的。

二、三中全会及此前中央工作会议的历史背景与转折的必然性

三中全会前的中央工作会议议题，主要不是全会公报所讲的那些内容；会议之前，中央起码是中央主要负责人，并没有打算开成那样一个会；出席会议的代表起码是绝大多数代表，事先也没有想到会议会开出那样一个结果。那么，这是否意味着三中全会实现的伟大转折是偶然的、突发的，是可能发生也可能不发生的呢？应当说，转折发生在 1978 年 11 月，发生在三中全会及此前的中央工作会议，带有一定的偶然性。但是，正如恩格斯所说："在表面上是偶然性在起作用的地方，这种偶然性始终是受内部的隐蔽着的规律支配的。"② 如果把这两个会和"文化大革命"中的一系列事件联系起来，把它放在粉碎"四人帮"后国内国际、党内党外、主观客观

---

① 《陈云年谱》下卷，中央文献出版社 2000 年版，第 231 页。

② 《马克思恩格斯选集》第 3 卷，人民出版社 1995 年版，第 247 页。

的大背景下来分析，就不难看出这个转折绝不是偶然的、突然的，而是必然的、不以人的意志为转移的，是人心之所向、大势之所趋，或迟或早总要发生的。

1. 转折的客观条件

从 1976 年党中央一举粉碎"四人帮"到十一届三中全会召开之前的两年里，我们党和国家在政治上、经济上都取得了一定进展和一些成绩。但同时也产生了一些新问题，这些问题严重阻碍了党和国家继续前进的步伐，迫切需要得到解决。

首先，在政治上。那两年揭发、批判、清查江青反革命集团及其帮派体系的运动取得了很大成绩，党和国家组织的整顿冤假错案及平反工作也在进行，但是，由于受"左"的错误思想束缚，当时的党中央主要负责人不仅未能顺应党心民心，纠正"文化大革命"的错误理论、政策和口号，系统清理在党内已持续很长时间的"左"的指导思想，带领全党全国人民乘胜前进，反而提出并推行"两个凡是"的错误方针，压制 1978 年开展的关于真理标准问题的讨论，一再拖延和阻挠恢复包括邓小平同志在内的一大批老干部的工作和平反包括"天安门事件"在内的一大批历史上的冤假错案，并继续维护旧的个人崇拜和制造新的个人崇拜，严重挫伤了广大干部群众在粉碎"四人帮"后激发出的积极性，引起党内外同志的广泛不满。因此，要求尽快解决"天安门事件"的平反和"文化大革命"及此前一系列重大历史遗留问题，重新评价党和国家许多领导人的功过是非，肯定实践是检验真理的唯一标准，改正"两个凡是"的错误方针，调整各方面社会关系，调动一切积极因素投身四化建设等呼声，变得日益强烈。

其次，在经济上。那两年制止了许多地区工矿企业生产和交通运输的混乱状况，使国民经济开始从瘫痪、半瘫痪的状态中走了出来。但是，时任党中央主要负责人在严重失调的国民经济重大比例关系尚未理顺的情况下，又提出许多不切实际的高指标和根本不可能实现的大口号，使积累与消费的关系进一步失衡，违背了人民要求尽快改善生活的强烈意愿，犯了急于求成、片面追求高速度的急躁冒进错误。他虽然看到了国外技术的进步和中美、中日关系解冻后西方在对华贸易、投资方面出现的新形势，提出要引进国外先进技术设备和举借外债，但是不考虑国内对引进的配套、消化能力，也不考虑还债能力，片面突出钢铁、石油、化工等重工业部门，追求高速度、高积累、高投资，同样是"左"的急躁冒进思想的表现。这一切都迫切要求在经济工作中认真清理"左"的指导思想，对国民经济进行一次重大比例关系的调整。另外，原有的高度集中的计划经济体制和政企不分、所有权经营权不分、统收统支的国有企业经营方式的弊端，也与经济发展的需要之间越来越不适应，到了非改变不可的程度。这一切，都在客观上呼唤对经济体制、经营方式、所有制结构进行必要的改革。

2. 转折的主观条件

粉碎"四人帮"后的头两年，在老一辈无产阶级革命家和党内正确力量的努力下，通过部分平反冤假错案，使许多"文化大革命"中被打倒或靠边站的老干部回到了领导岗位；通过真理标准问题的讨论和"两个凡是"问题的争论，通过按劳分配问题和经济管理体制问题的讨论，使实事求是、理论联系实际、一切从实际出发的原则，以及党内民主和民主集中制的原则得到很大宣传，逐渐形成了有利于克服"两个凡是"的错误、将党的工作重点转移到经济建设上、对国民经济进行调整，以及实行改革开放方针的舆论氛围。这一切，为三中全会的胜利召开做好了充分的组织准备和思想准备。

首先，在组织上。1977年3月中央工作会议前夕，陈云同志为呼应党中央副主席叶剑英同志的意见，与王震同志等几位中央委员相约，在会上提出为"天安门事件"平反和恢复邓小平同志工作的问题。他的发言虽然最终未能在简报上刊出，但却产生了很大影响，对中央内部的错误领导形成了巨大压力，加快了邓小平同志复出的进程。四个月后，邓小平同志在十届三中全会上恢复了在"反击右倾翻案风"中被撤销的一切职务。与此同时，经过叶剑英同志、邓小平同志、李先念同志和陈云同志等中央领导人及老一辈革命家的积极争取，一些老同志陆续恢复了工作。所有这些，都使党中央决策层、领导层内正确与错误两种力量的对比，发生了很大变化。正因为如此，陈云同志在中央工作会议上的发言，才可能取得一呼百应的效果和起到改变会议议程的作用；邓小平同志在会议期间的运筹帷幄、因势利导，尤其是在中央工作会议闭幕会上的重要讲话，才可能产生出巨大反响，为三中全会重新确立马克思主义的路线奠定重要了基础，使会议最终成为开辟中国特色社会主义的起点。

其次，在思想上。邓小平同志自重新回到中央领导岗位后，便利用各种场合提出并大力宣传毛泽东思想的精髓是实事求是、要准确完整地理解毛泽东思想的观点，引发了关于真理标准问题的大讨论。同时，他还积极支持关于按劳分配问题的讨论，相继提出揭批"四人帮"运动要适时结束、要加大地方和企业自主权、要按照经济规律管理经济等主张。1978年夏季召开的国务院务虚会，提出要加强综合平衡，在国家统一计划下发挥部门、地方、企业的积极性，搞好技术引进，努力扩大出口等一系列具有改革开放思想的观点。正因为有这个铺垫，参加中央工作会议的代表们才会一致拥护党的工作着重点转移的决定，批评"两个凡是"的错误方针，肯定真理标准的大讨论，要求平反各种冤假错案，赞成认真解决国民经济中重大比例失调的问题，同意克服经济管理体制中党政企不分、以党代政、以政代企的现象。另外，由于陈云同志等老一辈革命家为恢复党的民主集中制所开展的斗争，使以往中央会议简报工作那种压制民主的错误做法越来越不得人心，难以再继续下去。这也是工作会议各组讨论情况得以迅速交流、使会议获得巨大胜利的一个重要条件。

邓小平同志在 1980 年初中央召开的干部会议上曾指出："粉碎'四人帮'以后三年的前两年，做了很多工作，没有那两年的准备，三中全会明确地确立我们党的思想路线、政治路线，是不可能的。所以，前两年是为三中全会做了准备。"[①] 只要了解了三中全会及此前中央工作会议的历史背景，对于邓小平同志的这一论述就会有更加深切的理解，就会明白那次会议之所以成为当代中国史上的伟大转折，完全是老一辈革命家和党内正确力量的努力与国内外形势变化共同作用的必然结果，是顺理成章、水到渠成、瓜熟蒂落；即使那次会议未能实现这一转折，此后的会议也一定会实现这一转折。

三、三中全会的历史意义与伟大转折的性质

我们说党的十一届三中全会是当代中国史上的伟大转折，是从三中全会开始了党在思想、政治、组织等领域的全面拨乱反正，实现了党的工作重点的转移，揭开了改革开放的序幕，开辟了中国特色的社会主义道路，标志中国从此进入社会主义事业发展新时期等意义上讲的。看不到转折的这些意义，或者对转折的意义作出资产

---

① 《邓小平文选》第 2 卷，人民出版社 1994 年版，第 242 页。

阶级自由化的解释，都是不符合历史实际的。

1. 转折不是党的领导工作一般意义上的转变

自从新中国建立后，我们党曾有过多次工作重点的转移、指导思想的转变、发展战略的转折。其中有的正确反映了当时客观实际情况的变化，有的则被实践证明是脱离实际的；有的转得比较顺利，有的则因为种种原因转得不够顺利，甚至中途反复。

就拿党的工作重心、中心、重点来说，早在七届二中全会时，毛泽东就非常明确地指出，新中国成立后，党的工作重心要由乡村转向城市；要求全党"必须用极大的努力去学会管理城市和建设城市"，眼睛要"向着这个城市的生产事业的恢复和发展"，城市中的其他工作"都要围绕着生产建设这一个中心工作并为这个中心工作服务的"①。新中国成立后，我们接连进行了肃清反革命、土地改革、抗美援朝、"三反""五反"等运动，但这些都是为着实现工作重心的转移，是工作重心转移所必不可少的前提。在第一个五年计划开始实施、全党工作重心转到经济建设以后，虽然又接连进行了"三大改造"运动、"大跃进"和人民公社化运动，但这些运动从总体上说，也都是围绕经济建设这个中心而展开的。只是在1962年八届十中全会上重提阶级斗争后，经济建设的中心地位才开始动摇。到了"文化大革命"，这个中心更被"以阶级斗争为纲"所取代。与以往相比，十一届三中全会作出的关于全党工作重点转移的决定，无疑带有更根本的性质；实现的党的指导思想的转变和发展战略的转折，也无疑比以往深刻得多。究其原因，除了国内国际形势的变化外，主要在于这次转移、转变、转折，是建立在对社会主义社会以下两个新的认识基础之上。

①《毛泽东选集》第4卷，人民出版社1991年版，第1427—1428页。

首先，建立在对社会主义社会主要矛盾的新认识上。

在三中全会前的中央工作会议上，大家对中央政治局关于党的工作着重点转移的决定一致拥护，没有提出任何疑问。但是，在对工作重点转移的解释上则是有分歧的。时任党中央主要负责人在开幕时的讲话中说，重点转移是"国内国际形势的需要"，并提出要"在新时期总路线和总任务的指引下"实现重点转移。所谓"新时期的总路线和总任务"，其重要内容之一是坚持"以阶级斗争为纲"的社会主义历史阶段的基本路线和坚持无产阶级专政下的继续革命。这种解释，受到了与会代表的质疑。例如，胡乔木同志在会议进入小组讨论后的第二天说：把工作重点的转移讲成是形势的需要，这个理由不妥。应该说，无产阶级在夺取政权以后，就要把工作重点转到经济建设上。新中国成立后，我们已开始了这种转移，但是没有坚持住，这次转移是根本性的转移，而不是通常意义上的转移。不能给人一种印象，似乎今天形势需要，就把工作重点转过来，明天不需要了，还可以再转回去。他还指出，并不是任何阶级斗争都是进步的，其是否进步的客观标准，就是看它是否为解放和发展生产力创造条件；经济脱离政治一定会走到邪路上去，政治脱离经济也一定会走到邪路上去。除了发生战争，今后一定要把生产斗争和技术革命作为中心，不能有其他的中心。只要我们正确处理人民内部矛盾和敌我矛盾，国内的阶级斗争也不会威胁社会主义建设的中心地位。这篇发言被简报全文刊出后，得到了大多数与会者的赞同。

邓小平同志在中央工作会议闭幕会上的重要讲话，对工作重点转移问题作了更为精辟的阐述。他说：政治路线的问题解决了，今后看一个部门领导得好不好，应该主要看劳动生产率提高了多少，利润增加了多少，劳动者的个人收入和集体福利增加了多少。"这就是今后主要的政治。离开这个主要的内容，政治就变成空头政治，就离开了党和人民的最大利益。"① 三中全会公报吸收了邓小平同志讲话的精神，指出："毛泽东同志早在建国初期，特别在社会主义改造基本完成以后，就再三指示全党，要把工作中心转到经济方面和技术革命方面来。""正如毛泽东同志所说，大规模的急风暴雨式的群众阶级斗争已经基本结束，对于社会主义社会的阶级斗争，应该按照严格区别和正确处理两类不同性质的矛盾的方针去解决，按照宪法和法律规定的程序去解决"。② 这里虽然没有明确要停止使用"以阶级斗争为纲"的提法，但这个意思已经有了。正因为如此，后来的《历史决议》才指出：三中全会"果断地停止使用'以阶级斗争为纲'这个不适用于社会主义社会的口号"③。正是这一认识，赋予工作重点转移的命题以更大的科学性、稳定性，使它具有了更强的生命力。

三中全会闭幕后不久，邓小平同志在理论工作务虚会上的讲话中对社会主义基本矛盾、主要矛盾的理论作了进一步阐发。他指出，毛泽东同志在《关于正确处理人民内部矛盾的问题》一文中提出生产关系和生产力、上层建筑和经济基础矛盾问题，"从二十多年的实践看来，这个提法比其他的一些提法妥当。至于什么是目前时期的主要矛盾，也就是目前时期全党和全国人民所必须解决的主要问题或中心任务，由于三中全会决定把工作重点转移到社会主义现代化建设方面来，实际上已经解决了。"④ 他还指出："社会主义社会中的阶级斗争是一个客观存在，不应该缩小，也不应该夸大……社会主义社会目前和今后的阶级斗争，显然不同于过去历史上阶级

① 《邓小平文选》第 2 卷，人民出版社 1994 年版，第 150 页。

② 《三中全会以来重要文献选编》上，人民出版社 1982 年版，第 3、5 页。

③ 《三中全会以来重要文献选编》下，人民出版社 1982 年版，第 821 页。

④ 《邓小平文选》第 2 卷，人民出版社 1994 年版，第 182 页。

社会的阶级斗争，这也是客观的事实，我们不能否认，否认了也要犯严重的错误。"①他的这些论述，更加深入地分析了在社会主义时期沿用"以阶级斗争为纲"口号的错误性，为全党工作重点的转移提供了科学的理论依据。

其次，建立在对社会主义社会管理体制的新认识上。

这里说的管理体制，既包括经济体制，也包括政治体制；既包括国内的经济体制，也包括国内与国外经济联系的体制。新中国成立后实行高度集中的计划经济体制，有在"一穷二白"基础上加快工业化建设的客观需要，也有对苏联经验的全盘学习和对马克思主义创始人关于未来社会设想的不准确理解。这种体制有在较短时间里为建立独立完整工业体系和国民经济体系奠定初步基础的丰功伟绩，也有因把经济统得过死而造成效益不高、对市场反应不灵活、消费品生产不够丰富多样等种种弊端。在对外经济联系上，由于西方的全面禁运和经济封锁，新中国成立初期只能与苏联和其他社会主义国家进行贸易和经济技术合作；以后与苏联关系破裂，对资本主义国家的贸易开始增加，但总体受"左"的思想束缚，规模不大、进展不快。在政治体制上，新中国成立后长期延续战争年代的做法，实行党的一元化领导，一切权力集中在党委，党委权力又往往集中于几个书记，特别是第一书记，造成党政不分、政企不分；对民主与法制建设不重视，基本处于无法可依的状况。尤其在"文化大革命"期间，经济越统越死，对外经济联系的门越关越小，民主集中制的原则被严重破坏，连宪法规定的公民权利也得不到保障。粉碎"四人帮"后，开始从经济与政治管理体制的层面上思考过去的问题，提出了一系列新观点、新思想、新理论，逐步澄清了

①《邓小平文选》第2卷，人民出版社1994年版，第182页。

对社会主义的许多不准确的认识。

对社会主义社会主要矛盾和管理体制问题的新认识，不仅与"文化大革命"时期的认识相对立，而且与"文化大革命"之前的认识也有很大不同。正是这种认识上的不同之处，使三中全会所实现的转折与以往的转折产生了许多区别。看不到这种变化，混淆它们之间的区别，就难以理解三中全会开辟的中国特色社会主义究竟"特"在哪里，难以说清楚为什么三中全会是当代中国史上的伟大转折。

2. 转折不是社会主义基本制度与社会性质的转变

现在有一种观点，把三中全会与 1911 年的辛亥革命相提并论，说它们是中国近代以来两个最伟大的事件；或者把新中国的历史以三中全会断限，说 1840 年至 1949 年的中国历史与三中全会前后的两个历史时期，并列构成了中国的近代史、现代史和当代史。这些观点从表面看，似乎在抬高三中全会的历史地位，但由于它无视和抹杀中华人民共和国成立在中国历史上的划时代意义，割裂三中全会前后两个历史时期在社会形态上的内在一致性，因此必然是违背历史实际的主观臆造和对三中全会事实上的贬低。对此，只要看看三中全会及三中全会以来我们党在对待以下两个问题上的态度，便清楚了。

首先，在对待社会主义制度不完善的问题上。

我们党早在三中全会上就明确，改革是为了挽救社会主义，使社会主义事业得以继续发展，而不是为了取消社会主义。邓小平同志在中央工作会议闭幕会上的重要讲话中指出："如果现在再不实行改革，我们的现代化事业和社会主义事业就会被葬送。"[①] 全会公

---

① 《邓小平文选》第 2 卷，人民出版社 1994 年版，第 150 页。

报也号召全党、全军、全国各族人民，"为在本世纪内把我国建设成为社会主义的现代化强国而进行新的长征。"①会后，邓小平同志又在理论工作务虚会的讲话中指出："我们过去对民主宣传得不够，实行得不够，制度上有许多不完善，因此，继续努力发扬民主，是我们全党今后一个长时期的坚定不移的目标。但是我们在宣传民主的时候，一定要把社会主义民主同资产阶级民主、个人主义民主严格地区别开来，一定要把对人民的民主和对敌人的专政结合起来……如果离开四项基本原则，抽象地空谈民主，那就必然会造成极端民主化和无政府主义的严重泛滥，造成安定团结政治局面的彻底破坏，造成四个现代化的彻底失败。"②1980年初，他在所作《目前的形势和任务》的报告中又说："现在，特别是在青年当中，有人怀疑社会主义制度，说什么社会主义不如资本主义，这种思想一定要大力纠正。社会主义制度并不等于建设社会主义的具体做法。苏联搞社会主义，从一九一七年十月革命算起，已经六十三年了，但是怎么搞社会主义，它也吹不起牛皮。我们确实还缺乏经验，也许现在我们才认真地探索一条比较好的道路。但不管怎么样，社会主义制度的优越性已经得到了证明，不过还要证明得更多更好更有力。我们一定要、也一定能拿今后的大量事实来证明，社会主义制度优于资本主义制度。"③

可见，无论是三中全会还是三中全会以后，我们党提出和进行的改革，都不是要把中国由社会主义社会改变成另外一种社会，更不是要否定和抛弃社会主义革命的成果，而是要解决社会主义制度中一些不完善的问题，寻找和走出一条更加适合中国国情的社会主

---

①《三中全会以来重要文献选编》上，人民出版社 1982 年版，第 5 页。

②《邓小平文选》第 2 卷，人民出版社 1994 年版，第 176 页。

③《邓小平文选》第 2 卷，人民出版社 1994 年版，第 250—251 页。

义发展道路。

其次，在对待毛泽东同志晚年错误的问题上。

邓小平同志在中央工作会议闭幕会的重要讲话中说："最近国际国内都很关心我们对毛泽东同志和对文化大革命的评价问题。毛泽东同志在长期革命斗争中立下的伟大功勋是永远不可磨灭的。回想在一九二七年革命失败以后，如果没有毛泽东同志的卓越领导，中国革命有极大的可能到现在还没有胜利，那样，中国各族人民就还处在帝国主义、封建主义、官僚资本主义的反动统治之下，我们党就还在黑暗中苦斗。所以说没有毛主席就没有新中国，这丝毫不是什么夸张。毛泽东思想培育了我们整整一代人。我们在座的同志，可以说都是毛泽东思想教导出来的。没有毛泽东思想，就没有今天的中国共产党，这也丝毫不是什么夸张。毛泽东思想永远是我们全党、全军、全国各族人民的最宝贵的精神财富。我们要完整地准确地理解和掌握毛泽东思想的科学原理，并在新的历史条件下加以发展。当然，毛泽东同志不是没有缺点、错误的，要求一个革命领袖没有缺点、错误，那不是马克思主义。我们要领导和教育全体党员、全军指战员、全国各族人民科学地历史地认识毛泽东同志的伟大功绩。"[1]

三中全会公报也说："毛泽东同志在长期革命斗争中立下的伟大功勋是不可磨灭的……党中央在理论战线上的崇高任务，就是领导、教育全党和全国人民历史地、科学地认识毛泽东同志的伟大功绩，完整地、准确地掌握毛泽东思想的科学体系，把马列主义、毛泽东思想的普遍原理同社会主义现代化建设的具体实践结合起来，

---

[1]《邓小平文选》第2卷，人民出版社1994年版，第148—149页。

并在新的历史条件下加以发展。"①

《历史决议》进一步指出："因为毛泽东同志晚年犯了错误，就企图否认毛泽东思想的科学价值，否认毛泽东思想对我国革命和建设的指导作用，这种态度是完全错误的。对毛泽东同志的言论采取教条主义态度，以为凡是毛泽东同志说过的话都是不可移易的真理，只能照抄照搬，甚至不愿实事求是地承认毛泽东同志晚年犯了错误，并且还企图在新的实践中坚持这些错误，这种态度也是完全错误的。这两种态度都是没有把经过长期历史考验形成为科学理论的毛泽东思想，同毛泽东同志晚年所犯的错误区别开来"。②

以上这些都说明，三中全会否定"两个凡是"的方针、解决历史上的重大遗留问题，并不是要否定毛泽东同志和毛泽东思想，而是为了纠正毛泽东同志晚年的错误，恢复毛泽东思想的本来面貌，确立毛泽东同志的历史地位，更好地坚持和发展毛泽东思想。

对于社会主义制度不完善的问题和毛泽东同志晚年错误的问题，邓小平同志在世时的观点是始终一贯的，我们党从十一届三中全会起到十七大的观点也是始终一贯的。党的十七大报告指出：改革开放是党在新的时代条件下带领人民进行的新的伟大革命，目的"就是要推动我国社会主义制度自我完善和发展，赋予社会主义新的生机活力，建设和发展中国特色社会主义"；又指出："改革开放伟大事业，是在以毛泽东同志为核心的党的第一代中央领导集体创立毛泽东思想，带领全党全国各族人民建立新中国、取得社会主义革命和建设伟大成就以及艰辛探索社会主义建设规律取得宝贵经验的基础上进行的。"这再清楚不过地说明，三中全会前后的两个历

---

① 《三中全会以来重要文献选编》上，人民出版社 1982 年版，第 12—13 页。

② 《三中全会以来重要文献选编》下，人民出版社 1982 年版，第 836—837 页。

史时期，尽管在一系列方针、政策和制度上有很大区别，但它们的基本社会制度、根本指导思想和远大奋斗目标都是完全一致的。

十一届三中全会实现的转折，是在中华人民共和国成立以及新中国头 30 年建设成就的基础上完成的，是从对什么是社会主义、怎样建设社会主义的问题由不完全清楚到比较清楚的转变，是从探索中国自己的建设社会主义的道路到开辟中国特色社会主义道路的转变，是社会主义制度的自我完善和发展，而不是要与三中全会之前已经建立起来的社会主义社会一刀两断，更不是要倒退到 1911 年开始的资产阶级革命。因此，不能跨过中华人民共和国成立这个使中国由半殖民地半封建社会变为社会主义社会的伟大事件，而把三中全会与辛亥革命扯到一起；也不能把新中国的历史以三中全会为界，划分为中国的现代史和当代史。

2009 年是中华人民共和国成立 60 周年，党的十一届三中全会刚巧处在这 60 年的中间。这是一次拨乱反正的会议，也是一次承上启下、继往开来的会议。它上承的是新中国头 30 年所建立的社会主义基本制度，所取得的社会主义建设成就，所探索的社会主义建设经验，所形成的自力更生、艰苦奋斗精神；下启的是后 30 年的中国特色社会主义建设事业及其未来的发展。三中全会和 30 年来的实践告诉我们，世界形势在变化，国内经济在发展，科学技术在进步，人民需要在增长，不改革不开放，中国是死路一条；同时也告诉我们，中国处于社会主义初级阶段的基本国情将长期存在，西方敌对势力西化、分化中国的战略图谋将长期存在，中国受到发达国家经济科技优势压力的国际环境也将长期存在，改革开放不坚持社会主义方向，中国同样是死路一条。改革开放与四项基本原则的结合是三中全会路线或社会主义初级阶段基本路线中最核心的内容，也是改革开放经验中最核心的部分。我们纪念三中全会召开 30 周年，就要客观全面地认识它的历史意义和它所实现的历史性转折的性质，实事求是地总结和充分运用改革开放的历史经验，一如既往地把以经济建设为中心、坚持改革开放和坚持四项基本原则统一于中国社会主义现代化建设的全过程，坚定不移地沿着三中全会开辟的道路继续前进。

十一届三中全会是一个里程碑，标志着共和国新的历史时期的开始；是一尊巨鼎，铭刻着我们党的第二代中央领导集体带领全党全国人民进行新长征的业绩；是一把号角，鼓舞着中华民族为实现伟大复兴而奋力地拼搏；是一座灯塔，照耀着中国特色社会主义的巨轮驶向胜利的远方。它和我们党的遵义会议一样，必将永载史册。

论中华人民共和国史研究*

（2008年11月）

中华人民共和国史（以下简称"国史"）研究是一门相对年轻的新兴学科。它最早的成果可以追溯到 20 世纪 50 年代，但从严格意义上说的国史研究，是从 1978 年中共十一届三中全会后总结新中国成立以来历史开始的。

20 世纪 90 年代初，当时的中共中央党史领导小组借鉴中国历史上由国家设立国史馆的传统，提议并经中央批准，成立了专事编纂和研究国史的当代中国研究所。该所建立后，创办了以出版国史著作为主业的当代中国出版社和刊发国史研究成果的杂志《当代中国史研究》，成立了联系全国国史学界的学术团体——中华人民共和国国史学会；自 2001 年起，又经中共中央书记处原则批准，集中力量编写并陆续出版编年史书《中华人民共和国史编年》，还建立了面向国史学界的学术年会制度，同中国社会科学院研究生院合作创办了国史系。与此同时，中央许多部门和省、自治区、直辖市一级政府纷纷建立本部门或本地区的当代史研究机构，很多地方社会科学

---

* 本文曾刊于《中国社会科学》2009 年第 1 期。收入本书时，作者作了删节修改。

院和高等院校也把当代史列入研究课题，有的高等院校还开设了国史课程，设立了以国史为专业方向的硕士、博士学位点。如果算上各级地方志部门对新中国成立后志书的编修，各级地方档案部门对新中国成立后历史档案的整理研究，全国研究国史的机构就更多了。这些机构产生了不胜枚举的研究成果，培养了众多的专门学者，促使国史研究作为史学的一门分支学科，逐步登上学术舞台。

尽管如此，国史研究（包括国史编纂）与史学的其他分支学科相比，从总体上看尚处于初创阶段。本文试图在学界已有工作的基础上，就其中的几个主要理论问题作进一步的探讨，以为国史研究学科体系的构建添砖加瓦，抛砖引玉。

一、关于国史与国史研究的定义

（一）什么是国史？

国史，顾名思义，是指 1949 年中华人民共和国成立后，共和国 960 万平方千米土地和 300 万平方千米管辖海域范围内，社会及社会与自然界关系的历史。它是中国历史的自然延伸，是正在行进并且不断向前发展着的中国断代史，是中国历史的现代部分或当代部分，即中国现代史或中国当代史。

现代史、当代史与近代史、古代史一样，都是史学工作者对历史分期的表述。从各国情况看，有的把近代史、现代史、当代史加以区别；有的把近代史与现代史合并，只称近代史；有的则把现代史与当代史合并，只称现代史。而且，对近代史、现代史、当代史的内涵，不同国家、不同时间、不同学者的界定也不一样。就是说，这些概念都不是绝对的，并没有统一的标准。

唯物史观认为，由生产力与生产关系、经济基础与上层建筑矛盾运动所决定的社会形态，是人类社会不同阶段相互区别的主要标志。因此，历史分期主要应当依据社会形态的变化。我国史学界正是运用这一观点，把 1840 年中国由封建社会进入半殖民地半封建社会作为中国古代史和近代史的分水岭。如果仍然运用这一观点，本来应当把 1949 年中国由半殖民地半封建社会走向和进入社会主义社会，作为区分中国近代史和现代史的分水岭。然而在新中国成立后，我国史学界、教育界一度把 1919 年五四运动爆发作为中国现代史的开端。这样划分近代史和现代史，旨在突出新旧民主主义革命的区别，却忽略了社会性质问题，混淆了革命史与国家史的区别。尽管也有学者主张近代史应延伸至 1949 年，但由于那时新中国刚成立不久，国史研究没有提到日程上来，这种分期在学术上的矛盾还不十分尖锐。自 20 世纪 80 年代国史研究兴起之初，人们为了避开对"现代史"的既有定义，提出了"当代史"的概念，使这一矛盾又被暂时掩盖起来。但随着新中国历史的发展和中国近代史及国史研究的深入，"现代史"原有定义的弊端日益突出，到了非改变不可的地步。

目前，国家学位工作涉及的学科、专业目录，在历史学的二级学科里设有世界史、中国古代史和中国近现代史等专业，却没有中华人民共和国史或中国当代史专业，给国史、当代史的研究与教学造成了种种不便和困难。为了解决这一问题，有些高等院校把国史、当代史放到了近现代史专业中。应当说，这两种做法都不合适，尤其后一种做法更不妥当。因为，中国现代史原有定义是把 1919 年作为起点的，如果在不改变这个起点的前提下就把国史和当代史并入现代史，势必模糊 1949 年中华人民共和国的成立对于中国社会形态变化的划时代意义。正确的做法应当是，先统一中国历史阶段划分的标准，将中国近代史的上下限由原来的 1840 年至 1919 年改为 1840 年至 1949 年，将中国现代史的起点由原来的 1919 年推迟至 1949 年；然后再把中国现代史与国史、当代史合并。合并后，可以称"国史"，也可以称"中国现代史"或"中国当代史"。不管称什么，都应当把中国现代史专业从现有的中国近现代史专业中独立出来。这个意见，史学界早已有人提出，近些年更成为广泛的共识。新近被高等院校政治理论课采用为教材的《中国近现代史纲要》，就是这样分期的。不过，要使它被国家的学位工作所接受，最终还需要得到教育主管部门的认可。

历史分期是动态性的，不会一劳永逸，随着时间的延续，原有古代史、近代史、现代史、当代史的上下限，还会发生相应改变。例如，再过 100 年，可能需要从现代史中分出一个独立的当代史来。不过，这是由后人考虑和解决的问题了。

（二）什么是国史研究？

这个问题要比什么是国史稍微复杂一些。一般说，国史研究是以 1949 年中华人民共和国成立以来的中国历史为研究对象的。具体说，它不仅包括政治、经济、社会、科技、教育、文化、外交、军事等领域的历史，也包括人类活动造成的生态灾害，或气候异常、地震、泥石流等给人类造成的自然灾害史；不仅要对国家整体历史进行研究，也涉及地方史、部门史、行业史等专史的研究；不仅对中央政府管辖区域内的历史要研究，对暂时未受中央政府管辖的一些地区的历史也要研究。在这个层次上，国史研究与中国现代史或当代史的研究是完全吻合的。

但在有些情况下，所谓国史研究（包括国史编纂）只指对国史的宏观研究。在这个层次上，国史研究的内涵与中国现代史或当代史研究稍有不同。它只研究国史中带整体性、全局性的内容，而不研究地方史、部门史、行业史等专史的内容；只研究中央为促进祖国统一而做出的各种努力，以及中央政府管辖区域同暂时未受中央政府管辖区域，例如1949年后的大陆与台湾之间，内地与1997年和1999年主权回归前的香港、澳门之间，在政治、经济、文化、人员方面的互动情况，而不研究这些区域社会发展变化的情况。现在已经出版或正在编纂的国史书，如各种简史、史稿、史纲，大多属于这个层次的国史研究。

要明确什么是国史研究，尤其需要弄清楚它与中共党史新中国成立后部分的研究之间的关系。因为这个问题不弄清楚，不仅影响人们对国史研究内涵的理解，甚至会引起人们对国史研究必要性的怀疑。

毋庸讳言，中国共产党是中华人民共和国的核心领导力量，党的理论、路线、方针、政策、重大决定等，必然对共和国的建设和发展有着决定性的作用。从这个意义上说，党史是国史的核心内容，新中国成立后的党史走向决定着国史的走向。因此，国史研究与党在新中国成立后历史的研究，内容上难免会有许多交叉和重合。比如，党在新中国成立后的历次代表大会及中央全会，以及毛泽东等党的领袖人物，同时也是国史的重大事件和重要人物，国史研究对这些不可能不涉及。另外，国史研究与党在新中国成立后历史的研究，理论上肯定也有一些相同、相近、相通之处，很难截然区分。比如，一个国史学者对国史分期、主线、主流等问题的看法，很可能也是他对党史新中国成立后部分同类问题的见解。

但应当看到，中共党史研究与国史研究的学科属性毕竟不同。党史研究的对象是中国共产党的历史，它的学科定位为政治学；即使从史学角度看，它也属于专史研究的范畴。而国史研究的对象是中国在现代或当代的历史，与中国古代史、近代史研究相衔接，纯属史学学科，而且是断代史性质。因此，党史研究与国史研究无论在研究角度、范围、重点上，还是在研究方法上，都必然会有很多不同。

1. **关于研究角度**。中共党史研究是从执政党的角度出发，研究党在新中国成立后历史的。它研究的是中国共产党作为执政党，如何制定党的路线、方针、政策，如何把这些路线、方针、政策变成国家意志，如何处理与各参政党之间的关系，如何与国外政党交往，如何进行自身建设等等。而国史研究，则是从整个国家的角度出发来研究这一历史的。它要研究的是国家政权机关如何贯彻中国共产党的路线、方针、政策，如何组织国家的经济、社会、文化、外交、国防等各项事业的建设，如何进行机构改革和提高自身效率，以及各参政党在中国共产党的领导下是如何参政议政的。比如，同样是研究改革开放的历史，党史研究主要应从制定政策的背景、过程和结果入手，而国史研究则应从改革开放本身的过程，以及在这一过程中经济、社会方方面面的变化入手。

2. **关于研究范围**。中共党史新中国成立后部分的研究，主要对象是中国共产党在当代中国的发展及其执政规律和经验。因此，它研究的范围必然是中共作为执政党自身及其影响之内的事务，例如党的路线、方针、政策，党的重要会议、重要事件、重要人物，以及在它们的作用下，社会领域发生的某些变迁。至于社会领域更大范围里的变迁，例如人口、婚姻、民俗、服饰、饮食、娱乐方式、人际交往，乃至语言的变化等等，尽管与中共党史或多或少也有一定关联，党史研究也会有所涉及，但却不可能专门研究，不可能在党史研究中设人口史研究、社会史研究、民俗史研究等等研究方向。另外，中共存在自己的经济思想史、法制思想史、宗教政策史等，因此可以也应当进行这方面研究，但不存在中共经济史、中共法制史、中共宗教史，因此也就不可能开展这些方面的研究；在党史研究中可以也应当研究中国共产党与八个参政党之间的关系，却不可能也不应当研究这些参政党自身的历史，否则就不成其为中共党史研究了。而上述内容对于国史研究来说，却恰恰是可以研究也必须研究的。这说明，国史研究的范围要比党史研究宽得多。

3. 关于研究重点。中共党史对新中国成立后部分的研究，重点应当是党的路线、方针、政策的制定和重大决策出台的过程，党的思想理论建设、组织建设、制度建设和统一战线工作的开展状况，党的会议和文献，党的重要人物和模范，以及党执政的经验和教训。国史研究虽然也会涉及其中一些最为重要的内容，但更多的应当研究全国人民代表大会及其常委会和国务院的决策过程，法律的制定和修订过程，各级国家权力机关、行政机关、审判机关、检察机关的重大活动和举措，各级政治协商会议参政议政的情况，国家各项建设事业的进展和有突出贡献的人物，国家机关建设及施政的经验与教训等等。例如，在经济问题上，党史研究应当侧重于基本经济制度和宏观经济政策的建立与制定过程，而国史研究则要侧重于相对具体一些的经济制度和经济政策、经济建设的发展变化过程，如财税制度、金融制度、产业政策、外贸政策等等建立与制定的情况，土地使用状况、产业结构、进出口贸易、货币发行、税收种类、城乡居民收入等等变化的情况。

4. 关于研究方法。中共党史研究和国史研究都应当遵循唯物史观的基本原理和方法论，例如，都要从历史事实出发，充分收集、慎重选择和严谨考证史料；都要对问题进行整体和系统分析，通过比较来认识事物；都要把问题放到一定历史范围之内，用社会存在说明社会意识，并进行阶级或阶层分析；都要借鉴中国传统史学和国外史学，特别是西方新史学的有益方法；都要汲取社会科学中其他学科的科学方法，争取与自然科学相关学科的合作，开展跨学科的研究。但是，中共党史研究作为政治学的分支学科，需要更多地运用政治学的方法，而且更多地研究中共执政后所遇到的一些在中国古代史、近代史中没有遇到过的问题，如党在政权中的领导地位、马克思主义在意识形态领域的指导等问题。而国史研究作为历史学的分支学科，则应当基本运用史学的方法，更多地研究一些在中国古代史、近代史中就存在的问题，如财税制度、政区划分、农村社会组织、民间宗教、灾害救济、防疫机制等等。在史书的编纂方面，国史研究除了要运用当今通行的章节体外，还要考虑如何创造性地继承中国史学的传统体裁与体例，如纪传体、编年体、纪事本末体、典制体、方志体、史地体等，以便做到与中国历代史书相呼应。

总之，国史研究与中共党史研究各有各的学科属性、研究任务和社会作用，谁也代替不了谁。现在一些国史书与党史书存在内容雷同或近似的现象，并非它们的本质属性使然，而是由于国史书过多地写了本该由党史书来撰写的内容，党史书则过多地写了本该由国史书来撰写的内容。这正是今后需要通过加强国史研究和党史研究这两门学科的学科建设来加以解决的问题，而不应当成为怀疑国史研究存在必要性的理由。

二、关于国史的分期

对历史进行分期，即所谓给历史"断限"，既是史学工作者为了便于自己研究而惯用的方法，也是他们为引导人们按照某种观点认识历史发展本质特征的途径，是历史研究的重要理论问题之一。同时，由于历史分期取决于史学工作者的历史观和对历史认识的角度、重点和方法，因此，它同时也是历史研究中分歧最多的问题之一。前面所讲的关于近代史、现代史、当代史的分期，是不同社会形态历史的分期，同样，在同一种社会形态下的历史，也有分期问题。

目前，国史学界对新中国成立以来历史的分期方法，大致有以下五种。其中二分法，以中共十一届三中全会为界，分为改革开放前后两个历史时期；四分法，根据《关于建国以来党的若干历史问题的决议》（以下简称《历史决议》），分为"基本完成社会主义改造"的七年，"开始全面建设社会主义"的十年，"进行'文化大革命'"的十年，"伟大历史转折以后"的时期（包括粉碎"四人帮"后的头两年）；五分法，在四分法基础上，将基本完成社会主义改造的七年，再以开始实行过渡时期总路线为界，分为"国民经济恢复"或"新民主主义社会"的三年和"社会主义改造"的四年两个时期；六分法，在五分法基础上，将"伟大历史转折以后的时期"，再以中共十一届三中全会召开为界，分为"在徘徊中前进的两年"（即粉碎"四人帮"后的头两年）和"社会主义建设历史新时期"；八分法，在六分法基础上，将"社会主义建设历史新时期"进一步分为三个阶段，即以邓小平发表南方谈话和中共十四大召开为界，划分为"改革开放初期"的13年和"由计划经济体制向社会主义市场经济体制转变"的11年；再以中共十六届三中全会提出树立和落实科学发展观为界，把2003年以后作为"社会主义市场经济体制初步建立、经济社会进入科学发展的改革开放新阶段"。

上述分期只是比较有代表性的几种，如果细分，还可以再分出一些。比如，"文化大革命"的十年，在《历史决议》中就被分成了三段。

以上对国史的几种分期，都有一定道理。不过，为了更大程度地体现国史的特点，笔者倾向于从经济社会发展道路或目标模式的角度来观察和划分历史时期。按照这种分期方法，笔者主张新中国成立至今的历史，大致分为以下五个时期：

1.1949—1956 年。这是结合中国实际学习苏联社会主义建设道路的时期，或者说是以苏联的建设道路为目标模式的时期。

2.1956—1978 年。这是探索中国社会主义建设道路的时期，或者说是要突破苏联模式，试图用计划经济体制加群众运动搞建设的时期。

3.1978—1992 年。这是开创中国特色社会主义建设道路的时期，或者说是在经济体制上试图采用计划经济加市场调节模式的时期。

4.1992—2003 年。这是开创中国特色社会主义道路新局面的时期，或者说是确定建立并初步建立了社会主义市场经济体制的时期。

5.2003 年至今。这是中国特色社会主义建设进入新的发展阶段的时期，或者说是在社会主义市场经济初步建立的前提下，开始注重经济与社会协调发展、科学发展、和谐发展的时期。①

上述分期方法之所以把十年探索、十年"文革"和两年徘徊前进统统放在一起，都作为对中国社会主义建设道路的探索时期，是因为十年"文化大革命"虽然造成了灾难性后果，但就其本质来

---

① 关于第五个时期的起始点，笔者在刊于《当代中国史研究》2021 年第 2 期的《再谈国史分期问题》一文中写道："2015 年，随着历史的发展及自己对历史认识的逐步深入，我的观点有了新的变化。不过，这个变化并不是不把国史划分为五个时期，'五分法'的观点并没有变，分期的依据、标准也没有变，变的主要是第四、第五两个时期的上下限，具体来说，就是笔者将第四个时期的下限由 2002 年推后到 2012 年，相应地将第五个时期的上限由 2003 年变为 2013 年。"我作这个修改的原因主要在于，历史表明 2003 年到 2012 年的十年里，并没呈现出历史阶段性标志，而 2012 年之后的时期却出现了有别于以往时期的明显特征。

说，仍然是对中国自身道路的一种探索。《历史决议》在分析"文化大革命"发生的历史原因时讲："社会主义运动的历史不长，社会主义国家的历史更短，社会主义社会的发展规律有些已经比较清楚，更多的还有待于继续探索。我们党过去长期处于战争和激烈阶级斗争的环境中，对于迅速到来的新生的社会主义社会和全国规模的社会主义建设事业，缺乏充分的思想准备和科学研究。"毛泽东在"文化大革命"中犯严重错误的时候，"还始终认为自己的理论和实践是马克思主义的，是为巩固无产阶级专政所必需的，这是他的悲剧所在"。[①] 这些分析说明，"文化大革命"虽然是对社会主义的一种失败的探索，但毕竟是对社会主义的探索。因此，把那十年纳入从 1956 年开始的对中国道路的探索，既符合历史实际，也有利于科学地认识那段历史。另外，两年徘徊前进期间，虽然停止了"文化大革命"运动，但它所追求的目标仍然是回到"文革"以前的那种探索状态。因此，把它放入探索中国自己发展道路的时期，也是合适的。

在国史分期问题上，无论某种意见多么接近真理，也仅具有相对的意义。列宁说过："自然界和社会中的一切界限都是有条件的和可变动的"。[②] 同样，历史的分期界限也不会是静止的。随着历史的发展，比如说到新中国成立 100 年、200 年，人们再来给国史分期，肯定会和现在又有所不同。只要是从历史本身的客观事实出发，从反映历史阶段性特征与内在规律的角度观察，各种意见都可以也应当在学术范围内平等讨论，而不应当只把某种意见作为绝对正确，把其他意见斥为绝对的错误。

---

① 《三中全会以来重要文献选编》（下），人民出版社 1982 年版，第 817、811、815 页。

② 《列宁选集》第 2 卷，人民出版社 1995 年版，第 693 页。

三、关于国史的主线

所谓历史的主线，是指贯穿历史全部过程并始终支配历史沿着某种既定方向前进、反映历史发展内在动力的基本线索和基本脉络。认清历史的主线，有助于揭示历史发展的原因，认识其特点，掌握其规律，预测其趋势，因此是历史研究中又一个十分重要的问题。

历史主线如果是在历史发展最终根源这个层次、这种意义上去理解，可以说只有一条，就是生产力与生产关系、经济基础与上层建筑的矛盾运动。但如果把历史作为某个特定空间、时间内人的主体活动与客体物质关系交互作用的鲜活过程，从历史发展的具体动因这个层次、这种意义上理解，则主线不会只有一条，而会有多条。因为，历史是由人创造的，而人的动机、目的是多方面的，即使处于主导地位的动机和目的也不会只有一个。它们必然会与事先已确定的现实关系的前提和经济条件相互作用，共同影响、左右历史的发展，使历史就像交响乐有第一主题、第二主题那样，呈现出多条主线。国史也不例外。

目前在国史研究中，对主线的提法虽不一样，但大多主张只有一条。一种提法认为，国史的主线是中国人民在中国共产党领导下进行社会主义革命、建设和改革。这种提法虽然抓住了国史的本质特征，但并没有揭示出始终左右国史发展的基本动因。与其说它是国史的主线，不如说是给国史下的一个定义。再一种提法认为，国史的主线是解放和发展生产力。这种提法虽然说出了贯穿国史并反映其发展的内在原因，但它对于其他许多国家许多时段的历史同样适用，并没有揭示出左右新中国历史过程的特殊动因。因此，也不宜把它说成是国史的主线。

　　还有一种提法，认为国史的主线是探索中国社会主义的发展道路。这无疑是贯穿国史并左右国史、反映国史发展特殊动因、具有国史特点的一条主线；国史中一系列重大事件的深层原因，都可以从这条主线中找到答案。但它并非国史唯一的主线，因为只要再认真分析一下便会看到，在国史中还有一些贯穿始终的重大事件，另有与探索中国社会主义发展道路并行的动因，是这条主线所涵盖不了的。如果把它看成唯一的主线，会发生一些难以解释的问题。

　　比如，新中国成立前夕，毛泽东、刘少奇都说过新中国成立后要搞一段新民主主义，允许资本主义经济发展 10 年、15 年、20 年，然后再向社会主义过渡。但新中国刚建立 3 年，毛泽东又提出从现在起就向社会主义过渡。为什么会发生这个变化？如果说国史的主线只有探索中国社会主义发展道路这一条，会使人得出提前向社会主义过渡的目的是为了尽快走上社会主义道路的结论。这不符合唯物史观的基本原理，也容易给反对向社会主义过渡的人提供口实。

　　实际情况是，新中国成立之前，毛泽东、刘少奇所以主张新中国成立后允许资本主义发展一个相当长的时期，主要是考虑中国要由农业国变为工业国，面对工业极其落后、国家资金不足的局面，只能先通过发展农业、轻工业逐步积累资金，然后再发展重工业；相应地，只能在国家把官僚买办资本主义经济变为社会主义经济的同时，尽可能利用私人资本主义的积极性，然后再向社会主义过渡。然而，进入 1952 年后，随着恢复国民经济任务的顺利完成，国营经济在工业生产中比重的增加，土地改革后农民互助合作化运动的普遍开展，以及朝鲜战局的趋于平稳，大规模工业化建设的任务被提上了日程。在编制"一五"计划草案时，财经部门对苏联等社会主义国家和美欧等资本主义国家工业化的道路进行了比较，反复权衡国内政治、经济和国际环境等诸多方面的利弊得失，认为形势不允许中国再按原先的设想，慢慢腾腾地搞工业化，要尽快提高国防工业和农业、轻工业生产的能力，必须学习苏联，走快速工业化即优先发展重工业的道路。因为，对于由中国共产党领导的新中国来说，一不能像帝国主义国家那样对外发动侵略战争，掠夺别国资源；二不能像资本主义国家那样对内实行剥削制度，搜刮人民的劳动成果，而只能像当年苏联那样，采取高度集中的计划经济体制，相应实行生产资料的国有化、公有化，在保证人民生活水平逐步提高的基础上，把资源最大限度地用于工业化的基础建设。显然，这样做已不再是新民主主义政策，而是社会主义政策了。因此，争取早日实现中国工业化、现代化，同探索中国社会主义发展道路一样，都是贯穿国史、反映国史发展内在动因的主线。

还要看到，新中国成立后，在周边地区和边境一带进行过几场规模不等的局部自卫战争。如果说这些自卫性质的战争也是受探索中国社会主义发展道路或争取早日实现中国工业化、现代化动因的支配，同样会导致错误的结论，似乎探索社会主义发展道路或争取实现工业化、现代化，就要同周边国家摩擦、打仗。然而，这些自卫战争的实际原因并不是这样，而是由于中国的安全、主权、领土完整受到了威胁和侵犯。可见，除了探索中国的社会主义发展道路，争取早日实现中国的工业化、现代化这两条主线贯穿国史之外，还有一条主线在国史中起作用，那就是维护国家的安全、主权和领土完整。新中国在周边地区和边境一带进行的一系列自卫战争，受的是这条主线的支配，平定西藏少数分裂分子的叛乱、反对"两霸"、收回港澳主权、遏制"台独"、打击"藏独"和"疆独"、坚持在领海岛屿和岛礁问题上的立场等等，也都是由这条主线支配的。

综上所述，我认为国史的主线至少有三条，即探索中国社会主义的发展道路，争取早日实现中国的工业化和现代化，维护中国的国家安全、主权和领土完整。在这三条主线中，第一条最重要，但它代替不了另外两条主线。新中国近60年的历史说明，这三条主线既相互区别又相互联系，共同影响和左右着国史的发展，共同决定着我们国家始终以中国最广大人民的利益和中华民族的利益为自己的最高利益。迄今为止在国史中发生的所有重大事件，几乎都可以从这三条主线中找到答案。同时，从这三条主线也可以预测出中国的未来走向。它们就像三个主题，交汇演奏了和正在继续演奏着恢宏壮丽的共和国史交响曲。

四、关于国史的主流

所谓国史的主流，指的是在迄今为止的国史中，究竟成就是主要的还是失误、错误是主要的；抑或对国史的评价，总体上究竟应当以正面为主还是以负面为主。目前，国史学界对改革开放后的历史，分歧不大，多数都认为成就是主要的；但对改革开放前的历史，分歧就大了，不少人或明或暗地认为失误和错误是主要的，个别人甚至把那段历史描绘成专制的、黑暗的历史，比旧中国更坏更糟。因此，要回答什么是国史主流的问题，关键在于如何看待改革开放前的历史，特别是那段历史中发生的失误和错误。

从新中国成立到现在，如果以中共十一届三中全会召开划分的话，刚好前后各占一半。应当承认，前29年确实有过不少失误和错误，有的错误甚至是全局性、长时期的，给社会主义事业造成了严重挫折和损失。对此绝不应忽视，更不应掩盖，否则不可能从中吸取教训。但如果不是客观、全面而是孤立、片面地看待它们，同样不可能正确总结经验，还会一叶障目，把改革开放前的历史看成一无是处、一团漆黑，导致对那段历史的全盘否定，从而影响对新中国整个历史的客观评价。

要正确看待改革开放前那段历史的失误和错误，我认为应该树立以下四个观点。

第一，要把失误和错误与那段历史取得的成就放在一起权衡轻重，分清主流与支流。

对于改革开放之前 29 年的历史性成就，党中央在改革开放后的不同时期都作过评价，观点是明确的、一贯的。例如，1979 年邓小平指出："社会主义革命已经使我国大大缩短了同发达资本主义国家在经济发展方面的差距。我们尽管犯过一些错误，但我们还是在三十年间取得了旧中国几百年、几千年所没有取得过的进步。"[1]1981 年《历史决议》指出：中华人民共和国成立以后的历史，"总的说来，是我们党在马克思列宁主义、毛泽东思想指导下，领导全国各族人民进行社会主义革命和社会主义建设并取得巨大成就的历史。社会主义制度的建立，是我国历史上最深刻最伟大的社会变革，是我国今后一切进步和发展的基础。"[2]1989 年江泽民同志指出："中华人民共和国成立以来的四十年，是中国历史发生翻天覆地变化的四十年，是经历艰难曲折、战胜种种困难、不断发展进步的四十年，是中华民族扬眉吐气、独立自主、在国际事务中日益发挥重要作用的四十年。"[3]2006 年胡锦涛同志指出："在社会主义革命和建设时期，我们确立了社会主义基本制度，在一穷二白的基础上建立了独立的比较完整的工业体系和国民经济体系，使古老

---

[1]《邓小平文选》第 2 卷，人民出版社 1994 年版，第 167 页。

[2]《三中全会以来重要文献选编》（下），人民出版社 1982 年版，第 794 页。

[3]《十三大以来重要文献选编》（中），人民出版社 1991 年版，第 611 页。

的中国以崭新的姿态屹立在世界的东方。"① 这些评价都涉及改革开放前 29 年的基本成就,应当是我们总体评价那段历史的主要依据。只要把改革开放前那段历史的失误、错误,包括像"大跃进"和"文化大革命"那种严重的错误同上述历史性成就放在一起比较,孰重孰轻,什么是主流什么是支流,便会不言自明。

第二,要对失误和错误进行具体分析,不能因为某些历史事件中有失误、错误就全盘否定那些事件。

首先,分析失误和错误是普遍的、全局的现象,还是个别的、局部的现象。例如,改革开放前曾发动过一系列政治运动。其中,像"大跃进"中的高指标、瞎指挥、浮夸风、"共产风","文化大革命"中的"打倒一切、全面内战"等等错误,都是普遍的、全局性的。但像新解放区土改运动和"三反""五反"运动中的错误,则是个别的或局部性的,而且一经发现,很快得到了纠正。如果不加分析,看到哪个运动有缺点有错误就否定那个运动,势必会得出改革开放前 29 年的历史是一连串错误集合的结论。

其次,失误和错误有多少就说多少,不能夸大,更不能以偏概全,把正确的合理的地方也说成是错误。例如,新中国成立初期,思想文化领域进行的几场比较大的批判运动,曾发生过把思想性、学术性问题简单化、政治化的倾向,有的甚至混淆了敌我、敌友的界限。这显然是十分错误的。但也应当看到,正是那些大张旗鼓的批判,加上与此同时进行的知识分子思想改造运动,使文艺界、学术界、教育界原先存在的封建主义的和资产阶级唯心主义、民主个人主义、自由主义的思想受到了强烈冲击和迅速清理,使辩证唯物主义和历史唯物主义、为人民服务和人人平等等无产阶级思想很快

---

① 《十六大以来重要文献选编》下,人民出版社 2007 年版,第 520 页。

为大多数从旧社会过来的知识分子所接受。如果不加分析，把那几场批判运动中的错误连同其中合理的正确的成分一概否定，就难以解释过去仅在革命根据地、解放区占主导地位的马克思主义，为什么能在短短几年内就成为全国特别是城市中的主流意识形态；也难以解释为什么马克思主义直到今天，仍然能占据我国意识形态的指导地位。

再次，把犯错误和犯错误的时期加以区别，不能因为某个时期犯了错误，就把那个时期的工作统统否定。例如，"文化大革命"是新中国成立后犯的最为严重的错误，但在它持续的十年时间里，我们党除了开展"文化大革命"运动，还做了许多其他工作。《历史决议》说：在那个期间，"我国社会主义制度的根基仍然保存着，社会主义经济建设还在进行，我们的国家仍然保持统一并且在国际上发挥重要影响。""国民经济虽然遭到巨大损失，仍然取得了进展。""在国家动乱的情况下，人民解放军仍然英勇地保卫着祖国的安全。对外工作也打开了新的局面。当然，这一切决不是'文化大革命'的成果，如果没有'文化大革命'，我们的事业会取得大得多的成就。"[1] 可见，不能把"文化大革命"运动与"文化大革命"时期简单画等号，不能因为要彻底否定"文化大革命"，就否定"文化大革命"时期党和政府所做的必要工作和建设上取得的重大成就。如果哪个时期有错误就把那个时期从新中国历史中分隔出去，势必使国史变得支离破碎。

第三，要把失误和错误放在当时特定的历史条件下，把在当时可以避免的和由于客观条件限制难以避免的错误区分开来。

所谓客观条件限制有两种：一种是实践不够，缺少经验；另一

---

① 《三中全会以来重要文献选编》（下），人民出版社 1982 年版，第 815－817 页。

种是物质不够，缺少条件。例如，改革开放前在很长时间内积累率过高，对消费品生产的资金和原材料安排不足，给人民生活造成许多困难；尤其是对农业、农民征收过多，造成农村大部分地区面貌长期变化不大。这固然有对积累与消费比重安排不当，对农业、农村、农民兼顾不够的一面，但也有受到当时物质条件限制的一面。凡事有利必有弊。从根本上讲，这些困难都是为给工业化打基础而付出的必要代价。在当年那种经济文化落后的条件下搞工业化建设，不付出代价是不可想象的。即使改革开放后的今天，在搞现代化建设的过程中，也不可能完全不付代价。不能因为后来条件变了，就把前面实行的政策统统说成是错误。那样看问题不符合历史唯物主义，难以对历史作出公正的评价。

第四，要分析造成失误和错误的主观原因，同时也要把好心办坏事与个人专断、个人专断与专制制度加以区别。

在改革开放前29年犯的错误中，有经验不足等难以避免的问题，也有思想方法、工作方法、工作作风不够端正等可以避免的问题；在可以避免的问题中，有个人专断造成的，也有急于求成造成的。急于求成固然不对，但正如邓小平同志所说："搞革命的人最容易犯急性病。我们的用心是好的，想早一点进入共产主义。这往往使我们不能冷静地分析主客观方面的情况，从而违反客观世界发展的规律。"[①] 个人专断则与此不同。《历史决议》指出，这种问题的根源在于骄傲，在于脱离实际和脱离群众；社会原因在于党内民主和国家政治生活中的民主缺少制度化、法律化，权力过分集中于个人；历史原因在于长期封建社会造成的封建专制主义思想的影响。但必须看到，受封建专制主义思想的影响与封建专制制度毕竟是两

---

① 《邓小平文选》第3卷，人民出版社1993年版，第139—140页。

码事。前者是思想作风问题，后者是社会性质问题。社会主义制度从本质上讲，是与个人专断之类封建专制主义思想格格不入的。正因为如此，中国共产党才能在社会主义制度下提出并着手纠正这种现象，才能在指出这一问题时不是把它仅仅归咎于某个人或某些人，而是注重于总结经验，并在党和国家的政治体制上进行改革，以免后人重犯类似错误。中共十七大报告在讲到严格执行民主集中制时强调，要"健全集体领导与个人分工负责相结合的制度，反对和防止个人或少数人专断。"① 这再次说明，封建专制主义思想影响是有其深厚历史根源的，不会只在某个人或若些人身上起作用，也不会在短时间内清除干净。因此，不能因为存在个人或少数人专断的现象，就妄言社会制度是什么封建专制主义的。

正确看待改革开放前那段历史的主流，除了要正确分析那段历史中发生的失误和错误外，还要看到那段历史对改革开放的意义，看到改革开放前后两个历史时期的相互联系。中共十七大报告在阐述改革开放历史进程时指出："改革开放伟大事业，是在以毛泽东同志为核心的党的中央领导集体创立毛泽东思想，带领全党全国各族人民建立新中国、取得社会主义革命和建设伟大成就以及艰辛探索社会主义建设规律取得宝贵经验的基础上进行的"；还指出："改革开放和社会主义现代化建设，是新中国成立以后我国社会主义建设伟大事业的继承和发展"。② 这些论述为我们正确认识改革开放前那段历史对于改革开放的意义，提供了重要的指导思想。

总之，改革开放不是在 1949 年旧中国满目疮痍的基础上进行的，而是在新中国的头 29 年建设成就与经验的基础上进行的。没

① 《中国共产党第十七次全国代表大会文件汇编》，人民出版社 2007 年版，第 50 页。

② 《中国共产党第十七次全国代表大会文件汇编》，人民出版社 2007 年版，第 7、54 页。

有改革开放，头 29 年的历史将难以为继，但没有头 29 年的历史，改革开放也难以起步。与改革开放后 30 年的历史相比，头 29 年的建设成就和人民生活变化远没有那么显著，但这并不表明头 29 年的成就不重要。如同盖楼一样，打地基时不容易让人看出成绩，但楼房盖得快盖得高，反过来说明地基打得牢。所以，我们完全可以理直气壮地说，新中国头 29 年的历史成就是主要的，主流是好的，总体评价应当是正面的。

五、关于国史研究的科学性和社会功能

在阶级社会中，历史学科中的各分支学科无一例外地具有鲜明的阶级性、政治性和意识形态性，国史研究当然也不例外。只不过，国史研究的对象是实行共产党领导的以工农联盟为基础的人民民主专政的社会主义国家的历史，因此，其阶级性、政治性、意识形态性显得更强烈些罢了。现在一些论著中充斥与《历史决议》截然对立的言论，便充分说明了这一点。学术研究不是自娱自乐，更不应当用来为少数人谋利益，而要站在人民群众的立场上。在今天的中国，也就是要站在中国特色社会主义的立场上，分析问题、判断是非。所谓学术研究要"价值判断中立"，要"终止使用自己或他人的价值观念"，要"排除来自政治的、意识形态的和思想权威的各种干扰"的主张，不过是一厢情愿、自欺欺人的幻想。提出这种主张的人，自己就做不到"价值判断中立"。因为，这种主张本身就是受某些"政治的、意识形态的和思想权威的干扰"的结果。

说国史研究具有较强的阶级性、政治性和意识形态性，并不是否定国史的客观性和国史研究的学术性、科学性。在社会科学领域，一门学科是否是科学研究，并不取决于这门学科是否具有政治

性，或政治性的强弱，而在于它追求的是否是客观真理，反映的是否是客观规律，是否具有完整系统的知识体系和符合科学研究要求的学术规范。国史研究既然是一项学术性工作，就必须像其他史学研究一样，首先要尽可能详尽地收集掌握和仔细考证历史材料，通过运用科学的理论和方法，对材料进行归纳分析，弄清历史事实，阐明历史原委，总结历史经验，探寻历史规律，预测历史前途。只要抱着实事求是的科学态度，刻苦钻研，严谨治学，遵守公认的学术规范，那么，国史研究的阶级性、政治性、意识形态性与其学术性、科学性之间，就不会相互对立，而会相互统一；国史研究者坚持正确的政治方向，就不仅不会妨碍其做学问，而且一样可以做出好学问、大学问。

对于史学的社会功能，人们有过各种各样的表述。有的说是资政育人，有的说是认识世界、传承文明、咨政育人，有的说是积累经验、教育后人、观察未来。这些表述都不错，但我认为，历史尤其是国史研究还有一个功能，是上述表述中没有说到的，那就是"护国"的功能。

清代思想家龚自珍讲过一句名言，叫作"灭人之国，必先去其史"。[①] 就是说，要灭掉一个国家，先要否定这个国家的历史，这个国家的历史被否定了，这个国家也就不攻自灭了。他的这个观点已为大量的历史事实所验证。当年日本帝国主义为霸占中国的台湾和东北三省，推行奴化教育，把台湾和东北历史从中国历史中剥离出去。陈水扁当政时，为了搞"台独"，竭力推行"去中国化"运动，也把台湾史从中国史中分割出去，把没有台湾的中国史放入世界史课本。他们都是妄图通过否定、割裂中国历史，达到灭亡、分裂中

---

① 龚自珍：《古史钩沈论二》，《龚自珍全集》，中华书局1959年版，第21页。

国的目的。

否定别人的历史可以达到否定别人的效果，否定自己的历史同样会酿出否定自己的苦酒。毛泽东同志就说过："历史上不管中国外国，凡是不应该否定一切的而否定一切，凡是这么做了的，结果统统毁灭了他们自己。"① 大量历史事实同样验证了他的这个观点。最新的例子就是，戈尔巴乔夫在苏联掀起一场从否定斯大林到否定列宁和十月革命，再到否定马克思、恩格斯和科学社会主义历史的逐步升级的运动，使广大人民产生严重的信仰危机，最终导致苏共下台、苏联解体悲剧。最近几年，俄罗斯为了重振大国雄风，对过去那种违背事实、全盘否定苏联历史的做法进行了反思。例如，2002年出版的由俄罗斯教育部审定的教科书《20世纪祖国史》，对30年代的苏联工业化建设和农业集体化的历史作用作出了新的比较合乎实际的评价②。2007年俄罗斯政府发给各地中学的历史教学参考书《俄罗斯现代史：1945—2006》，重新评价了包括苏联时期在内的俄罗斯现代史，对斯大林的历史作用作了较为全面的分析，称他"被视为苏联最成功的领导人"③。这种变化再次说明，一个民族如果要树立自豪感和对前途的自信心，就不能割断历史，不能用轻率的、历史虚无主义的态度对待自己的历史。

既然去人之史可以灭人之国，反过来说，卫己之史不是也可以护己之国吗？正是从这个意义上，我认为历史研究尤其是国史研究，

---

① 《毛泽东在省、市、自治区党委书记会议上的讲话（1959年2月2日）》，《党的文献》2007年第5期，第16页。

② 吴恩远：《"还历史公正"——俄罗斯对全盘否定苏联历史的反思》，《高校理论战线》2004年第8期，第46页。

③ 《俄罗斯现代史（1945—2006）》，［俄］亚·维·菲利波夫著，吴恩远等译，中国社会科学出版社2009年版，第76页。

也有"护国"的功能。这与史学尤其国史研究所具有的经世致用的功能完全一致，也与近代以来中国史学家尤其马克思主义史学家的爱国主义优良传统相互吻合。对国家史的认识和解释，历来是意识形态领域各个阶级、各种政治力量较量的重要战场。统治阶级为了维护统治，总是高度重视对国家史的解释，并把它视作国家主流意识形态和核心价值体系的组成部分；而要推翻一个政权的阶级和政治力量，也十分看重对历史的解释，总要用它说明原有统治的不合理性。这是一个具有普遍规律的社会现象，区别只在于进步的阶级和政治力量顺应历史前进方向，对历史的解释符合或比较符合历史的本来面貌；而反动的阶级和政治力量悖逆历史前进方向，对历史的解释难以符合历史的本来面貌。

当前，一些人为了反对中国共产党的领导和中国的社会主义制度，总是喜欢拿历史尤其是国史作文章，采取夸大事实、以偏概全、偷换背景、捕风捉影、胡编滥造、耸人听闻等手法，竭力歪曲、丑化、伪造、诬蔑、攻击新中国的历史。对此，我们一方面要理直气壮地用事实予以抵制和批驳，以维护共和国的利益和荣誉；另一方面，要大力加强唯物史观指导下的国史研究，对社会公众尤其青年学生开展国史教育，普及国史知识，把正确认识和解释国史纳入建设社会主义核心价值体系的工作中去，用以树立以爱国主义为核心的民族精神，坚定全国各族人民建设中国特色社会主义的决心和信心。

与国史研究的科学性质和社会功能相关联的还有两个问题，即当代人能不能写当代史，国家史能不能由国家机构主持编写。

中国古代确实有过当代人不写当代史的说法，而且在"二十四史"中，自《后汉书》以下，都是后代人写的前朝史。但是，中国除了"二十四史"之外，每个朝代几乎都有本朝人写的"当代史"，只不过有的是半成品，有的是对史料的编纂，有的没有流传下来罢了。它们对"二十四史"的撰写都曾起过重要的作用，与"二十四史"之间是历史记载与历史撰述的关系。另外，即使在"二十四史"中，也有"当代人"写"当代史"的事例。如司马迁写《史记》，陈寿撰《三国志》等。所以，说中国古代不修"当代史"，有悖于历史实际。

还应当看到，在中国封建社会，所谓当代、前代是以帝王姓氏为标志的朝代来划分的。在帝王专制统治下，史学家写"当代史"往往颇多忌讳，难以秉笔直书，只好等到改朝换代再写前朝史。另外，由于交通、通信、印刷等手段落后，各种资料的积累和信息的反馈需要较长时间，"当代人"写"当代史"在客观上也存在不少条件上的限制。然而，随着人民民主制度的建立和科学技术的发展，尤其是改革开放以来，民主政治的发展和网络通信的普及，过去那些"当代人"写"当代史"的不利因素已有了根本性的改变。今天的当代人不仅有条件写当代史，而且有着了解当代史、参与当代史撰写的强烈兴趣和愿望。近些年来，由各类机构和学者个人编撰的国史著述如雨后春笋，报刊、网络上对国史问题的讨论也与日俱增。国外早已有学者在从事当代中国历史的研究与编撰，近些年更是越来越多。要求当代人不写当代史，实际上已经做不到了。

至于历史尤其国家史不能由国家机构主持编写，主要是西方学者的观点。在他们看来，史学应当作为国家的对立面存在，由国家机构主持编写历史很难做到客观公正。在这一观点的支配下，欧美等国的国家史一般由私人或非官方机构编写，很少由国家设立国史编研机构。但国家史究竟应当由私人写还是由国家机构主持写，不仅和国家政权的性质有关，也和每个国家的文化传统有关。在中国，自商周时期开始，国家就设有掌管史料、记载史事、撰写史书的史官，称作大史、小史、内史、外史、左史、右史等，秦汉时期称太史令，三国魏晋以下设著作郎。由南北朝的北齐创始，在唐初正式设置了专为编写国史的史馆，由宰相监修。宋、辽、金、元设国史院，清设国史馆。辛亥革命后不久，北京政府即成立了"中华民国"国史馆。一些受中国传统文化影响较大的亚洲国家，也有设立国史编纂机构的，如韩国政府就设有国史编纂委员会。不仅如此，中国自唐宋以来，历代还把修志作为官职、官责。正因为如此，现存全部古籍中，史书志书占有相当大的比重。它们是中华民族的宝贵财富，一直为外国人羡慕不已。应当看到，中华文明在最先发达起来的少数几个古代文明中，所以能够延续至今而没有中断，很大程度上得益于这种由国家或官府主持修史修志的传统。

史书能否做到客观公正，关键不在于由国家主持写还是由学者个人写。前面说到，中国从事当代史编研的机构除当代中国研究所外，在中央和国家机关以及高等院校中还有很多。很多当代史范围内的综合史、专门史、地区史的著作，也都出自学者个人之手。当然，这些机构与当代中国研究所的性质不完全相同，这些学者与西方的自由撰稿人也不完全一样。但无论怎样，研究或编纂当代史都必须尊重客观事实，符合历史的真实。在这方面只有一个标准，没有第二个标准。

任何学科要想最终作为一门科学而立足，都需要有自己合乎客观规律的，独立、完整、系统的学科理论。做到这一点不可能一蹴而就，而是要经过长期奋斗的。但我相信，只要有国史学界的共同努力和锲而不舍的精神，国史及国史学的理论就一定会逐步完善和成熟起来，国史研究的学科体系也一定会最终建立起来。

中国改革开放30年基本经验的核心 *

（2008年12月17日）

　　改革开放 30 年来，我国经济高速发展，综合国力大幅提升，人民生活显著改善，国际地位日益提高。对于这个变化，世界上绝大多数人都是承认的，有的还把这个时期我国的发展道路，称之为"中国模式"或"北京共识"。我们并不认为我国的发展道路可以成为别国照搬的模式，但总结我国改革开放以来的经验，尤其是研究其中基本经验的核心问题，确实有助于人们准确了解中国特色社会主义道路的内涵，从而为其他发展中国家提供真实可靠的借鉴；同时，也有助于我们沿着改革开放的正确方向继续前进。从我国改革开放的客观事实出发不难看到，这个基本经验的核心不是别的，就是：把坚持改革开放与坚持社会主义道路、坚持人民民主专政、坚持中国共产党的领导、坚持马克思列宁主义、毛泽东思想指导这四项基本原则结合起来。

　　改革开放是由党的十一届三中全会揭开序幕，并在三中全会路

＊ 本文是作者 2008 年应邀出席越南社会科学院中国研究所举办的"中国改革开放30 年成就与经验"研讨会上的发言，刊发于《马克思主义研究》2009 年第 5 期。

线（社会主义初级阶段基本路线）指引下进行的。它的核心内容是："以经济建设为中心，坚持四项基本原则，坚持改革开放"，简称"一个中心、两个基本点"。因此，我国的改革开放，从一开始就是与四项基本原则结合在一起的改革开放。

从改革开放30年的实践看，把改革开放与四项基本原则相结合，主要体现在以下三点：

首先，在经济上，一方面对原有所有制结构、分配方式和经济运行体制进行一系列改革，落实国有企业和农民对企业和土地的经营自主权，发展个体私营经济，允许各种生产要素参与分配，使市场对资源配置起基础性作用；另一方面，坚持以公有制和按劳分配为主体，坚持国有经济的主导地位，不允许搞私有化，更不允许出现私人垄断资本、买办集团、金融和产业寡头，加强国家对市场活动的宏观调控，不放弃计划手段。正因为如此，我国的改革开放才可能做到既充分调动各种积极因素，发挥人民的聪明才智，提高工作效率，增强经济活力，又没有出现两极分化、阶级压迫和经济、金融失控的局面；既使我国加入经济全球化进程，大踏步赶上了时代前进的潮流，又没有成为发达国家的经济附庸，更没有走上历史上某些后起的帝国主义国家靠发动战争掠夺别国资源和市场的老路，从而为连续30年的快速发展提供了良好的经济环境和国际环境。

其次，在政治上，一方面加强社会主义民主与法制建设，进行社会主义政治体制改革，改进党的领导，实施依法治国方略，确保党在宪法和法律范围内活动、对权力制约与监督、尊重和保障人权等原则；推进社会主义民主政治建设，不断丰富和完善社会主义民主的实现形式；另一方面，坚持共产党在国家事务中总揽全局、协调各方的核心领导作用，坚持党的领导、人民当家作主、依法治国的有机统一，牢牢掌握社会主义政权的国家职能，不搞西方的多党制和议会民主、三权鼎立。正因为如此，我国的改革开放才可能既丰富民主形式，拓宽民主渠道，完善民主制度，扩大人民民主权利，增强党和国家的活力，又维护国家的主权和安全，保留全国一盘棋、集中力量办大事的社会主义优越性，没有像一些照搬西方政治制度的发展中国家那样，出现政局动荡、社会混乱、内战连绵的局面，从而为连续30年的快速发展提供了良好的政治环境。

再次，在意识形态上，一方面克服对马克思主义的教条式理解，否定"两个凡是"的方针，恢复党的实事求是的思想路线，认真纠正新中国成立后所犯的历史错误；另一方面，把毛泽东同志晚年错误与毛泽东思想相区别，坚持马克思主义的指导地位不动摇，并在新的历史条件下不断加以发展，充分肯定毛泽东同志的历史地位，从总体上正面评价新中国成立后的历史。正因为如此，中国的改革开放才可能既克服"左"的指导思想，焕发马克思主义的生命力、创造力、感召力，又维护了全党全国各族人民团结奋斗的共同思想基础；既纠正了毛泽东同志晚年错误，又没有重蹈一些前社会主义国家由于否定革命领袖和社会主义历史而导致的信仰危机、政权崩溃的覆辙，从而为连续30年的快速发展提供了良好的思想和舆论环境。

我们党在对改革开放进行的历次经验总结中，始终把坚持以经济建设为中心和四项基本原则与改革开放相结合这条党在社会主义初级阶段的基本路线，放在所有经验的核心位置，称它为改革开放"最可宝贵的经验""最可靠的保证"。2007年，胡锦涛同志在党的十七大上总结我国改革开放近30年的实践，提出把坚持马克思主义基本原理同推进马克思主义中国化，把坚持四项基本原则同坚持改革开放，把尊重人民首创精神同加强和改善党的领导结合起来等"十个结合"，是我们这样一个十几亿人口的发展中大国摆脱贫困、加快实现现代化、巩固和发展社会主义的宝贵经验。大会结束后不久，他又对这"十个结合"作了进一步阐述，强调其中"前三条是管总的"，是"我国改革开放取得成功的关键和根本"。[①]

目前世界200多个国家和地区，除20多个发达资本主义国家的8亿人一直在实行市场经济和主导着国际经济之外，余下绝大多数发展中国家和地区的50多亿人口，要么早就在实行市场经济和与国际经济接轨，要么也是在向市场经济和与国际经济接轨的方向过渡。为什么在这么多实行市场经济的国家及地区中，中国发展速度最快、持续时间最长呢？如果再考虑到中国人口负担重、经济基础弱、气候条件差、人均耕地和各种资源相对贫乏、区域发展极不平衡等不利因素，就更不能不引起人们的思考。

只要回顾一下历史就会知道，中国近代以来虽曾丧失过很多发展机遇，但也有两次机遇被我们抓住了，实现了自身跨越式的大发展。一次是在新中国成立初期，一次是在改革开放以后。如果说第一次的主要原因是我们选择了社会主义制度的话，第二次则主要是由于我们在建立社会主义基本制度和取得社会主义建设伟大成就的基础上实行改革开放的结果。可见，改革开放后的中国与大多数发展中国家和地区之间的最大区别，并不在于是否改革开放，而在于改革开放是否脱离本国国情。我国的改革开放正是由于没有盲目照搬西方经济、政治制度，而是立足本国国情，从社会主义初级阶段的实际出发，不断进行社会主义制度的自我完善和发展，妥善处理改革、发展、稳定三者关系，有选择地学习和利用世界上一切先进技术和管理经验，才可能获得大多数发展中国家和地区所没有的成功。而这正是我国的发展道路超越西方资本主义现代化发展模式的

---

① 胡锦涛：《胡锦涛在纪念改革开放30周年大会上的讲话》，《人民日报》2008年12月18日。

关键所在。

对于我国在保持社会基本稳定的前提下取得改革成功、从而实现经济快速发展的这个"奥妙",许多发展中国家渐渐看明白了,西方敌对势力自然也很清楚。正因为如此,他们为了遏制我国的进一步发展,也为了消除我国的发展道路在发展中国家中产生的影响,与我国国内各种敌对势力沆瀣一气,把攻击的矛头都对准改革开放与四项基本原则相结合。他们在经济上竭力兜售西方的新自由主义,集中攻击我国的社会主义市场经济体制;在政治上竭力贩卖西方式的多党民主政治制度,集中攻击中国共产党的领导和人民民主专政;在意识形态上竭力鼓吹历史虚无主义,集中攻击中国革命、中国共产党和中华人民共和国的历史,丑化、妖魔化毛泽东同志、邓小平同志等领袖人物。他们有时甚至显得比我们更加关心改革开放,一有风吹草动就造谣说中国的改革开放政策要变了。对此,邓小平同志曾一针见血地指出:"某些人所谓的改革,应该换个名字,叫作自由化,即资本主义化。他们'改革'的中心是资本主义化。我们讲的改革与他们不同。"① 他还告诫人们:"中国的政策基本上是两个方面,说不变不是一个方面不变,而是两个方面不变。人们忽略的一个方面,就是坚持四项基本原则,坚持社会主义制度,坚持共产党领导。人们只是说中国的开放政策是不是变了,但从来不提社会主义制度是不是变了,这也是不变的嘛。"②

不久前,新加坡大学东亚研究所所长郑永年教授撰文说:"欧洲(实际上整个西方世界)实际上是期望中国的发展会实现西方价值。

① 《邓小平文选》第3卷,人民出版社1993年版,第297页。
② 《邓小平文选》第3卷,人民出版社1993年版,第217页。

但现实是，中国的发展不仅没有使得西方价值在中国开花结果；相反，中国的发展经验对发展中国家产生了很大的影响，从而对西方的价值构成了挑战。""在很大程度上，欧洲人对于一个政治中国的担忧和恐惧甚于一个经济中国。并且，这种担忧和恐惧还相当普遍。现实地说，这种担忧甚至恐惧很难在短时间内消除，也很可能随着中国的进一步崛起和外在影响力的提高而强化。"① 他的话从一个侧面说明，西方敌对势力最害怕的，恰恰是我们最成功的地方。

苏共下台、苏联解体从反面告诉我们，改革开放如果放弃四项基本原则，必然会导致失败。当年戈尔巴乔夫搞的改革，正是由于"放弃了社会主义道路，放弃了无产阶级专政，放弃了共产党的领导地位，放弃了马克思列宁主义，结果使得已经相当严重的经济、政治、社会、民族矛盾进一步激化，最终酿成了制度剧变、国家解体的历史悲剧。"② 他们在经济改革方面错用了新自由主义药方，搞"500 天计划""休克疗法"，推进放任自流的市场经济和私有化，造成生产下降、物价飞涨、少数人暴富、多数人贫困的局面；在政治改革方面错用了"人道的民主的社会主义"药方，搞议会民主、三权分立、多党制那一套，逐渐使苏共失去了对国家的领导地位；在意识形态方面错用了多元化、公开性的药方，发动全民对苏共和苏联历史进行清算，由大反斯大林发展到反列宁，反十月革命，反马克思主义，从而使苏共威信扫地，使人民对革命领袖的崇敬和对社会主义的信念彻底动摇。试想，在这种形势下，苏共怎么可能不下台，苏联又怎么可能不解体呢？

近些年来，俄罗斯执政者和不少有识之士开始反思，并逐渐在

---

① 郑永年：《欧洲人的中国认知和中国担忧》，《联合早报》2008 年 5 月 13 日。

② 《江泽民文选》第 3 卷，人民出版社 2006 年版，第 230 页。

经济体制、政治体制和对苏联历史的评价等方面，调整苏联解体初期的政策。不久前，苏联最后一位部长会议主席雷日科夫到当代中国研究所作关于苏联解体原因的报告，说苏联是靠苏联共产党凝聚的，没有了苏联共产党，苏联是不可能存在的。为了使改革有稳固和强有力的国家权力作保证，千万要坚持共产党的领导；而为了使这个党具有凝聚力，千万不要搞私有化。就连戈尔巴乔夫也曾对《光明日报》的记者说："改革时期，加强党对国家和改革进程的领导是所有问题的重中之重。……如果党失去对社会和改革的领导，就会出现混乱。""我对中国朋友的忠告是：不要搞什么'民主化'，不会有好结果千万不要让局势混乱，稳定是第一位的。在这些方面，中国领导人的表现是出色的。"[1] 他们的话，在很大程度上代表了当今俄罗斯思想界对20世纪80年代那场改革的新认识，说明社会主义国家的改革开放要获得成功，就决不能让改革开放离开四项基本原则。

中国的改革开放虽然已使经济总量跃居世界第3位，但按人均计算，尚处在世界第100位左右。因此，不断解放和发展生产力，最终实现工业化和现代化，仍然是我国当前乃至今后相当长历史时期的主要任务。要完成这个任务，仍然要坚持改革开放与四项基本原则相结合。不改革不开放，生产力发展不了，社会也不可能稳定；改革开放不坚持四项基本原则，生产力不仅要遭受破坏，社会还会分崩离析。这是中国改革开放30年实践得出的最重要的结论，也是许多发展中国家的现实给予我们的深刻启示。

---

① 杨政：《戈尔巴乔夫后悔了》，《环球人物》2006年第5期。

正确认识新中国两个30年的关系*

（2010年3月）

新中国已经走过自己的第一个甲子——60周年。在这60年里，如果以党的十一届三中全会的召开作为改革开放新时期的起点，刚好前后各占大体30年时间。如何认识这两个30年的关系，即把它们看成是相互割裂的、对立的，还是继承发展的、内在统一的关系，决定着对新中国60年历史的评价，也决定着对中国特色社会主义道路的认识。

一、前30年是后30年的基础

改革开放30年来，我国经济飞速发展，综合国力明显增强，人民生活水平大幅度提高，为世界经济发展和人类文明进步作出了重大贡献。但应当看到，这一切的起点并不是1949年旧中国留给新中国的那个满目疮痍的烂摊子，而是1978年新中国在经过近30

---

* 本文刊于《前线》杂志2010年第3期，其主要观点曾在2009年8月17日《人民日报》以访谈形式发表。收入本书时，作者作了删节修改。

年艰苦奋斗后建立起来的宏伟基业。正如党的十七大报告中所指出的："改革开放伟大事业，是在以毛泽东同志为核心的党的第一代中央领导集体创立毛泽东思想，带领全党全国各族人民建立新中国、取得社会主义革命和建设伟大成就以及艰辛探索社会主义建设规律取得宝贵经验的基础上进行的。新民主主义革命的胜利，社会主义基本制度的建立，为当代中国一切发展进步奠定了根本政治前提和制度基础。"①

第一，为改革开放提供了根本的政治前提。新中国成立，我国取得了民族独立、主权和领土完整，实现了除台、港、澳地区之外的国家统一，铲除了帝国主义、封建势力统治的根基，建立了工人阶级领导的、以工农联盟为基础的人民民主专政的国家政权，以及以人民代表大会制度、中国共产党领导的多党合作和政治协商制度、民族区域自治制度为核心的社会主义基本政治制度，奠定了社会主义全民所有制和集体所有制的经济基础，使人民大众翻身做了国家主人，各民族实现了空前大团结，中国从此结束了蒙受屈辱、战乱频仍、四分五裂、民不聊生的黑暗历史。

第二，为改革开放提供了基本的物质技术条件。新中国成立后，通过连续五个五年计划的建设，初步建立起独立的比较完整的工业体系和国民经济体系，在一定程度上改变了旧中国工业集中于沿海地区的不合理布局。同时，通过进行大规模农田水利基本建设和发展化肥、农药、农用机械等工业，以及县办、社办小工业，大幅度改善了农业和农村生产条件，提高了农作物单位面积产量。1949 年至 1978 年，我国基本建设投资共 6000 多亿元，新增固定资产为新中国刚成立时的 57.3 倍；陆续投产的大中型建设项目

---

① 《十七大以来重要文献选编》（上），中央文献出版社 2009 年版，第 6 页。

3000 多个。至 1978 年，我国经过近 30 年建设，钢、煤、石油、发电量、机床的年产量，分别比旧中国最高年产量增长 34.4 倍、10 倍、325 倍、42.8 倍、33.9 倍；粮食、棉花产量，分别比 1949 年增长 1.7 倍和 3.9 倍；汽车、拖拉机、飞机制造和电子、石油化工等工业部门，更是从无到有；铁路营运里程由 2.18 万公里增加到 5.17 万公里；高校毕业生累计 295 万人，超过旧中国 36 年总和的 14 倍；全国专业技术人员达到 559 万人，是新中国初期同类人员总和的 13.2 倍；形成了以人造卫星为标志的一批高科技成果。《关于建国以来党的若干历史问题的决议》指出："我们现在赖以进行现代化建设的物质技术基础，很大一部分是这个时间建设起来的；全国经济文化建设等方面的骨干力量和他们的工作经验，大部分也是在这个时间培养和积累起来的。"[1]

第三，为改革开放提供了一定的思想保证。胡锦涛同志指出：毛泽东思想"是被实践证明了的关于中国革命和建设的正确的理论原则和经验总结"[2]。改革开放以来，毛泽东思想中关于实事求是、群众路线，关于独立自主、自力更生，关于全心全意为人民服务，关于要把我国建设成现代化社会主义强国、对人类作出较大贡献，关于不要机械搬用外国经验，关于社会主义时期仍然存在矛盾和要严格区分、正确处理敌我和人民内部两类不同性质矛盾，关于要调动一切积极因素、化消极因素为积极因素，关于两个"务必"和"双百"方针等思想，始终在各项工作中起着重要作用。改革开放前开展的一系列政治运动，尽管存在对形势判断过于严重、做法过于简单粗暴、打击面过宽等问题，但其中关于防止执政党脱离群

---

① 《三中全会以来重要文献选编》（下），人民出版社 1982 年版，第 804 页。

② 《十六大以来重要文献选编》（上），中央文献出版社 2005 年版，第 641 页。

众和国家改变颜色等正确思想，在党的建设中却一直发挥着重要影响。以邓小平、江泽民同志为核心的中共第二代、第三代中央领导集体反复强调，要防止党和国家"改变面貌"，警惕帝国主义搞"和平演变"、打"没有硝烟的战争"；以胡锦涛同志为总书记的党中央反复告诫全党，要坚决惩治和有效预防腐败，保持党同人民群众的血肉联系。我们党还从过去政治运动中吸取合理的地方加以继承和发扬，先后进行了1980年整党、1990年党员重新登记、1998年"三讲"教育、2004年"党员先进性教育"，以及从2008年开始、目前仍在开展的深入学习实践科学发展观活动，而且每次都开门听取党外群众意见。这种连续不断的组织整顿和思想教育活动，在其他国家曾经执政过的共产党中是很少见的，但对于我们党在长期执政、实行市场经济和对外开放的条件下经受各种风浪的考验，却起到了十分积极的作用。

第四，为改革开放提供了正反两方面的经验。新中国成立后，我们党在领导人民进行社会主义建设过程中，形成了许多反映中国国情、符合客观规律的认识，积累了一系列对于今天改革开放仍然具有重要价值的宝贵经验。例如，农业是基础、工业是主导，统筹兼顾，按比例发展，等等。另外，我们党也犯过不少错误，积累了很多教训。其中最大的教训，就是错误发动"文化大革命"。但正如邓小平同志所说："没有'文化大革命'的教训，就不可能制定十一届三中全会以来的思想、政治、组织路线和一系列政策。三中全会确定将工作重点由以阶级斗争为纲转到以发展生产力、建设四个现代化为中心，受到了全党和全国人民的拥护。为什么呢？就是因为有'文化大革命'作比较，'文化大革命'变成了我们的财富。"①

---

① 《邓小平文选》第3卷，人民出版社1993年版，第272页。

第五，为改革开放提供了必要的国际环境。新中国成立后，结束了旧中国奴颜婢膝的外交史，打赢了抗美援朝战争，维护了国家安全，挫败了西方反华势力对新中国一系列孤立、封锁、干涉、挑衅行径，同时积极倡导了和平共处五项原则，支持了亚非拉民族解放和独立运动，发展了同中间地带国家的友好关系，为国内和平建设争取了较为有利的外部条件。20 世纪六七十年代，我国又在十分困难的情况下，研制成功了原子弹、氢弹、洲际导弹和核潜艇，打破了超级大国的核垄断和核讹诈。面对苏联霸权主义的军事威胁，毛泽东同志及时提出关于三个世界划分的理论，实现了中美和解，进而推动了中国同日本和西欧许多国家关系的改善。中国还在亚非拉等第三世界国家的支持下，恢复了在联合国的合法席位。邓小平同志讲过："毛泽东同志在世的时候，我们也想扩大中外经济技术交流，包括同一些资本主义国家发展经济贸易关系，甚至引进外资、合资经营等等。但是那时候没有条件，人家封锁我们。后来'四人帮'搞得什么都是'崇洋媚外'、'卖国主义'，把我们同世界隔绝了。毛泽东同志关于三个世界划分的战略思想，给我们开辟了道路。"[1] 所以，我国在前 30 年大大提高了自己的国际地位，并打开了同西方改善关系的大门。

二、后30年是对前30年的超越

改革开放 30 年的巨大发展，虽然建立在此前 30 年发展基础之上，但它并不是简单因袭前 30 年的道路，而是在继承中有超越。在这 30 年里，我们党顺应时代的潮流和人民的愿望，作出了改革

---

[1]《邓小平文选》第 2 卷，人民出版社 1994 年版，第 127 页。

开放的战略抉择，开辟了建设社会主义的新道路，形成了党在社会主义初级阶段的"一个中心、两个基本点"的基本路线，制定了指导改革开放的一整套方针政策。正是这一切，使社会主义和马克思主义在中国大地上焕发出勃勃生机，使中华民族大踏步赶上了时代前进的潮流。看不到这 30 年对前 30 年的巨大超越，混淆前后两个 30 年的区别，势必妨碍对改革开放正确性和必要性的认识，看不清中国特色社会主义道路究竟"特"在哪里。

第一，在党的指导思想上的超越。改革开放前 30 年的很长时间内，我们党把阶级斗争作为社会主义社会的主要矛盾，提出"以阶级斗争为纲"的口号和"无产阶级专政下继续革命"的理论。粉碎"四人帮"后，虽然结束了"文化大革命"，但又提出"两个凡是"的方针（凡是毛主席作出的决策，都要坚决维护；凡是毛主席的指示，都要始终不渝地遵循），继续维持不适合于社会主义社会的上述口号和理论。改革开放后，批判了"两个凡是"的方针，纠正了毛泽东同志的晚年错误，实现了党的工作中心的转移，先后形成了邓小平理论、"三个代表"重要思想和科学发展观等马克思主义中国化的最新成果。

第二，在政治体制上的超越。改革开放前的 30 年，我们党和国家领导制度中一度存在权力过分集中、党政职能不分、机构层次过多、领导职务终身制等现象；对法制建设不重视，除少数几部法律外，基本上无法可依；民主缺少制度化、程序化，家长制、一言堂作风严重。邓小平同志在谈到这些问题时曾指出：过去"在加强党的一元化领导的口号下，不适当地、不加分析地把一切权力集中于党委，党委的权力又往往集中于几个书记，特别是集中于第一书记，什么事都要第一书记挂帅、拍板。党的一元化领导，往往因此而变成了个人领导。全国各级都不同程度地存在这个问题。"①改革开放后，严格民主集中制，建立干部离退休制度，健全党和国家的领导体制，实行党政职能适当分开，改善党的领导方式和执政方式；推进政治体制改革，深化干部人事制度改革和机构改革，加强对权力的制约与监督。实施依法治国方略，完善中国特色社会主义法律体系，坚持公民在法律面前一律平等；扩大人民民主，丰富民主形式，拓宽民主渠道，发展基层民主，落实民主权利，支持民主党派和无党派人士参政议政，发挥社会组织在扩大群众参与、反映群众诉求方面的积极作用，增强社会自治功能。

第三，在经济体制上的超越。改革开放前 30 年的后期，我国脱离生产力的实际水平，片面追求生产资料的公有程度和分配领域的"公平""公正"；企业缺少自主权，产销脱节，经济利益同经济效果不挂钩；流通体制渠道单一，环节繁杂；农村人民公社政企不分，生产队自主权得不到尊重，农民经营正当家庭副业的权利被剥夺；吸引国外投资和进口国外技术、设备，被当成"走资本主义道路"和"崇洋媚外"而受到批判。改革开放后，允许个体经商，鼓励发展私营经济，形成以公有制为主体、多种所有制经济共同发展的基本经济制度；提倡一部分人和一部分地区先富起来，允许和鼓励技术、管理、资本参与分配，形成以按劳分配为主体、多种分配方式并存的分配制度；扩大国有企业自主权，实行厂长（经理）负责制、承包经营责任制，直至以股份制为主要形式的现代企业制度；实行计划经济与市场调节相结合，直至确立社会主义市场经济体制；撤销人民公社，实行家庭联产承包责任制，稳定土地承包关系，并允许土地承包经营权依法流转；积极吸引外资，兴办合资或

---

① 《邓小平文选》第 2 卷，人民出版社 1994 年版，第 328—329 页。

独资企业，建立经济特区，继而开放沿海、沿江、沿边城市，实施"走出去"战略，加入世界贸易组织和经济全球化进程。

第四，在意识形态工作中的超越。 改革开放之前 30 年的一段时间里，我们党在"左"的思想指导下，把已经相信共产党、愿意为人民服务和学习马克思主义的旧知识分子，以及新中国自己培养的知识分子，统统划入资产阶级的一部分；不尊重学术研究和艺术创作规律，进行不适当的行政干预；把许多学术和文艺思想上的问题当成政治问题，开展过火的批判；尤其在"文化大革命"中，"左"的思想恶性膨胀，使许多马克思主义的学术观点和歌颂社会主义的优秀作品遭受打击，只允许几个"样板戏"和几部"学术著作"存在。改革开放后，随着清理过去"左"的指导思想，改变了对知识分子的看法，认为他们是工人阶级的一部分，提倡尊重知识、尊重知识分子的社会风气；解除了在学术研究和文艺创作中许多不必要的框框和禁区，认真落实"百花齐放、百家争鸣"的方针；注意区分学术问题和政治问题，对思想认识问题采取说服引导方法，鼓励不同观点的切磋，提倡多样化，大量翻译出版国外学术著作和文艺作品；纠正轻视教育科学文化的错误观念，大力普及初等教育，发展高等教育和科技事业，积极改革文化体制，推动文化繁荣，并且培育文化市场，建设文化产业，丰富人民的精神文化生活，提高国家文化的软实力和国际竞争力。

第五，在国际战略上的超越。 改革开放前的 30 年，我们党对国际形势的判断，很长时间一直认为"战争不可避免，而且迫在眉睫"。一段时间，"针对苏联霸权主义的威胁，我们搞了'一条线'的战略，就是从日本到欧洲一直到美国这样的'一条线'"①。在处理

---

① 《邓小平文选》第 3 卷，人民出版社 1993 年版，第 127 页。

与外国政党的关系上，"往往根据的是已有的公式或者某些定型的方案"，①"犯了点随便指手划脚的错误"②。改革开放后，我们对国际形势作出了新的观察和判断，"改变了原来认为战争的危险很迫近的看法"，认为"在较长时间内不发生大规模的世界战争是有可能的"，③和平和发展是当今时代的两个主要问题。同时，改变了"一条线"的战略，"谁搞霸权就反对谁，谁搞战争就反对谁"；既"改善了同美国的关系，也改善了同苏联的关系"；④改变了同外国政党处理关系时的某些原则，主张"各国党的国内方针、路线是对还是错，应该由本国党和本国人民去判断""不应该要求其他发展中国家都按照中国的模式去进行革命，更不应该要求发达的资本主义国家也采取中国的模式。"⑤

三、前后两个30年是内在的统一整体

改革开放30年虽然在许多方面超越了前30年，使两个时期出现了明显区别，但这种区别并不是社会基本制度的区别、国家领导力量的区别、意识形态指导思想的区别，更不是执政党的宗旨和远大奋斗目标的区别。两个30年实行的都是社会主义制度，领导国家的核心力量都是中国共产党，居于意识形态领域指导地位的思想都是马克思主义，执政党的宗旨和远大目标都是为人民服务和共产主义。这说明，后30年并没有离开社会主义的轨道，而是社会主

① 《邓小平文选》第2卷，人民出版社1994年版，第318页。
② 《邓小平文选》第3卷，人民出版社1993年版，第237页。
③ 《邓小平文选》第3卷，人民出版社1993年版，第127页。
④ 《邓小平文选》第3卷，人民出版社1993年版，第128页。
⑤ 《邓小平文选》第2卷，人民出版社1994年版，第318页。

义的自我完善和发展。看不到它们之间的这种一致性、连续性，抹杀二者的相同之处，势必妨碍对选择社会主义道路的正确性、必要性的认识，难以懂得中国特色社会主义为什么是社会主义而不是别的什么"主义"。

第一，坚持四项基本原则没有变。改革开放后，我们党在基本理论方面纠正了毛泽东同志的晚年错误，否定了"以阶级斗争为纲"的错误口号；但同时科学评价了毛泽东同志，把毛泽东同志的晚年错误与毛泽东思想加以区别，确立毛泽东同志和毛泽东思想的历史地位，始终捍卫和高举毛泽东思想的伟大旗帜；仍然坚持阶级和阶级斗争的理论，认为在社会主义现阶段，"由于国内的因素和国际的影响，阶级斗争还在一定范围内长期存在，在某种条件下还有可能激化"[①]；并把坚持四项基本原则看作立国之本，当成党在社会主义初级阶段基本路线中两个基本点中的一个基本点。对于改革开放前后我们党在指导思想上的异同之处，邓小平曾作过一个精辟说明。他说：有的人"忽略了中国的政策基本上是两个方面，说不变不是一个方面不变，而是两个方面不变。人们忽略的一个方面，就是坚持四项基本原则，坚持社会主义制度，坚持共产党领导。人们只是说中国的开放政策是不是变了，但从来不提社会主义制度是不是变了，这也是不变的嘛！"[②]

第二，坚持共产党的领导没有变。改革开放后，我们党在政治体制上不断深化改革，大力推进社会主义民主与法制；但同时始终坚持共产党在国家事务中总揽全局、协调各方的核心领导作用，坚持党的领导、人民当家作主、依法治国的有机统一，坚持全心全意

---

① 《中国共产党章程》，《中国共产党第十七次全国代表大会文件汇编》，人民出版社2007年版，第60页。

② 《邓小平文选》第3卷，人民出版社1993年版，第217页。

依靠工人阶级，坚持党对军队的绝对领导，不搞西方的多党制和议会民主、三权鼎立。

第三，坚持社会主义的基本经济制度没有变。改革开放后，我们党打破了公有制和按劳分配一统天下的局面，确立了社会主义市场经济体制，实行了全方位开放；但同时仍然坚持公有制和按劳分配为主体，把全民所有制和集体所有制作为社会主义经济制度的基础，把国有经济作为国民经济中的主导力量和支柱，把市场经济同社会主义基本制度结合在一起，把市场对资源配置的基础性作用放在国家的宏观调控之下；仍然坚持农村土地集体所有制的性质，既发挥农民家庭经营的积极性，又发挥集体经济的优越性；仍然坚持自力更生的方针，把着眼点放在发展壮大自己力量的基点上。

第四，坚持马克思主义的指导地位没有变。改革开放后，我们党在意识形态工作中摒弃了以往"左"的做法，并推动社会组织建设；但同时仍然坚持马克思主义在意识形态领域的指导地位，要求共产党员做共产主义远大理想的坚定信仰者，引导全体人民树立中国特色社会主义共同理想，把社会主义核心价值体系融入国民教育和精神文明建设的全过程，弘扬爱国主义、集体主义、社会主义思想，抵制各种错误和腐朽思想的影响；坚持社会主义先进文化的前进方向，全面贯彻党的教育方针，培养德智体美全面发展的社会主义建设者和接班人；健全党和政府主导的维护群众权益机制，警惕和防范国内外敌对势力的各种分裂、渗透、颠覆活动，切实维护国家意识形态安全。

第五，坚持对外总方针总政策没有变。改革开放后，我们党改变了过去关于时代特征的判断，认为当今时代的主题是和平与发展，中国的前途命运日益同世界的前途命运联系在一起，并加强了

同发达国家的战略对话，奉行互利共赢的开放战略；但同时认为，
"世界仍然很不安宁""霸权主义和强权政治依然存在"，^①仍然实行
新中国成立之初所制定的独立自主的和平外交政策和所奉行的和平
共处五项原则，加强同广大发展中国家的团结合作，反对各种形式
的霸权主义和强权政治，重申永远不称霸，推动国际秩序朝着更加
公正合理的方向发展。

改革开放前的 30 年，我们党在领导人民探索社会主义建设规
律的过程中犯过不少错误，有的错误还是全局性、长时期的，给
党、国家和人民的事业造成过严重损失，但这绝不表明那段历史可
以从新中国 60 年的光辉历程中剔除。邓小平同志说得好："我们尽
管犯过一些错误，但我们还是在三十年间取得了旧中国几百年、几
千年所没有取得过的进步。"^②如同盖楼一样，不能因为底层有不尽
如人意的地方就把它拆掉，那样做，整座楼房也会崩塌。

改革开放前的 30 年，国家各项事业的发展和人民生活面貌的
改变远没有改革开放后那么显著，但这绝不表明那段历史对于改
革开放是无足轻重、可有可无的。这也如同盖楼一样，打地基时
不容易让人看出成绩，但楼房盖得快盖得高，反过来说明地基打
得牢。

毫无疑问，如果没有改革开放，新中国的历史将难以为继，只
能是死路一条。但同样毫无疑问的是，如果没有当年对社会主义道
路的选择，没有改革开放前 30 年打下的基础，改革开放和中国特
色社会主义道路也是难以起步、难以开辟的。因此，用后 30 年否
定前 30 年，或者用前 30 年否定后 30 年，都是错误的。只有这样

---

① 《十七大以来重要文献选编》（上），中央文献出版社 2009 年版，第 35 页。
② 《邓小平文选》第 2 卷，人民出版社 1994 年版，第 167 页。

认识两个 30 年的关系，才能全面评价新中国 60 年的历史，才能准确把握中国特色社会主义道路的本质特征，从而增强在中国特色社会主义道路上实现中华民族伟大复兴的决心和信心。

站在民族复兴的高度认识和
履行党的历史使命*

(2011年8月4日)

胡锦涛同志在中国共产党成立 90 周年大会上的讲话（以下简称"七一"讲话或讲话），把党的历史使命与中华民族的伟大复兴紧密联系在一起，充满为中华民族复兴而奋斗的强烈使命感和责任感，其中出现中华民族解放、复兴、发展等词汇的地方不下 20 处。学习这篇讲话，对于我们进一步认识什么是党的历史使命，以及在新的历史条件下如何更好地履行这一使命，具有重要意义。

一、争取中华民族伟大复兴是我们党始终不渝的历史使命

中国共产党是以马克思主义为指导、以实现共产主义为最终奋

---

* 本文是作者 2011 年在中国社会科学院马克思主义学部、当代中国研究所等单位联合召开的"胡锦涛总书记'七一'重要讲话精神研讨会"上的发言，刊发于《中共党史研究》2011 年第 10 期，标题为《站在中华民族伟大复兴的高度认识和履行党的使命》。收入本书时，作者作了删节修改。

斗目标的工人阶级政党，是工人阶级的先锋队同时也肩负着民族独立、解放和复兴的重任，是中华民族的先锋队。"七一"讲话通过分析党成立的历史背景和党的90年奋斗历程，对此作了深刻阐述。

首先，"七一"讲话论证了我们党成立本身就是中华民族复兴进程的产物。中国在历史上一直是一个文化灿烂的文明古国和人口大国，近代以前也一直是一个经济强国。但自从鸦片战争以后，中国不断遭受列强侵略，主权被破坏，领土被瓜分，生产力发展被阻碍，民族处于危亡的边缘，逐步沦入半殖民地半封建社会的深渊。为了挽救国家的命运，争取民族的独立和国家的工业化，中国无数仁人志士进行了千辛万苦的探索和不屈不挠的抗争。然而，无论旧式的农民战争，还是封建统治集团内部的"自强运动"，以及资产阶级改良派的"变法运动"和资产阶级革命派的革命运动，都未能解决问题。无数事实说明，中国人民要解放，中华民族要复兴，必须找到一个能够指导打倒帝国主义、封建势力的先进理论和一个能够领导彻底反帝反封建斗争的先进社会力量。在这个大背景下，一批具有强烈爱国心的先进知识分子，接受了马克思列宁主义这一最为科学的理论；也是在这个背景下，受到帝国主义、封建势力压迫最为深重的中国工人阶级，显示出反帝反封建的自觉性和彻底性，登上了革命的政治舞台。讲话正是根据上述历史过程，指出我们党"是以中国先进生产力的代表登上历史舞台的"，是在马克思列宁主义同中国工人运动相结合的进程中"应运而生"的，是近现代中国历史发展和中国人民在救亡图存斗争中顽强求索的"必然产物"。

其次，"七一"讲话论证了我们党90年的历史是为中华民族伟大复兴而奋斗的历史。讲话一方面指出："中国共产党自诞生之日起就勇敢担当起团结带领人民实现中华民族伟大复兴的历史使命"，另一方面把我们党90年的奋斗历程和取得的成就，概括为完成和推进了三件大事，即完成新民主主义革命，建立中华人民共和国，彻底结束中国半殖民地半封建社会的历史和一盘散沙的局面，使中国人民从此站立起来，使中华民族从此开启新的历史纪元；完成社会主义革命，确立社会主义基本制度，建立起独立的比较完整的工业体系和国民经济体系，积累在生产力落后情况下进行社会主义建设的经验；进行改革开放，开创、坚持、发展中国特色社会主义，建立和完善社会主义市场经济体制，推动社会主义现代化建设取得举世瞩目的成就。对于这三件大事与实现中华民族伟大复兴之间的关系，讲话也作了深刻论述，指出它们"从根本上改变了中国人民和中华民族的前途命运，不可逆转地结束了近代以后中国内忧外患、积贫积弱的悲惨命运，不可逆转地开启了中华民族不断发展壮大、走向伟大复兴的历史进军，使具有 5000 多年文明历史的中国面貌焕然一新，中华民族伟大复兴展现出前所未有的光明前景"。

再次，"七一"讲话论证了我们党在今后相当长时期的历史使命仍旧是"推动中华民族伟大复兴进程"。经过新中国 60 多年，特别是改革开放 30 多年的建设，我国已经取得了举世瞩目的伟大成就。我们完全有理由为此而自豪，但没有丝毫理由为此而自满。这是因为，我国仍处于并将长期处于社会主义初级阶段的基本国情没有变，人民日益增长的物质文化需要同落后的社会生产之间的矛盾这一社会主要矛盾没有变，我国是世界上最大的发展中国家的国际地位没有变。因此，要最终实现中华民族的伟大复兴，必须继续牢牢扭住经济建设这个中心不动摇，牢牢抓住和用好我国发展的重要战略机遇期。党的十六大、十七大都提出，我国要在 21 世纪前 20 年基本实现工业化，在 21 世纪中叶达到中等发达国家水平、基本实现现代化。"七一"讲话重申了这两个宏伟目标，强调到建党 100 周年时建成惠及十几亿人口的更高水平的小康社会，到新中国成立

100周年时建成富强民主文明和谐的社会主义现代化国家。这就意味着中华民族的伟大复兴，将在 2050 年前后得以实现。我们要贯彻讲话精神，就要牢记党的历史使命，团结带领人民为最终实现中华民族的伟大复兴而继续奋斗。

二、坚定不移地走中国特色社会主义的道路才能完成复兴中华民族的历史使命

任何民族在大的历史变动中要发展自己，都需要看准和抓住历史机遇。中华民族要发展，同样离不开历史机遇。历史已经证明，近代中国没有走上发展资本主义的道路。当世界进入帝国主义时代后，中华民族要求得发展，摆脱挨打局面，再靠走资本主义道路已不可能，只能走以社会主义为取向的道路。在新民主主义革命胜利后，我们党面对一穷二白的国情，曾考虑先用一个较长时间实行新民主主义政策，通过发展农业和轻工业来积累资金，待条件成熟时再重点发展重工业，实行社会主义政策。然而，由于国际形势的变化，我国在 20 世纪 50 年代初遇到了社会主义苏联答应全面援助我国以发展重工业为重点的第一个五年计划建设的历史机遇。以毛泽东同志为核心的党的第一代中央领导集体抓住这个机遇，作出提前向社会主义过渡的决策，并相应实行了计划经济体制，使我国用较短时间建成了独立的比较完整的工业体系和国民经济体系，为中华民族的伟大复兴奠定了坚实物质基础。20 世纪 70 年代末，以邓小平同志为核心的党的第二代中央领导集体，抓住当时国内国际形势变化的历史机遇，纠正了一度以阶级斗争为纲的错误，果断作出以经济建设为中心、实行改革开放的决策，成功开辟了中国特色社会主义道路，极大地调动了亿万人民的积极性，使中华民族大踏步赶

上了时代前进的潮流。20 世纪末 21 世纪初，党中央再次抓住国内国际形势深刻变化的历史机遇，作出将计划经济体制转变为社会主义市场经济体制的历史性决策，提出并认真贯彻科学发展观，全面推进中国特色社会主义政治建设、经济建设、文化建设、社会建设，转变经济发展方式，使我国经济在生产发展、生活富裕、生态文明的发展道路上呈现出新的气象，使中华民族迎来伟大复兴的光明前景。事实说明，社会主义不仅能够救中国，也能够发展中国，社会主义初级阶段就是在社会主义基础上实现中华民族伟大复兴的历史阶段。正是根据这一历史结论，"七一"讲话强调要继续推动中华民族伟大复兴，必须在新的历史起点上把中国特色社会主义伟大事业全面推向前进。

为了说明中国特色社会主义对于实现中华民族伟大复兴的意义，"七一"讲话无论在论述中国特色社会主义的道路、理论体系和制度时，还是在部署中国特色社会主义的政治、经济、文化、社会建设和其他重大工作时，总是突出它们与中华民族伟大复兴之间的关系。例如，在论述中国特色社会主义理论体系的来源和主要内容时，"七一"讲话强调：这一理论体系"是指导党和人民沿着中国特色社会主义道路实现中华民族伟大复兴的正确理论"。在论述必须继续牢牢扭住经济建设这个中心、坚定不移走科学发展道路时，"七一"讲话强调：只有以科学发展为主题，以加快转变经济发展方式为主线，才能"不断为全面建成小康社会、实现中华民族伟大复兴打下更为坚实的基础"。在论述要继续大力推动社会主义文化大发展大繁荣、坚定不移发展社会主义先进文化时，"七一"讲话强调：要推动社会主义精神文明和物质文明全面发展，"建设中华民族共有精神家园"；"要在全体人民中大力弘扬以爱国主义为核心的民族精神和以改革开放为核心的时代精神，增强民族自尊心、自信心、自豪感，激励全党全国各族人民为实现中华民族伟大复兴而团结奋斗"；要"推动中华文化走向世界，形成与我国国际地位相称的文化软实力，提高中华文化的国际影响力""在弘扬中华优秀传统文化的基础上创造出中华文化新的辉煌"。

坚持中国特色社会主义道路，最重要的是要把改革开放与四项基本原则、物质文明建设与精神文明建设结合在一起。邓小平同志曾反复强调："一个公有制占主体，一个共同富裕，这是我们所必须坚持的社会主义的根本原则。""社会主义有两个非常重要的方面，一是以公有制为主体，二是不搞两极分化。""共同致富，我们从改革一开始就讲，将来总有一天要成为中心课题。"① "中国搞资本主义行不通，只有搞社会主义，实现共同富裕，社会才能稳定，才能发展。"② 他还说："我们为社会主义奋斗，不但是因为社会主义有条件比资本主义更快地发展生产力，而且因为只有社会主义才能消除资本主义和其他剥削制度所必然产生的种种贪婪、腐败和不公正现象……不加强精神文明的建设，物质文明的建设也要受破坏，走弯路。"③ 我们要贯彻"七一"讲话精神，要在中国特色社会主义道路上实现中华民族的伟大复兴，就要坚持"公有制为主体、多种所有制经济共同发展的基本经济制度""加大收入分配调节力度，坚定不移走共同富裕道路""推动社会主义精神文明和物质文明全面发展"。否则，中国不可能有什么稳定局面，中华民族更谈不上什么伟大复兴，而只能重新陷入水深火热之中，连已有的成果也会丧失殆尽。

---

① 《邓小平文选》第3卷，人民出版社1993年版，第111、138、364页。

② 《邓小平年谱（1975—1997）》（下），中央文献出版社2004年版，第1312页。

③ 《邓小平文选》第3卷，人民出版社1993年版，第143—144页。

站在民族复兴的高度认识和履行党的历史使命／

三、履行中华民族伟大复兴的历史使命必须抓紧抓好党的自身建设

我们党作为新中国的执政党，作为领导中华民族复兴大业的核心力量，是中国近代历史和中国人民选择的结果。在今天的中国，没有任何一种政治力量能够取代我们党的领导地位。正因为如此，我们党如果不能搞好自身建设，在执政考验、改革开放考验、市场经济考验、外部环境考验面前打败仗，从而失去执政地位，中国势必天下大乱、四分五裂，中华民族的复兴大业势必半途而废、前功尽弃。正是基于这个考虑，"七一"讲话提出了一个极为鲜明的命题，即"办好中国的事情，关键在党"。

为了说明加强和改进党的建设对于中华民族复兴大业的关键性作用，"七一"讲话把在新的历史条件下提高党的建设科学化水平，放到实现中华民族伟大复兴的高度加以阐述。例如，在论述政治路线确定后干部就是决定因素时，讲话指出："中国特色社会主义道路能不能越走越宽广，中华民族能不能实现伟大复兴，要看能不能不断培养造就大批优秀人才，更要看能不能让各方面优秀人才脱颖而出、施展才华。"在谈到党的青年工作时，讲话也站在中华民族伟大复兴的高度来论述，一方面指出青年是祖国的未来、民族的希望，党和人民对青年寄予厚望；另一方面强调，青年要了解近代以来中国人民和中华民族不懈奋斗的光荣历史，永远热爱我们伟大的中华民族。这些分析告诉我们，能不能把党建设好，使广大党员特别是各级领导干部经受住"四大考验"；能不能使党赢得广大青年，使广大青年坚定理想信念，关系到党的执政地位能不能巩固，更关系到中华民族能不能实现伟大复兴。

抓紧抓好党的自身建设，最重要的是要教育广大党员特别是各

级领导干部和年轻干部，坚持党在社会主义初级阶段的基本路线不动摇。邓小平同志说过："要坚持党的十一届三中全会以来的路线、方针、政策，关键是坚持'一个中心、两个基本点'。""我们党的十一届三中全会决定实行开放政策，同时也要求刹住自由化的风，这是相互关联的问题……自由化的思想前几年有，现在也有，不仅社会上有，我们共产党内也有。""如果搞资产阶级自由化，就是再来一次折腾。""所以，要把我们的军队教育好，把我们的专政机构教育好，把共产党员教育好，把人民和青年教育好。中国要出问题，还是出在共产党内部……党的基本路线要管一百年，要长治久安，就要靠这一条。真正关系到大局的是这个事。"① 我们要贯彻"七一"讲话精神，就要像讲话所要求的那样，高举中国特色社会主义伟大旗帜，坚持和拓展中国特色社会主义道路，坚持和丰富中国特色社会主义理论体系，坚持和完善中国特色社会主义制度；以经济建设为中心，坚持四项基本原则，坚持改革开放。总之，坚持党的基本路线不动摇。

当前，世情、国情、党情发生了深刻变化，各种考验、挑战、风险既复杂又严峻、紧迫。面对新形势新任务，我们应当认真贯彻讲话精神，切实做到不停滞、不动摇、不懈怠、不折腾，不为任何风险所惧，不被任何干扰所惑。我们党已经通过 90 年奋斗历程使中华民族伟大复兴展现出前所未有的光明前景，只要牢记党的历史使命，继承老一辈无产阶级革命家和无数革命先烈，以及为中华民族独立和解放而顽强奋斗的所有先驱的遗志，团结带领全国各族人民继续奋斗，我们就一定能经受各种考验，克服一切挑战，战胜所有风险，使中华民族在 21 世纪中叶实现伟大复兴。

---

① 《邓小平文选》第 3 卷，人民出版社 1993 年版，第 370、124、197、380 页。

坚持党的基本路线一百年不动摇*

（2012年1月）

20 年前，邓小平同志在国内国际政治风波严峻考验的重大历史关头，以 88 岁高龄，前往南方视察并发表重要谈话（简称"南方谈话"）。这篇谈话深刻总结了改革开放 14 年的经验教训，是坚持党在社会主义初级阶段基本路线、创新中国特色社会主义理论的又一个宣言书，是中华人民共和国史，特别是改革开放史中一份十分重要的马克思主义的历史性文献，也是邓小平理论的集大成之作。常言道：温故而知新。在这篇谈话发表 20 周年之际，把它拿出来，结合 20 年的实践重新通读几遍，再次领会其中的精神实质和深刻内涵，不仅是对它的最好纪念，而且有助于我们正确认识和解决当前面临的各种复杂问题，继续把中国特色社会主义事业推向前进。

南方谈话开宗明义指出："要坚持党的十一届三中全会以来的路线、方针、政策，关键是坚持'一个中心、两个基本点'"；"不

---

* 本文曾刊于《毛泽东邓小平理论研究》2012 年第 3 期，标题为《坚持党的基本路线一百年不动摇——重温邓小平南方谈话》。收入本书时，作者作了删节修改。

坚持社会主义，不改革开放，不发展经济，不改善人民生活，只能是死路一条。基本路线要管一百年，动摇不得。"①谈话通篇既强调要抓住时机、加快发展，又要求讲求效益、稳步协调地发展；既强调改革开放胆子要大一些，又阐释改革开放必须坚持四项基本原则的道理。这就清楚地告诉我们，坚持"一个中心、两个基本点"的基本路线一百年不动摇，是南方谈话的核心思想。我们重温这篇谈话，就应当紧紧抓住它的核心思想，深刻领会和继续贯彻党"一个中心、两个基本点"的基本路线，全面理解和准确阐释"不坚持社会主义，不改革开放，不发展经济，不改善人民生活，只能是死路一条"的道理，切实做到坚持党的基本路线一百年不动摇。

南方谈话总共只有 8000 多字，但内容十分丰富。它围绕"基本路线一百年不动摇"这个核心思想展开，对涉及党和国家发展的一系列重要关系问题进行了全面的辩证的分析，从始至终贯穿着解放思想、实事求是的精神，体现着马克思主义的立场、观点和方法，直到今天对我们仍然有着重要的启示作用和指导意义。我们重温南方谈话，就要把对这些关系的分析作为研读重点，切实做到弄懂弄通。

一、关于不要怕资本主义的东西多了与必须坚持社会主义道路的关系

改革开放和坚持四项基本原则是党的基本路线中两个不可或缺的统一体，前者是强国之路，是我们党、我们国家发展进步的

---

① 《邓小平文选》第 3 卷，人民出版社 1993 年版，第 370—371 页。

活力源泉；后者是立国之本，是我们党、我们国家生存发展的政治基石，都关系到国家的兴衰成败。但改革开放以来，总有人自觉不自觉地要把这两个基本点割裂甚至对立起来，只讲其中的一个，而无视和否定另一个。被他们常常用作依据的是，邓小平同志在南方谈话中提出了所谓的"不问姓'社'姓'资'"。其实，只要认真看一下南方谈话的原文就会知道，邓小平同志讲的是："改革开放迈不开步子，不敢闯，说来说去就是怕资本主义的东西多了，走了资本主义道路。要害是姓'资'还是姓'社'的问题。"① 这里不但没有说"不问姓'社'姓'资'"，相反，就在这句话之后紧接着说："特区姓'社'不姓'资'。从深圳的情况看，公有制是主体"②。可见，所谓的"不问姓'社'姓'资'"，完全是对南方谈话的曲解。

自从改革开放以来，邓小平同志反复提醒我们要坚持社会主义道路、社会主义方向、社会主义原则，绝不能搞资本主义。他指出："我们搞四个现代化，是搞社会主义的四个现代化，不是搞别的现代化。"③ "在改革中坚持社会主义方向，这是一个很重要的问题。"④ "我们大陆坚持社会主义，不走资本主义的邪路。"⑤ "一个公有制占主体，一个共同富裕，这是我们所必须坚持的社会主义的根本原则。"⑥ 就在南方谈话中，他还强调："在整个改革开放

---

① 《邓小平文选》第 3 卷，人民出版社 1993 年版，第 372 页。

② 《邓小平文选》第 3 卷，人民出版社 1993 年版，第 372 页。

③ 《邓小平文选》第 3 卷，人民出版社 1993 年版，第 110 页。

④ 《邓小平文选》第 3 卷，人民出版社 1993 年版，第 138 页。

⑤ 《邓小平文选》第 3 卷，人民出版社 1993 年版，第 123 页。

⑥ 《邓小平文选》第 3 卷，人民出版社 1993 年版，第 111 页。

的过程中，必须始终注意坚持四项基本原则。"[1] 他还说过："如果不坚持这四项基本原则，纠正极左就会变成'纠正'马列主义，'纠正'社会主义。"[2] 这说明，邓小平所说的"要害是姓'资'还是姓'社'"，并非"不问姓'社'姓'资'"，而是要弄清楚什么是资本主义、什么是社会主义，找到正确判断社会主义的标准。在他看来，判断是否是社会主义的主要标准是，看公有制是否占主体，社会有没有两极分化；只要公有制占主体，走共同富裕的道路，就是社会主义。因此，他所说的"不要怕资本主义的东西多了、走了资本主义道路"是有前提的，这个前提就是坚持社会主义的方向和原则。而且，即使在这个前提下，也要是有利于发展社会主义社会的生产力、有利于增强社会主义国家的综合国力、有利于提高人民的生活水平的步骤，才能大胆试、大胆闯，并不是有的人所解释的无前提的"不怕"、无条件的"大胆"。

二、关于多搞一些"三资"企业与做强做大国有大中型企业的关系

南方谈话中在谈到不要怕资本主义的东西多了时，特别提出："多搞点'三资'企业，不要怕。"[3] 为什么不要怕呢？邓小平同志解释说："只要我们头脑清醒，就不怕。我们有优势，有国营大中型企业，有乡镇企业，更重要的是政权在我们手里。"[4] 他还以深圳为例，指出："从深圳的情况看，公有制是主体，外商投资只占

---

[1]《邓小平文选》第 3 卷，人民出版社 1993 年版，第 379 页。

[2]《邓小平文选》第 3 卷，人民出版社 1993 年版，第 137 页。

[3]《邓小平文选》第 3 卷，人民出版社 1993 年版，第 372—373 页。

[4]《邓小平文选》第 3 卷，人民出版社 1993 年版，第 373 页。

四分之一"。①　因此，他指出："'三资'企业受到我国整个政治、经济条件的制约，是社会主义经济的有益补充，归根到底是有利于社会主义的。"②　从这些论述中不难看出，邓小平之所以认为多搞一些"三资"企业不是发展资本主义而是社会主义经济的有益补充，除了讲到我国社会主义政权对"三资"企业的制约外，还讲到公有制占主体，特别是我国国有大中型企业对"三资"企业在经济上的制约。

我国《宪法》第 7 条规定："国有经济是社会主义全民所有制经济，是国民经济中的主导力量。"有了这样的国有经济，国民经济的命脉就可以控制在社会主义国家政权的手中，人民民主专政就有了坚实的经济基础，社会主义市场经济就有了强大的主力军，我国参与国际竞争就有了基本力量，"三资"企业唯利是图的消极作用就会被限制在可控的范围，有利于我国增加税收、安排就业、扩大海外市场、吸收国际上先进技术和管理经验等有益作用就会得到充分发挥。根据邓小平同志的这一分析，党中央后来陆续提出："公有制是我国社会主义经济制度的基础，非公有制经济是我国社会主义市场经济的重要组成部分。"③"毫不动摇地巩固和发展公有制经济，毫不动摇地鼓励、支持、引导非公有制经济发展"。"深化国有企业公司制股份制改革，健全现代企业制度，优化国有经济布局和结构，增强国有经济活力、控制力、影响力。"④　这些论述进一步深化了对包括国有大中型企业在内的公有制经济与包括"三资"企业在内的非公有制经济之间关系的认识，为我国国

---

①《邓小平文选》第 3 卷，人民出版社 1993 年版，第 372 页。

②《邓小平文选》第 3 卷，人民出版社 1993 年版，第 373 页。

③《十五大以来重要文献选编》上，人民出版社 2000 年版，第 685 页。

④《十七大以来重要文献选编》上，中央文献出版社 2009 年版，第 20 页。

民经济近 20 年的飞速发展提供了重要的理论支撑，同时也为今后国有经济、集体经济、私人经济、个体经济以及外资企业等多种经济成分的共同发展，奠定了坚实的理论基础。

三、关于社会主义也有市场与资本主义也有计划的关系

计划与市场的关系问题，是经济学特别是马克思主义经济学中的一对重要范畴。过去很长时间里，人们往往把它们与所有制联系在一起，认为市场经济只能建立在资本主义私有制基础之上，而社会主义公有制只能实行计划经济。我们党早在 20 世纪 50 年代就对这种认识有所突破，提出过"三个为主、三个为辅"的设想，不过由于种种原因而一直未能实行。改革开放后，我们党逐步摆脱了过去那种传统观念，陆续提出以计划经济为主、市场调节为辅，有计划的商品经济，计划经济与市场调节相结合等经济运行体制。但这些提法都未能从根本上解除把计划经济和市场经济看作属于社会基本经济制度范畴的思想束缚。直到邓小平在南方谈话中指出："计划多一点还是市场多一点，不是社会主义与资本主义的本质区别。计划经济不等于社会主义，资本主义也有计划；市场经济不等于资本主义，社会主义也有市场。计划和市场都是经济手段。"[1] 这才使人们在计划与市场关系问题的认识上有了新的重大突破。

根据南方谈话的论断，党的十四大把社会主义市场经济体制作为了经济体制改革的目标。在这种经济体制中，市场对资源配

---

① 《邓小平文选》第 3 卷，人民出版社 1993 年版，第 373 页。

置固然起基础性作用，但同时强调这种作用的发挥一定要置于国家宏观调控的前提之下，国家要运用经济政策、经济法规、计划指导和必要的行政管理，限制市场的弱点和消极方面，引导市场健康发展。可见，这种经济体制并不排斥计划，而是把市场和计划都当成经济手段。江泽民同志在十四大报告中指出："在建立社会主义市场经济体制的过程中，计划与市场两种手段相结合的范围、程度和形式，在不同时期、不同领域和不同地区可以有所不同"。① 他还说："国家计划是宏观调控的重要手段之一。建立社会主义市场经济体制，是要改革过去那种计划经济模式，但不是不要计划，就是西方市场经济国家也都很重视计划的作用。我们是社会主义国家，更有必要和可能正确运用必要的计划手段。"② 胡锦涛同志也说："发挥国家发展规划、计划、产业政策在宏观调控中的导向作用"。③ 这些论述充分体现了南方谈话中关于计划与市场辩证关系思想的精髓，对我们继续认识和处理好这对关系具有重要的指导意义。近些年，随着资本主义经济危机的深入，许多西方国家的民众和进步人士开始反思资本主义，一些西方政要和经济学家也开始质疑新自由主义，强调国家的作用，主张对市场和金融业加强监管。这从反面说明，社会主义市场经济把市场对资源配置的基础性作用置于国家宏观调控的前提之下，把国家计划作为宏观调控的重要手段之一，是完全符合商品经济条件下经济运行规律的，是计划与市场关系的最佳处理模式。如果说中国改革开放的成功有什么不同于其他转型经济体秘诀的话，不照搬西方放任自由的市场经济模式恐怕就是一个。

① 《江泽民文选》第 1 卷，人民出版社 2006 年版，第 228 页。

② 江泽民：《论社会主义市场经济》，中央文献出版社 2006 年版，第 31 页。

③ 《十七大以来重要文献选编》上，中央文献出版社 2009 年版，第 21 页。

四、关于让一部分人先富裕起来与共同富裕的关系

让一部分地区一部分人收入先多一些，生活先好起来，是邓小平同志在党的十一届三中全会上针对过去长期存在的平均主义现象提出的一个大政策。改革开放 30 年来，人们的积极性、创造性之所以得到充分发挥，创造财富的源泉之所以得到充分涌流，与实行这个大政策有着直接而密切的关联。然而，邓小平在提出这个大政策的同时就指出，提倡一部分人先富起来的目的，是"使整个国民经济不断地波浪式地向前发展，使全国各族人民都能比较快地富裕起来。"① 他在南方谈话中也说："共同富裕的构想是这样提出的：一部分地区有条件先发展起来，一部分地区发展慢点，先发展起来的地区带动后发展的地区，最终达到共同富裕。如果富的愈来愈富，穷的愈来愈穷，两极分化就会产生"。② 他还具体设想了今后先富带动后富的办法，即"先富起来的地区多交点利税"；并且提出了突出解决这个问题的时间应当在 20 世纪末"达到小康水平的时候"③。他把共同富裕进一步提高到社会主义本质特征之一的高度，指出："社会主义的本质，是解放生产力，发展生产力，消灭剥削，消除两极分化，最终达到共同富裕"；并说："走社会主义道路，就是要逐步实现共同富裕。"④ 在南方谈话之后，他把共富问题又与分配问题联系起来论述，反复强调这个问题的重要性。他指出："中国发展到一定的程度后，一定要考虑分配问题。……不同地区总会有一定的差距。这种差距

---

① 《邓小平文选》第 2 卷，人民出版社 1994 年版，第 152 页。

② 《邓小平文选》第 3 卷，人民出版社 1993 年版，第 373—374 页。

③ 《邓小平文选》第 3 卷，人民出版社 1993 年版，第 374 页。

④ 《邓小平文选》第 3 卷，人民出版社 1993 年版，第 373 页。

太小不行，太大也不行。如果仅仅是少数人富有，那就会落到资本主义去了。……我们的政策应该是既不能鼓励懒汉，又不能造成打'内仗'。"[1] "十二亿人口怎样实现富裕，富裕起来以后财富怎样分配，这都是大问题。……我们讲要防止两极分化，实际上两极分化自然出现。""过去我们讲先发展起来。现在看，发展起来以后的问题不比不发展时少。"[2]

近20年来城乡差别、区域差别、人群收入差别的逐步扩大，充分说明邓小平同志这些论述是富有远见的，是完全正确的。为了解决这个问题，党中央提出了构建社会主义和谐社会的历史性任务；要求初次分配和再分配时都要处理好效率和公平的关系，再分配时更要注重公平；决定提高居民收入在国民收入分配中的比重、劳动报酬在初次分配中的比重和低收入者的收入，并采取不断提高扶贫标准和最低工资标准的措施。所有这些，都是为了落实共同富裕的目标，已经和正在扭转收入分配差距不断扩大的趋势。

五、关于聚精会神抓经济建设与坚持"两手抓"的关系

自从党的十一届三中全会确立把党的工作重心转移到经济建设上来和实行改革开放总方针之后，邓小平同志就反复提醒全党要注意"两手抓"。早在1980年他就指出："我们要建设的社会主

---

① 《邓小平年谱（1975—1997）》（下），中央文献出版社2004年版，第1356—1357页。

② 《邓小平年谱（1975—1997）》（下），中央文献出版社2004年版，第1364页。

义国家，不但要有高度的物质文明，而且要有高度的精神文明。"①
以后他又提出要"两手抓"，一手抓建设，一手抓法制；一手抓改革开放，一手抓打击各种犯罪、抓惩治腐败、抓反对资产阶级自由化，而且两只手都要硬。为什么要"两手抓"、"两手硬"呢？用他的话说："离开了经济建设这个中心，就有丧失物质基础的危险。"②"但风气如果坏下去，经济搞成功又有什么意义？会在另一方面变质，反过来影响整个经济变质"。③然而，在实际工作中，物质文明这一手一直比较硬，而精神文明这一手往往比较软。对此，他多次提出批评。1985 年，他在党的全国代表会议上说："社会主义精神文明建设，很早就提出了。中央、地方和军队都做了不少工作，特别是群众中涌现了一大批先进人物，影响很好。不过就全国来看，至今效果还不够理想。主要是全党没有认真重视。"④1989 年政治风波过后，他在接见首都戒严部队军以上干部时又说："今天回头来看，出现了明显的不足，一手比较硬，一手比较软。一硬一软不相称"。⑤

在南方谈话中，邓小平同志用很大篇幅再次强调了"两手抓"的方针。他说："开放以后，一些腐朽的东西也跟着进来了，中国的一些地方也出现了丑恶的现象，如吸毒、嫖娼、经济犯罪等。要注意很好地抓，坚决取缔和打击，决不能任其发展。新中国成立以后，只花了三年时间，这些东西就一扫而光。吸鸦片烟、吃白面，世界上谁能消灭得了？国民党办不到，资本主义办不到。

① 《邓小平文选》第 2 卷，人民出版社 1994 年版，第 367 页。
② 《邓小平文选》第 2 卷，人民出版社 1994 年版，第 250 页。
③ 《邓小平文选》第 3 卷，人民出版社 1993 年版，第 154 页。
④ 《邓小平文选》第 3 卷，人民出版社 1993 年版，第 143 页。
⑤ 《邓小平文选》第 3 卷，人民出版社 1993 年版，第 306 页。

事实证明，共产党能够消灭丑恶的东西。""只要我们的生产力发展，保持一定的经济增长速度，坚持两手抓，社会主义精神文明建设就可以搞上去。"① 可见，抓住机遇、加快发展、发展是硬道理、改革开放胆子要大一些、看准了的要大胆试大胆闯，这些是南方谈话的精神；坚持物质文明建设和精神文明建设"两手抓"、反对腐败、反对资产阶级自由化、反对社会丑恶现象，这些同样是南方谈话的精神。那种仅仅把发展理解为经济发展的观念，或者仅仅把物质文明发展当成硬道理而忽视甚至认为可以牺牲精神文明的观念，都是违背南方谈话精神的，都不是邓小平理论。

六、关于不搞争论与反对资产阶级自由化的关系

邓小平同志在南方谈话中有一个重要观点，就是不搞争论。但不搞争论指的是什么呢？有人说，邓小平同志说的不搞争论，就是在意识形态问题上不要争论，在搞社会主义还是搞资本主义的问题上不要争论。果真如此吗？只要认真看看南方谈话原文就清楚了。在南方谈话中，邓小平同志提出不搞争论，是在讲到证券、股市这些东西究竟好不好，有没有危险，是不是资本主义独有的东西，社会主义能不能用，允许看，但要坚决地试这些话之后。他说："不搞争论，是我的一个发明。"② "对改革开放，一开始就有不同意见，这是正常的。""我们推行三中全会以来的路线、方针、政策，不搞强迫，不搞运动，愿意干就干，干多少是多少，这样慢慢就跟上来了。""不争论，是为了争取时间干。一争论就复杂了，把时间都争掉了，什么也干不成。不争论，大胆地试，大胆地闯。农村改

①《邓小平文选》第 3 卷，人民出版社 1993 年版，第 379 页。

②《邓小平文选》第 3 卷，人民出版社 1993 年版，第 374 页。

革是如此，城市改革也应如此。"①从这些话中不难看出，邓小平同志说的不搞争论，是针对改革开放中一些具体举措而言的，目的在于争取时间，以免事情还没办，先争论不休，结果丧失时机。这个方针对不对呢？完全对。因为它符合人的认识规律，符合马克思主义"实践第一"的观点，符合我们在工作中的经验。但从这些话中能否找出在意识形态问题、在走社会主义还是走资本主义道路问题上也不争论的意思呢？完全找不出，连影子都没有。相反，从南方谈话中却可以看到很多关于改革开放必须坚持四项基本原则和反对资产阶级自由化、反对和平演变的论述。比如说："在整个改革开放的过程中，必须始终坚持四项基本原则。"再如说："十二届六中全会我提出反对资产阶级自由化还要搞二十年，现在看起来还不止二十年。资产阶级自由化泛滥，后果极其严重。特区搞建设，花了十几年时间才有这个样子，垮起来可是一夜之间啊。"②再如说："帝国主义搞和平演变，把希望寄托在我们以后的几代人身上。"③什么叫资产阶级自由化？按照邓小平同志的解释，资产阶级自由化就是"崇拜西方资本主义国家的'民主'、'自由'，否定社会主义"④；"就是要把我们中国现行的政策引导到走资本主义道路"。⑤什么叫和平演变？邓小平同志也有一个解释，就是西方政治家所说的"打一场无硝烟的世界大战"⑥，"所谓没有硝烟，就是要社会主义国家和平演

---

① 《邓小平文选》第 3 卷，人民出版社 1993 年版，第 374—375 页。

② 《邓小平文选》第 3 卷，人民出版社 1993 年版，第 379 页。

③ 《邓小平文选》第 3 卷，人民出版社 1993 年版，第 380 页。

④ 《邓小平文选》第 3 卷，人民出版社 1993 年版，第 123 页。

⑤ 《邓小平文选》第 3 卷，人民出版社 1993 年版，第 181 页。

⑥ 《邓小平文选》第 3 卷，人民出版社 1993 年版，第 325—326 页。

变。"① 这说明，资产阶级自由化也好，帝国主义的和平演变也罢，无非妄图从内外两方面夹击社会主义的中国，把中国引导到资本主义道路上去。

邓小平同志一再强调，对资产阶级自由化"不能让步。这个斗争将贯穿在实现四化的整个过程中，不仅本世纪内要进行，下个世纪还要继续进行。"② 他说："要搞四个现代化，要实行开放政策，就不能搞资产阶级自由化。自由化的思想前几年有，现在也有，不仅社会上有，我们共产党内也有。自由化思潮一发展，我们的事业就会被冲乱。"③ 他对一些人见到错误观点充耳不闻、听之任之的态度提出尖锐批评，说严重的问题在于对于不正确的观点、错误的思潮，甚至对于一些明目张胆地反对党的领导、反对社会主义的观点，"在报刊上以及党内生活中，都很少有人挺身而出进行严肃的思想斗争。"④ 可见，他说的不搞争论，不是指在意识形态问题上、改革开放方向问题上不争论。在这些问题上，他不仅主张要坚决斗争，而且直接用过"争论"这个词。他说："某些人所谓的改革，应该换个名字，叫作自由化，即资本主义化。他们'改革'的中心是资本主义化。我们讲的改革与他们不同，这个问题还要继续争论的。"⑤ 当然，这里说的争论，与"文化大革命"中的大批判不同，是要摆事实、讲道理、以理服人的。但无论如何，不是"不争论""不交火"、高挂"免战牌"。可见，那种把南方谈话中关于在改革开放具体举措问题上不搞争论的主张解释为意识

①《邓小平文选》第3卷，人民出版社1993年版，第344页。

②《邓小平文选》第3卷，人民出版社1993年版，第204页。

③《邓小平文选》第3卷，人民出版社1993年版，第124页。

④《邓小平文选》第2卷，人民出版社1994年版，第365页。

⑤《邓小平文选》第3卷，人民出版社1993年版，第297页。

形态问题上"不争论"的方针，是对南方谈话的误读，也是违背邓小平理论的。

七、关于坚持党的基本路线与培养接班人的关系

"正确的政治路线要靠正确的组织路线来保证"①,这是我们党的一条重要经验，也是党的建设的一个基本观点。邓小平同志在南方谈话中重申了这个观点，并且旗帜鲜明地提出："中国的事情能不能办好，社会主义和改革开放能不能坚持，经济能不能快一点发展起来，国家能不能长治久安，从一定意义上说，关键在人。""中国要出问题，还是出在共产党内部。"② 因此，"关键是我们共产党内部要搞好，不出事"。③ 他的这一论断，不仅是从共产党实行民主集中制体制的实际出发而作出的，也是从苏联解体、东欧剧变和中国改革开放后两任总书记在"反对资产阶级自由化的问题上栽跟头"④ 的教训中总结出来的。苏联作为一个成立 70 多年的社会主义大国，苏联共产党作为一个拥有 80 多年历史和一千多万党员的工人阶级政党，为什么会在一夜之间垮台？原因可以说出很多，但不可否认，苏共中央特别是主要领导人出问题，是其中最关键的原因。

根据《哥达纲领批判》的分析和社会主义运动的经验，社会主义是一种由资本主义向共产主义过渡形式的社会。因此，在这种社会必然会始终存在向共产主义前进的力量和退回到资本主义的力量。前者力量大，社会主义制度就稳固；后者力量大，社会主义制

① 《邓小平文选》第 3 卷，人民出版社 1993 年版，第 380 页。

② 《邓小平文选》第 3 卷，人民出版社 1993 年版，第 380 页。

③ 《邓小平文选》第 3 卷，人民出版社 1993 年版，第 381 页。

④ 《邓小平文选》第 3 卷，人民出版社 1993 年版，第 380 页。

度就可能被颠覆。在这两种力量较量中起决定作用的，只能是执政的共产党，特别是它的中央。邓小平同志在"八九风波"过后不久就说过："中国问题的关键在于共产党要有一个好的政治局，特别是好的政治局常委会。只要这个环节不发生问题，中国就稳如泰山。"①"如果中央自己乱了阵脚，那就难说了。这是最关键的问题。"正是从这个认识出发，他在南方谈话中提出："要注意培养人，要按照'革命化、年轻化、知识化、专业化'的标准，选拔德才兼备的人进班子。"同时"要把我们的军队教育好，把我们的专政机构教育好，把共产党员教育好，把人民和青年教育好。"②他告诫我们："党的基本路线要管一百年，要长治久安，就要靠这一条。真正关系到大局的是这个事。"③"十一届三中全会确立的这条中国的发展路线，是否能够坚持得住，要靠大家努力，特别是要教育后代。"④他的这些论述，抓住了无产阶级政党和社会主义国家立于不败之地的根本，对于我们党经受住长期执政、市场经济和对外开放的考验，对于我们国家不改变颜色，具有至关重要的意义。邓小平同志等老一辈革命家相继辞世后，我们党之所以仍然能够带领人民从容应对一个又一个关系我国主权和安全的国际突发事件，战胜一个又一个政治和经济领域出现的风险，原因固然有很多，但关键原因就在于，党中央的领导权始终牢牢掌握在马克思主义者手里。只要有了这一条，加上把党员、人民、青年教育好，今后无论有什么样的风浪、风浪有多大，我们党都会带领人民不断把中国特色社会主义事业推向前进。

---

① 《邓小平文选》第 3 卷，人民出版社 1993 年版，第 365 页。
② 《邓小平文选》第 3 卷，人民出版社 1993 年版，第 380 页。
③ 《邓小平文选》第 3 卷，人民出版社 1993 年版，第 380 页。
④ 《邓小平文选》第 3 卷，人民出版社 1993 年版，第 381 页。

八、关于社会主义道路的长期性、曲折性和社会主义代替资本主义的历史总趋势的关系

南方谈话有一个十分鲜明的特点，就是通篇既对社会主义道路的长期性、曲折性保持清醒，又对这条道路的最后胜利充满自信；不仅强调社会主义国家遭遇挫折是难以完全避免的规律性现象，而且强调社会主义经过曲折必然代替资本主义是人类社会由低级向高级发展的根本规律。邓小平同志说："我们搞社会主义才几十年，还处在初级阶段。巩固和发展社会主义制度，还需要一个很长的历史阶段，需要我们几代人、十几代人，甚至几十代人坚持不懈地努力奋斗，决不能掉以轻心。"[1] 为什么需要这么长时间？除了我国人口多、底子薄、经济起点低、相对资源少，以及"搞社会主义才几十年，还处在初级阶段"等特殊原因外，他在这里还提到一个带有普遍性的原因，那就是"刚刚掌握政权的新兴阶级，一般来说，总是弱于敌对阶级的力量"。[2] 他这里所说的敌对阶级，不仅限于国内，而是把它放在整个国际大背景下来看的。当年列宁在分析无产阶级推翻资产阶级之后很长时期内依然比资产阶级弱一些的原因时就说过，"因为资产阶级有很广泛的国际联系"[3]，"在于国际资本的力量"，"在于它的各种国际联系牢固有力"[4]。邓小平同志说，我们平息"八九风波"之后，巴黎七国首脑会议"决定制裁中国，他们使用经济手段，也使用政治手段，如高级官员不接触"。"建国以后，

---

[1]《邓小平文选》第 3 卷，人民出版社 1993 年版，第 379—380 页。

[2]《邓小平文选》第 3 卷，人民出版社 1993 年版，第 379 页。

[3]《列宁选集》第 4 卷，人民出版社 1995 年版，第 179 页。

[4]《列宁选集》第 4 卷，人民出版社 1995 年版，第 135 页。

我们处于被孤立、被封锁、被制裁的地位有几十年之久。"① 正是从这个事实出发，邓小平同志与那种"社会主义速胜论"的观点划清了界限。他认为，社会主义要"经历一个长过程"，要经过"几代人、十几代人，甚至几十代坚持不懈地努力奋斗"②，而且"道路是曲折的"，"某种暂时复辟也是难以完全避免的"③。

另一方面，邓小平同志在南方谈话中对那种"共产主义渺茫论"的观点也进行了批驳。首先，他强调，正因为敌对阶级的力量在一段时间里比较强大，所以才必须"依靠无产阶级专政保卫社会主义制度"④。他指出："马克思说过，阶级斗争学说不是他的发明，真正的发明是关于无产阶级专政的理论。"⑤ "运用人民民主专政的力量，巩固人民的政权，是正义的事情，没有什么输理的地方。"⑥ 他还主张，对西方国家的制裁、威胁不能示弱，说"你越怕，越示弱，人家劲头就越大。并不因为你软了人家就对你好一些，反倒是你软了人家看不起你。"⑦ 其次，他认为"一些国家出现严重曲折，社会主义好像被削弱了，但人民经受锻炼，从中吸取教训，将促使社会主义向着更加健康的方向发展。"⑧ 再次，他认为，"封建社会代替奴隶社会，资本主义代替封建主义，社会主义经历一个长过程发展后必然代替资本主义。这是社会历史发展不可逆转的总趋

---

① 《邓小平文选》第 3 卷，人民出版社 1993 年版，第 329 页。

② 《邓小平文选》第 3 卷，人民出版社 1993 年版，第 379—380 页。

③ 《邓小平文选》第 3 卷，人民出版社 1993 年版，第 383 页。

④ 《邓小平文选》第 3 卷，人民出版社 1993 年版，第 379 页。

⑤ 《邓小平文选》第 3 卷，人民出版社 1993 年版，第 379 页。

⑥ 《邓小平文选》第 3 卷，人民出版社 1993 年版，第 379 页。

⑦ 《邓小平文选》第 3 卷，人民出版社 1993 年版，第 320 页。

⑧ 《邓小平文选》第 3 卷，人民出版社 1993 年版，第 383 页。

势"①。在谈话临近结尾时,他充满信心地指出:"马克思主义是打不倒的"②,"因为马克思主义的真理颠扑不破。"③"我坚信,世界上赞成马克思主义的人会多起来的,因为马克思主义是科学。"④"不要认为马克思主义就消失了,没用了,失败了。哪有这回事!"⑤

读了这些话,让人不禁想起当年苏联解体之后,一些西方资产阶级学者欣喜若狂,马上断言"历史终结了","资本主义最终胜利了"。但曾几何时,社会主义中国的经济总量由世界第7位上升到第2位,而资本主义世界的金融危机却一再爆发,并且不断蔓延、日益加深;人们对资本主义制度的质疑声越来越大,而马克思、恩格斯的著作却在资本主义国家不断再版,成为热销书。所有这些,难道不正是对邓小平同志科学预言的最好注脚吗?

南方谈话发表至今,国际形势发生了广泛而深刻的变化,当代中国也发生了广泛而深刻的变革。党的十七大以来,党中央对南方谈话的精神在继承的同时又有了许多新的发展。例如,提出坚持发展是硬道理的本质要求就是坚持科学发展;把文化繁荣发展作为坚持发展是硬道理的重要内容;更加注重以人为本,更加注重全面协调可持续发展,更加注重统筹兼顾;坚持稳中求进,保持经济平稳较快发展;把扩大内需的重点更多放在保障和改善民生上来,等等。我们纪念南方谈话发表20周年,应当同时深刻领会和认真贯彻党中央从新的实际出发而提出的一系列新方针、制定的一系列新政策、作出的一系列新决策。这同样是对邓小平南方谈话的最好纪念。

---

① 《邓小平文选》第3卷,人民出版社1993年版,第382—383页。

② 《邓小平文选》第3卷,人民出版社1993年版,第382页。

③ 《邓小平文选》第3卷,人民出版社1993年版,第382页。

④ 《邓小平文选》第3卷,人民出版社1993年版,第382页。

⑤ 《邓小平文选》第3卷,人民出版社1993年版,第383页。

如何观察当代中国*

（2012年7月）

当代中国的国情异常丰富，本文只从观察当代中国的基本方法入手，谈谈几点认识。

一、历史地观察当代中国

一个国家和一个人一样，其所以是这样而不是别的样子，都与自己成长的历史有密切关系。因此，要真正了解当代中国，不仅要看新中国成立至今的历史，也要看她成立以前特别是近代以来的历史。

中国是一个历史悠久、地域辽阔、人口众多、物产丰富、文化灿烂的文明古国。在有文字记载的 3000 多年的历史长河中，中国虽然曾多次出现分裂、割据局面，但统一始终是主流。在很长时期里，中国也一直是一个经济上的强国、大国。据英国经济历史学家

＊ 本文是作者为中国社会科学院研究生院发展中国家学员授课的讲稿，刊发于《红旗文稿》2012 年第 18 期。

麦迪逊计算，从公元 1 世纪到 19 世纪 20 年代以前，中国经济总量一直处于世界第一，约占世界的 1/3。但自从 18 世纪后半叶欧美各国掀起工业革命高潮开始，中国逐渐落伍。1840 年英国发动第一次鸦片战争以后，中国更是逐步沦入半殖民地半封建的悲惨境地。

面对西方列强的不断入侵和清王朝的专制、腐朽，中国的有识之士和人民群众进行了持续的反抗，这些反抗虽然动摇并最终推翻了清王朝的统治，但没有赶走帝国主义，也没有打倒封建势力，因而未能解决中国独立与富强的问题。直到 1921 年中国共产党成立，中国人民才找到了一条正确的道路，并通过 28 年的新民主主义革命，推翻了帝国主义、封建势力和官僚买办资产阶级的联合专政，建立了工人阶级领导、以工农联盟为基础的人民民主专政的中华人民共和国，实现了国家的独立、统一和各民族的大团结，为中国由农业国变为工业国扫清了政治障碍。

新中国成立后，没有选择西方国家普遍实行的多党制、议会制，也没有实行苏联那样的一党制和联邦制，而是建立了人民代表大会制和中国共产党领导的多党合作和政治协商制、民族区域自治制、基层民主制度等基本政治制度。面对国内资金的匮乏、农业生产力的低下、工业基础的落后、科技人才的奇缺，以及以美国为首的帝国主义国家的军事威胁、经济封锁，以毛泽东同志为核心的新中国第一代领导人，抓住苏联答应全面援助中国工业化建设的机遇，选择优先发展重工业的战略，并为此放弃了新中国成立之初原本打算实行较长时间的新民主主义政策，决定实行计划经济体制，以及农业的合作化和工商业的国有化、集体化，提前向社会主义过渡，从而把有限的资金、物资、科技人才等资源集中用于大规模的工业化基本建设，使中国在较短时间内建立了独立的比较完整的工业体系和国民经济体系。

计划经济体制在实行过程中也暴露了企业缺少自主权、产销互不见面、对市场反应不灵活等弊端，为此，新中国从 20 世纪 50 年代中期便提出要探索适合自己特点的建设社会主义道路。但由于当时在指导思想上犯了"左"的错误，盲目追求经济建设的高速度和所有制的公有程度，使这种探索一度走偏方向，导致"大跃进"和"文化大革命"的错误。1978 年，以邓小平同志为核心的新中国第二代领导人，根据国际国内形势的变化，主动纠正了前一阶段的错误，积极推行经济体制改革和对外开放的政策，在计划经济体制中加入了市场调节的成分，在农村集体经济的基础上实行了家庭联产承包制和土地承包制，允许个体、私营经济的发展，吸引国外直接或间接的投资，并兴建了经济特区，开放了沿海、沿江、沿边城市。

1992 年，以江泽民同志为核心的新中国第三代领导集体，决定建立社会主义市场经济体制，让市场对资源配置起基础性作用，让个体、私营经济与公有制经济共同发展。目前，中国规模以上工业企业中，国有及国有控股、外商及港澳台投资、私营这三种不同类型的企业，单位数占总数比分别为 5%、20% 左右和 50% 多，主营业务收入占总数比各为 20% 多，从业人员平均数占总数比分别为 20%、30% 多和 30% 多；商品价格形成由市场决定的部分，在零售、农产品收购、生产资料出厂这三个环节中，均占 90% 以上；资本、劳动力、技术等生产要素市场已基本形成。事实说明，中国现有的经济体制同计划经济体制时期相比，发生了巨大变化。但是，这种经济体制不同于资本主义国家建立在私有制基础之上的自由市场经济，其中的社会主义全民所有制经济即国有经济，仍然是国民经济中的主导力量，控制国民经济的命脉；国家对于市场的活动，仍然进行着宏观指导和调控，而且计划调节仍然是国家宏观调控的重要手段。

在政治体制方面，中国近 30 多年里也发生了深刻变化。例如，改变了过去党对政府和社会事务包揽过多、权力过分集中于党的各级领导机关的现象，实行了党政职能的适当分开和政企分开、政资分开，扩大了党内民主、人民民主和基层群众自治范围，推行了差额选举制、政务公开制，部分县乡试行了直选制；加强了对权力的制约和监督，实行了领导干部的任期制、退休制、问责制、辞职制、审计制，建立了重大事项的报告制、质询制、听证制；实施了依法治国的方略，截至 2011 年底，除宪法外，制定了现行有效法律 239 部、行政法规 714 件，地方性法规、自治条例、单行条例 8921 件。事实说明，中国自改革开放以来，政治体制改革不但没有停步，而且取得了重大成果，与经济体制改革相比并不滞后。可以肯定，这一改革和民主政治建设还会继续深化和推进，但其目标仍将是社会主义制度的自我完善，原则仍将是坚持中国共产党领导、人民当家作主、依法治国的有机统一，前提仍将是有利于政局稳定、人民团结、经济发展、生活改善。中国过去没有今后也不会照搬西方的多党轮流执政、三权鼎立的制度。因为这些制度并不适合中国国情，如果生搬硬套，不仅不会给中国人民带来真正的民主，不会解决腐败问题，相反却会引发政局动荡，造成社会混乱、国家分裂、内战爆发、难民成群，使已有的发展成果丧失殆尽，最终退回到被外国势力瓜分的时代。这种结果对中国是一场灾难，对世界也必将是一场灾难。

二、全面地观察当代中国

我们看一个人，既要看他的优点、长处，也要看他的缺点、不足；既要看他在不同成长时期的区别，也要看这些不同时期的联系。看一个国家同样应当如此，否则就会像寓言说的盲人摸象那样，仅仅摸到大象的一只耳朵或大腿，便以为那是整个大象。

当代中国的历史从 1949 年算起，至今已过去 60 多年。在这段时间里，可以以 1978 年党的十一届三中全会为界，分为改革开放前后两个时期。我们一方面要看到改革开放后经济的高速发展和人民生活水平的大幅度提高，另一方面，又要看到改革开放前经济建设和人民节衣缩食对改革开放后发展的基础性作用和贡献；一方面要看到 60 多年来中国在各个领域取得的巨大成就，另一方面，又要看到当前还存在许多严重的缺陷和问题。

1. 当代中国取得了中国历史上无与伦比的辉煌成就

首先，看新中国成立至改革开放之前的 29 年。这 29 年不仅远远超过了旧中国上百年的发展，而且在某些领域大大缩小了中国与发达国家的差距。比如，在经济增长率和固定资产积累方面。新中国成立时，从官僚买办资产阶级手中没收的固定资产仅有 112 亿元；1956 年对资本主义工商业改造时，从民族资本家手中赎买的固定资产不足 20 亿元，二者相加 132 亿元。中国人民就是靠这点家当，在内缺资金、人才、资源、经验，外有西方经济封锁的情况下，发扬自力更生、艰苦奋斗的精神，通过连续 5 个五年计划建设（仅在初期得到苏联一些援助），使 1952—1978 年的工农业总产值年均增长 8.2%（如果按 GDP 计算，有权威统计学家认为年均增长率为 7.3%），工业总产值年均增长 11.4%；基本建设投资 6440 亿元，累计新增固定资产比 1949 年增加了 56.3 倍。在工农业产品方面。1978 年，新中国的钢产量达到 3200 万吨，比旧中国最高年份产量增长 35 倍；与英国相比，由相差 99 倍变为超过其 1200 万吨；与美国相比，差距由 438 倍缩小为 2.7 倍。发电量达到 2566 亿千瓦小时，比旧中国最高年份增长 43 倍；与英国相比，由相差 13 倍变为大体持平；与美国相比，差距由 80 倍缩小为 8 倍。石油产量由旧中国最高年份的 32 万吨提高到 1 亿吨，做到了自给自足。粮食产量由旧中国最高年份的 1.4 亿吨提高到 3 亿吨，增长了 1 倍多。

其次，看改革开放后的 33 年。这 33 年，中国发展速度比前 29 年更快，出现了举世瞩目的"中国奇迹"。在经济增长率和经济总量方面，1978—2011 年，中国的 GDP 年均增长 9.8%；经济总量达到约 7.5 万亿美元，占世界经济的份额由 1.8% 提高至 10%，在世界上的排位由第 10 位升至第 2 位。在工农业产品方面，1978—2011 年，钢的年产量增长 21 倍，原煤的年产量增长 5.8 倍，年发电量增长 18 倍，粮食年产量增长 90%（由 3 亿吨增加到 5.7 亿吨），肉类年产量增长 9 倍（由 856 万吨增加到 7960 万吨），均处于世界第一或第二位。在其他方面同样可以列出很多。

2. 当代中国在发展中仍然存在许多严重问题

首先，按人均计算，各项发展指标都偏低。中国目前有 13.47 亿人，任何一个数乘以 13 亿都会变得很大，相反，除以 13 亿也会变得很小。例如，2011 年中国人均 GDP 为 5000 多美元，仅为世界人均的一半，发达国家人均的 1/10 左右；在世界 213 个国家和地区排名中，居 100 位左右，只相当于中低收入国家，不如许多发展中国家，如利比亚、加蓬、南非、墨西哥、乌拉圭、智利、阿根廷、委内瑞拉等。按照联合国开发计划署 2010 年的报告，中国的人文发展指数也排在第 89 位，不如毛里求斯。许多工农业产品按人均计算也都很低。例如，2011 年钢的人均产量只有 500 公斤，相当于日本、韩国的一半；粮食人均产量 420 公斤，也低于世界人均 450 公斤的水平。

其次，发展存在着粗放和不平衡的问题。经济增长方式粗放的主要表现是，质量、效益不够高，资源、环境、生态代价过大。发展不平衡的主要表现是，工资性收入在国民生产总值中占比过低，由 1978 年的 15.6% 降为 2010 年的 11.8%；城乡之间、东西部地区之间和高低收入人群之间的差别都有扩大趋势，其中城乡居民人均收入差别由 1978 年的 2.5∶1 扩大到 2011 年的 3.13∶1。世界银行、亚洲开发银行和中国社会科学院公布的数据都显示，中国基尼系数已超过作为警戒线的 0.45。另外，社会保障体系仍然很不健全，保障水平也很低。

第三，科技创新能力不足。据世界银行对各国研究与开发经费支出占 GDP 比重的统计，中国 2010 年为 1.7%（2015 年预计为 2.2%），远远低于发达国家。现在，许多中国制造的机电产品，核心技术仍然掌握在外国人手里，就连出口服装和鞋等技术含量低的产品，大部分品牌也是外国的。这不仅制约中国今天的发展，也影响今后发展的潜力。

第四，人口、资源、环境对发展的约束越来越大。目前人口中性别比和老龄化的问题突出。另外，随着城市化、工业化的高速发展，人均耕地、水资源和生态环境的压力日趋加大。中国人均二氧化碳排放量虽然低于发达国家，甚至低于世界人均数，但绝对量处于全球第一二位，无论从自身利益还是全人类利益出发，都必须大力推动低碳经济。所有这些，对于尚处于工业化中期的中国来说，无疑也是一种发展的制约因素。

以上说明，中国经济总量在世界上虽然已经排在了前列，但综合国力还较弱，有待解决的问题一大堆，仍然处于并将长期处于社会主义初级阶段的基本国情没有变，仍然是世界上最大的发展中国家的国际地位也没有变。因此，中国当前乃至今后相当长时间里的主要任务，仍然是自身的发展。

同时要看到，以为中国为了一心一意谋发展就会吞下任何侵害其核心利益的苦果，也是对中国的误判。中国近代和当代历史都表明，中国从来没有威胁和欺负过别人而总是被别人所威胁和欺负。从当代中国一贯奉行的和平外交政策可以看出，即使中国今后强大起来了，也绝不会以强凌弱。但另一方面，自从新中国成立以来，中国就不再惧怕别人威胁了，在涉及领土、主权的问题上从来没有退让过。如果有人想乘机侵害中国的领土和主权，是绝不可能得逞的。

三、发展地观察当代中国

我们从不隐讳中国存在着继续发展的制约因素，而且清醒地看到，在前进道路上除了本身具有的障碍以外，还有外部霸权主义的遏制，有国内外各种敌对势力的干扰破坏。但是，客观分析一下就会知道，中国同时也存在着与这些制约因素相抗衡的因素，而且后者的力量更大。

首先，当代中国具有继续发展的制度优势。

现在世界到处都在热议"中国道路""中国模式""北京共识"。人类的发展道路具有多样性，可以也应当相互借鉴，但不存在"普适"的模式。我们不赞成中国照搬别国经验，也不赞成别国照搬中国经验。如果说有一个"中国模式"，这个模式只能是社会主义制度中的一种模式。如果说有一条"中国道路"，这条道路只能是中国特色社会主义道路。如果说这条道路具有"普适"的意义，这个意义只能是马克思主义的普遍真理与本国具体情况相结合。有人说"中国模式"是"一党执政加市场经济"，这种理解不符合事实。中国发展速度之所以那么快，在最近世界经济危机中受到的冲击之所以比较小，并不是由于中国只有一个党执政，更不是由于这个党实行专制制度，而是由于这个党是一个以马克思主义科学理论为指导、以为人民服务为宗旨、以民主集中制为制度的党；并不是由于中国实行了市场经济，而是由于这个市场经济是在以市场为配置资源基础的同时，服从于国家的宏观控制，并以公有制和按劳分配为主体。就是说，中国走的是一条中国特色社会主义的道路，实行的是一种中国特色社会主义的制度。事实说明，这条道路和这种制度，既有利于调动人的积极性，有利于让一切劳动、知识、技术、管理和资本的活力竞相迸发，让一切创造社会财富的源泉充分涌流，又有利于提高决策的效率，有利于集中力量办大事，有利于社会各种利益群体的总体和谐，有利于各个民族、各种信仰的人在祖国统一、民族复兴大业基础上的大团结。这条道路和这种制度已经保证了当代中国过去30多年的发展，也一定可以保证今后的发展。

其次，当代中国具有有利于它继续发展的科学指导思想。

当代中国的指导思想主要来源于马克思主义基本原理与中国实际情况相结合的产物——毛泽东思想、邓小平理论、"三个代表"重要思想，以及科学发展观。科学发展观是以胡锦涛同志为总书记的中共中央在进入21世纪后，针对我国经济社会发展面临的新形势、新矛盾和新问题而提出的。它的要点是在坚持以经济建设为中心的前提下，更加突出发展的目的是满足人民日益增长的物质文化需要，发展的成果由人民共享，走共同富裕的道路；使经济建设与政治建设、文化建设、社会建设四位一体，全面推进；实现速度和经济结构、质量、效益相统一，经济发展与人口、资源、环境相协调；统筹城乡发展、区域发展、经济社会发展、人与自然和谐发展、国内发展和对外开放，统筹中央和地方关系，统筹个人和集体利益、局部和整体利益、当前和长远利益。这个指导思想所针对的，正是中国发展中已经出现和将要出现的各种问题。可以预见，只要把这个指导思想落到实处，中国发展道路上的障碍一定会得到有效的克服和抑制，中国的发展一定会实现可持续。

第三，当代中国拥有真心拥护中国共产党、热爱祖国、勤劳节俭、自强不息的 13 亿人民。

中国共产党是当代中国的执政党，因此，人们对生活的任何不满，都有可能归咎于中国共产党的领导。特别是由于中国共产党处于长期执政、市场经济、全面开放的环境下，难免出现官僚主义和官员腐败问题，更会引起群众的不满。但是，中国共产党有全心全意为人民服务的宗旨，有与人民群众长期共同奋斗的历史，有自我批评和不断清理自身污点的传统。为了保证与人民群众的血肉联系，中国共产党自执政以来，曾连续不断地开展过各种整风运动；改革开放以来，几乎每隔几年也要在全党范围开展一次自我教育活动，建立惩治和预防腐败的体系。当前，党中央正在针对社会管理领域存在的问题，提出加强和创新社会管理、建设社会主义和谐社会的任务，努力探索在市场经济条件下正确处理人民内部矛盾的路径和方法。

绝大多数中国人，对于中国共产党努力为人民服务的成效和认真清理自身蛀虫的态度是认同的。因此，他们对党和政府的工作尽管有这样或那样的意见，但总体上是充分信任的，对党和政府的各种号召也是积极响应的。目前，我国有 8000 多万共产党员，其中，35 岁以下的人约占 1/4，高校中的学生党员约占在校学生总数的 1/10，每年入党的学生党员约占全国新党员的 1/3。持续了 20 年的一项高校学生问卷调查显示，有入党意愿的人近 80%，对党的执政能力增强和中国特色社会主义事业发展持乐观态度的人分别占89.6% 和 98.1%。这说明，中国共产党不仅在普通民众中受欢迎，在年轻人中也是受拥护的。只要有这样的党和政府，有这样的人民，中国就会有向心力、凝聚力、创造力和发展潜力，中国前进的步伐就不会停顿。

第四，当代中国拥有总体和谐的国际关系和良好的国际形象。

中国近代以来曾有过受尽欺凌、侮辱的历史，与世界上各被压迫民族有着共同的命运和感受。新中国成立不久，周恩来同志便同印度、缅甸的领导人提出著名的和平共处五项原则，又在印尼万隆召开的亚非29国首脑会议上提出求同存异、加强团结的方针，赢得了国际社会的广泛赞誉。此后，中国始终支持亚非拉民族解放运动。最近30多年来，中国作为维护世界和平的坚定力量，继续坚持把中国人民的利益同各国人民的利益结合起来，秉持公道，伸张正义，坚持国家不分大小、强弱、贫富一律平等，尊重各国人民自己选择发展道路的权利；坚持走和平发展的道路，奉行互利共赢的战略，不以意识形态处理国与国的关系，不干涉别国内部事务，反对任何形式的霸权主义和强权政治，推动国际秩序朝着公正合理的方向发展；坚持同发达国家的战略对话，同周边国家的睦邻友好，同广大发展中国家的团结合作。中国现在发展水平虽然还很低，但一直向发展中国家提供力所能及的援助，积极参与地区热点问题的解决，努力应对能源、粮食、气候变化、恐怖主义、自然灾害、金融危机等全球性问题。当然，中国只能承担与自身国力相适应的国际义务，而不可能按照发达国家的标准，承担所谓的"大国责任"，更不可能搞什么"中美共同治理世界"。中国周边个别国家虽然出于浅薄的动机，在某种势力的怂恿下，不时挑起事端，制造麻烦，但它们失道寡助，难以编织出新的反华"统一战线"。而且，以中国的幅员、人口和经济总量，只要自己不乱，任何外来势力都奈何不了我们。

正因为有上述有利条件，中国一定会克服前进道路上的各种不利因素，持续发展，不断壮大。中华民族在 21 世纪内实现伟大复兴的愿望必将达到。所谓"中国崩溃论"，不过是某些人的一厢情愿罢了。

学习贯彻党的十八大精神应
着力解决的两个问题*

（2013年1月）

党的十八大是一次全党全国人民充满期待的大会，也是一次振奋党心军心民心的大会。2012年11月，党的十八届中央政治局会议要求把学习宣传贯彻落实党的十八大精神作为当前的首要政治任务，并提出学习贯彻要紧密联系实际。当前需要联系的实际有很多，我认为最需要联系的问题有两个：一是收入分配差距过大，尤其某些领域分配不公；二是少数干部脱离群众，尤其党员领导干部腐败案件不断发生。

当前，人民群众对我们党的理论、路线、方针、政策是拥护的，对党和国家这些年的工作也是满意的，各级干部与群众的关系总体上也是好的。否则，无法解释我们党和国家这些年来为什么能有效应对国际经济危机的一再冲击，为什么能成功战胜社会与自然界的一系列严重挑战，为什么能使经济总量跃升到世界第二位，为

---

* 本文曾刊于《中国社会科学》2013年第1期，标题为《学习贯彻党的十八大精神应着力认识和解决的两大问题》。

什么能让国家面貌发生这么大的历史性变化。但另一方面，不能不看到，人民群众中的不满情绪也是不小的。从各种调研和统计看，意见最为普遍最为集中的，主要就是前面提及的那两个问题。而党中央近些年来的重要报告和决定，每当分析面临的问题时，讲得最多的也是这两个问题。

党的十八大报告在回顾过去五年工作、分析工作中的不足和前进道路上的困难与问题时，再次指出："城乡区域发展差距和居民收入分配差距依然较大；社会矛盾明显增多，教育、就业、社会保障、医疗、住房、生态环境、食品药品安全、安全生产、社会治安、执法司法等关系群众切身利益的问题较多，部分群众生活比较困难""少数党员干部理想信念动摇、宗旨意识淡薄，形式主义、官僚主义问题突出，奢侈浪费现象严重；一些领域消极腐败现象易发多发，反腐败斗争形势依然严峻。"[①] 可见，党中央同广大群众的看法基本上是一致的。

我们国家现在仍然处于并将长期处于社会主义初级阶段。这个最大的国情决定了，我们既不能实行资本主义国家以私有制为基础的按资分配的制度，也不能实行社会主义高级阶段才能实行的完全按劳分配的制度，更不可能实行共产主义按需分配的制度，而只能实行以按劳分配为主体、多种分配方式并存的分配制度。实行这种制度，一方面居民收入不可能没有差距，也不可能同步富裕；另一方面也不能差距过大，更不能贫富悬殊，而只能是通过一部分人先富带动更多人富裕，既鼓励先进、促进效率又注重公平，既调动资本的活力又不出现两极分化。否则，就违反了社会主义原则，背离

---

① 胡锦涛：《坚定不移沿着中国特色社会主义道路前进　为全面建成小康社会而奋斗——在中国共产党第十八次全国代表大会上的报告》，人民出版社 2012 年版，第 5 页。

了中国特色社会主义道路。但是，要想给先富与共富、效率与公平、资本与劳动找到一个合适的平衡点，在实际操作中会有相当难度，甚至还会遇到来自既得利益者及其代言人的阻力。最近一些年，党中央大力倡导科学发展观，强调初次分配就要注重公平、再分配更加注重公平，一再要求调节过高收入、取缔非法收入、扭转收入差距扩大趋势，但城乡、区域差距和居民收入分配差距却依然在扩大，劳动报酬占 GDP 的比重以及劳动报酬增长幅度与 GDP 增长幅度相比依然偏低，就说明了这一点。现在，一方面大多数人承认自己的生活较之于改革开放前有了大幅度改善，另一方面，他们中大多数人又认为分配有所不公；一方面，还有 1.22 亿人生活在国家新规定的扶贫标准以下，另一方面，我国正在成为世界上数一数二的奢侈品市场，这些现象也正说明了这一点。

我们国家的政治体制与西方不同，实行的是共产党的领导。我们党所以能执掌政权，不是靠竞选，而是因为她在 90 多年的奋斗历程中，用实际行动表明自己是中国最广大人民根本利益的代表者，从而得到中国最广大人民支持的结果。这就决定了我们党是不是能始终代表最广大人民的根本利益，始终保持同人民群众的血肉联系，始终与人民心连心、同呼吸、共命运，绝不仅仅是关系能否继承和发扬在长期革命斗争中形成的优良传统、优良作风的问题，而是关系到能否保持党的工人阶级和中国人民、中华民族先锋队性质的问题，能否继续拥有执政资格和执政地位的问题，甚至能否生存下去的问题。改革开放后，世情、国情、党情发生了深刻变化，形式主义、官僚主义、奢侈浪费，尤其权钱交易的问题日益突出。邓小平同志曾告诫全党："不惩治腐败，特别是党内的高层的腐败现象，确实有失败的危险。"① 陈云同志在党的十二届二中全会上也说过："党在全国执政以后，从中央到基层政权，从企业事业单位到生产队的领导权，都掌握在党员手里了，党员可以利用手中掌握的各种权力为自己谋取私利。……对于利用职权谋私利的人，如果不给以严厉的打击，对这股歪风如果不加制止，或制止不力，就会败坏党的风气，使党丧失民心。"② 他们之所以这样说，就是因为我们党的执政资格、执政地位，甚至生死存亡，都取决于人民群众对我们党的态度；而人民群众对我们的态度，又取决于我们对待他们的态度。

收入分配差距过大、分配不公和干部脱离群众、消极腐败并不是一个领域里的问题，但却是紧密相关的问题，在一定意义上甚至是相通的。我们党要坚持为人民服务的宗旨，带领人民走中国特色社会主义道路，都要体现在分配政策和干群关系上。收入分配差距过大，少部分人收入过高、获取利益太容易会导致干部脱离群众，助长党内消极腐败；反过来，干部脱离群众，极少数人搞权钱交易，非法获取收入，又会促使分配不公推动收入差距越拉越大。现在，这两个问题已经成为社会不稳定和群体事件频发的直接的或深层次的原因，如果长时间解决不好，势必严重损害群众对党和政府的信任，动摇群众对夺取中国特色社会主义新胜利的信心。

邓小平同志早就说过："开放、搞活，必然带来一些不好的东西"③ "腐败现象很严重，这同不坚决反对资产阶级自由化有关系。"④ "所谓资产阶级自由化，就是要中国全盘西化，走资本主义

---

① 《邓小平文选》第 3 卷，人民出版社 1993 年版，第 313 页。

② 《陈云文选》第 3 卷，人民出版社 1995 年版，第 331—332 页。

③ 《邓小平文选》第 3 卷，人民出版社 1993 年版，第 164 页。

④ 《邓小平文选》第 3 卷，人民出版社 1993 年版，第 325 页。

道路。……如果走资本主义道路，可能在某些局部地区少数人更快地富起来，形成一个新的资产阶级，产生一批百万富翁，但顶多也不会达到人口的百分之一。"① 他晚年又说："我们讲要防止两极分化，实际上两极分化自然出现。……分配不公，会导致两极分化。"② 陈云同志在讨论通过《中共中央关于经济体制改革的决定》的中央全会上讲："'竞争中可能出现某些消极现象和违法行为'，这句话在文件里提一下很必要。"③ 江泽民同志在确定社会主义市场经济为经济体制改革的目标模式后指出："要看到市场存在自发性、盲目性、滞后性的消极一面"。④ 胡锦涛同志在中纪委研究部署反腐败工作的会议上指出："从根本上说，腐败是私有制的产物。"⑤ 他们的论述说明，收入分配差距过大，党内消极腐败现象，都有类似的历史的和经济的、政治的、思想的根源。我们要切实解决这两个问题，必须把它们联系起来思考，分析产生它们的土壤和温床，更加重视对私营经济、市场经济中某些消极因素的防范，更加全面地执行"一个中心、两个基本点"的基本路线和坚持公有制为主体、多种所有制经济共同发展的基本经济制度，更加自觉地完善社会主义市场经济体制，更加坚定地走共同富裕的道路，更加认真地执行从严治党的方针、狠抓党风廉政建设、坚决惩治腐败，从而把党心民心最大限度地凝聚起来，为实现全面建成小康社会和中华民族伟大复兴的目标而团结奋斗。

党和国家的历史经验告诉我们，凡是在克服一种主要倾向时，

---

① 《邓小平文选》第 3 卷，人民出版社 1993 年版，第 207—208 页。

② 《邓小平年谱（1975—1997）》（下），中央文献出版社 2004 年版，第 1364 页。

③ 《陈云文选》第 3 卷，人民出版社 1995 年版，第 338 页。

④ 江泽民：《论社会主义市场经济》，中央文献出版社 2006 年版，第 159 页。

⑤ 《十六大以来重要文献选编》（中），中央文献出版社 2006 年版，第 594 页。

必然会潜伏和出现另一种倾向，这是不奇怪的，关键在于要正视它，重视它，积极设法解决它。只要这样，我们就没有战胜不了的困难。对于收入分配差距过大和党内出现消极腐败的问题，同样如此。

在党的十八大报告中，有关收入分配和党的作风方面的内容占了相当大的篇幅，不仅有许多新的提法和论述，还提出了一些新的目标和措施。报告把"逐步实现全体人民共同富裕"写进了中国特色社会主义道路的定义，把"坚持走共同富裕道路"作为夺取中国特色社会主义新胜利必须把握的八个基本要求之一，把"收入分配差距缩小"放入了全面建成小康社会的新要求之中，把在全党开展群众路线教育实践活动作为了保持同人民群众血肉联系的一项重要措施，并鲜明地提出"共同富裕是中国特色社会主义的根本原则""着力解决收入分配差距较大问题"，^①"脱离群众危险、消极腐败危险更加尖锐地摆在全党面前""全党要增强紧迫感和责任感，牢牢把握加强党的执政能力建设、先进性和纯洁性建设这条主线"^②"这个问题解决不好，就会对党造成致命伤害，甚至亡党亡国"，^③各级领导干部特别是高级干部"决不允许搞特权"，要"加强

---

① 胡锦涛:《坚定不移沿着中国特色社会主义道路前进　为全面建成小康社会而奋斗——在中国共产党第十八次全国代表大会上的报告》，人民出版社 2012 年版，第 15 页。

② 胡锦涛:《坚定不移沿着中国特色社会主义道路前进　为全面建成小康社会而奋斗——在中国共产党第十八次全国代表大会上的报告》，人民出版社 2012 年版，第 49—50 页。

③ 胡锦涛:《坚定不移沿着中国特色社会主义道路前进　为全面建成小康社会而奋斗——在中国共产党第十八次全国代表大会上的报告》，人民出版社 2012 年版，第 54 页。

对领导干部特别是主要领导干部行使权力的监督"，^① 等等。

习近平同志刚当选中央总书记，便在同中外记者见面时强调，新一届中央领导机构肩负着对民族、对人民、对党的责任，这个责任就是团结带领全党全国各族人民，继续解放思想，坚持改革开放，不断解放和发展生产力，努力解决群众生产生活困难，坚定不移走共同富裕道路；就是同全党同志一道，坚持党要管党、从严治党，切实解决自身存在的突出问题，切实改进工作作风，密切联系群众，使我们党始终成为中国特色社会主义事业的坚强领导核心。^②

所有这些都充分表明了我们党对解决收入分配差距过大、党风不正、消极腐败问题高度重视的态度，显示了以习近平同志为核心的党中央团结带领全党全国人民走共同富裕道路和从严治党、改进党风的坚定决心。我们完全有理由相信，只要按照中央关于联系实际学习贯彻党的十八大精神的要求去做，人民群众对党的十八大的期盼就一定不会落空，全面小康社会就一定会如期建成，中华民族伟大复兴的夙愿就一定会最终实现。

---

① 胡锦涛：《坚定不移沿着中国特色社会主义道路前进　为全面建成小康社会而奋斗——在中国共产党第十八次全国代表大会上的报告》，人民出版社 2012 年版，第 54—55 页。

② 《十八届政治局常委集体亮相亮出"精彩"》《人民日报》2012 年 11 月 16 日，第 4 版。

科学社会主义理论逻辑和
中国社会发展历史逻辑的统一*

（2013年1月23日）

习近平总书记2013年1月5日在新进中央委员会的委员、候补委员学习贯彻党的十八大精神研讨班开班式上的讲话①（以下简称"1·5"讲话），是一篇对深入领会党的十八大精神、促进全党警醒起来具有重大意义的讲话。讲话从六个时间段分析了社会主义思想从提出到现在的历史过程，强调中国特色社会主义是科学社会主义理论逻辑和中国社会发展历史逻辑的辩证统一，是根植于中国大地、反映中国人民意愿、适应中国和时代发展进步要求的科学社会主义。讲话不仅有助于人们更加科学地认识什么是中国特色社会主义、怎样建设中国特色社会主义，也为正确看待和研究新中国历史

---

* 本文是作者2013年在中国社会科学院学习习近平总书记"1.5"讲话理论研讨会上的发言，刊发于《思想理论教育导刊》2013年第3期，标题为《中国特色社会主义是科学社会主义理论逻辑和中国社会发展历史逻辑的统一——习近平总书记"1·5"讲话的几点学习体会》。收入本书时，作者作了删节修改。

① 习近平：《关于坚持和发展中国特色社会主义的几个问题》，《十八大以来重要文献选编》（上），中央文献出版社2014年版，第109—118页。

提供了更加明确的指导思想。

一

习近平总书记的"1·5"讲话指出："中国特色社会主义是社会主义而不是其他什么主义，科学社会主义基本原则不能丢，丢了就不是社会主义。"在当前国内外敌对势力和错误思潮肆意攻击中国特色社会主义，把它污蔑为"资本社会主义""国家资本主义"或"新官僚资本主义"的情况下，突出强调这个问题具有很强的现实针对性。

世界上任何事物都有质的规定性。中国特色社会主义虽然立足于中国仍处于并将长期处于社会主义初级阶段的国情，体现着世界呈现和平与发展两大时代主题的特征，但它作为一种政治理论、社会实践、社会制度，归根结底属于科学社会主义范畴。既然如此，它当然要遵循科学社会主义的基本原则，否则就不成其为科学社会主义，而是别的什么主义了。

列宁指出："一切民族都将走向社会主义，这是不可避免的，但是一切民族的走法却不会完全一样，在民主的这种或那种形式上，在无产阶级专政的这种或那种形态上，在社会生活各方面的社会主义改造的速度上，每个民族都会有自己的特点。"[1] 中国特色社会主义就是在中国具体国情下，实行的既坚持了科学社会主义基本原则，又根据中国实际和时代特征赋予其鲜明中国特色的社会主义。例如，中国特色社会主义在国体和政体上虽然实行包括工人阶级、农民阶级和新社会阶层在内的人民民主专政及人民代表大会制

---

[1]《列宁选集》第 2 卷，人民出版社 1995 年版，第 777 页。

度，但人民民主专政和人民代表大会制度都是实行工人阶级（通过中国共产党）领导的，因此，其实质仍然是无产阶级专政；在经济制度和体制上虽然鼓励、支持和引导非公有制经济发展，允许和鼓励资本参与分配，让市场在资源配置上起基础性作用，但公有制和按劳分配仍然占主体，国有经济仍然控制国民经济命脉，国家对市场活动仍然发挥宏观指导和调控作用，计划调节仍然是国家宏观调控的重要手段，因此，其实质仍然是社会主义。

马克思在《哥达纲领批判》中指出："消费资料的任何一种分配，都不过是生产条件本身分配的结果；而生产条件的分配，则表现生产方式本身的性质。"[1] 邓小平同志在改革开放初期也说过："一个公有制占主体，一个共同富裕，这是我们所必须坚持的社会主义的根本原则。"[2] "只要我国经济中公有制占主体地位，就可以避免两极分化。"[3] 正因为如此，我们党在推进所有制改革的过程中，始终强调要以公有制为主体、以国有经济为主导。事实说明，只有公有制占主体，分配上才能保证共同富裕，从而使社会主义原则落到实处。

改革开放初期，针对我国生产力水平较低和过去长期存在平均主义、"吃大锅饭"的现象，我们党曾提出"让一部分人、一部分地区先富起来"，提倡"效率优先、兼顾公平"，允许和鼓励资本参与分配。这一方针和政策的实施，对于调动各方面积极性、加快经济发展，起到了重要作用。但与此同时，也出现了分配不公、收入差距过大的现象和"一切向钱看"的思想倾向，引起广大群众的不满，并且受到来自右的和极"左"两种思潮的夹击，就连资本主义

[1]《马克思恩格斯选集》第 3 卷，人民出版社 1995 年版，第 306 页。

[2]《邓小平文选》第 3 卷，人民出版社 1993 年版，第 111 页。

[3]《邓小平文选》第 3 卷，人民出版社 1993 年版，第 149 页。

国家的舆论也不时予以嘲讽。针对这一情况，我们党对效率与公平的关系及分配政策进行了逐步调整。党的十八大更把"逐步实现全体人民共同富裕"纳入中国特色社会主义定义，把"坚持走共同富裕道路"作为夺取中国特色社会主义新胜利必须把握的一个基本要求，把"收入分配差距缩小"作为全面建成小康社会的新要求之一，并旗帜鲜明地提出"共同富裕是中国特色社会主义的根本原则"。党的十八大闭幕后，习近平总书记在第一次会见中外媒体时便强调，新一届中央领导机构对民族、对人民、对党的一个重要责任，就是努力解决群众生产生活困难，坚定不移走共同富裕道路。所有这些都表明，我们党对分配领域出现的新问题，认识是清醒的，解决的决心也是坚定的。

要摆正先富与共富、效率与公平、资本与劳动的关系，涉及各方切身利益，不可能没有阻力，更不可能一帆风顺。比如，有人认为我国的贫富差距还不够大，说"只有拉大差距，社会才能进步，和谐社会才有希望""没有贫富差距就相当于吃大锅饭"。还有人把收入差距扩大说成是政府管理经济和"国有垄断""国进民退"造成的，提出"民富优先""国退民进""以民营经济为主体""要把国有企业量化到人民手中"等主张。这些言论既违背《中华人民共和国宪法》原则和中国特色社会主义的理论、纲领、路线和方针，又违背客观实际。

《中华人民共和国宪法》规定："国有经济是社会主义全民所有制经济，是国民经济的主导力量。"因此，不存在什么国有企业还要"量化到人民手中"的问题。要求所谓"量化"，说穿了，无非是要把国有资产私有化。苏联解体时给全体居民发放国有企业的证券，结果把国有资产都"量化"到了哪些人手里，世人是有目共睹的。党的十五届四中全会通过的《关于国有企业改革和发展若干重大问题的决定》指出，国有经济需要控制的行业中包括"自然垄断的行业"，国有企业中也要有"极少数必须由国家垄断经营的企业"。[①] 离开了这种垄断，国有经济发挥国民经济的主导作用就会成为一句空话。我们一方面要反对包括国有企业在内的一切企业的垄断行为，另一方面，绝不能借口"反垄断"来反对国家通过国有企业实行必要的"自然垄断"和"垄断经营"。习近平同志在 2009 年视察大庆油田时指出："国有企业是中国特色社会主义的重要支柱，是我们党执政的重要基础，也是贯彻和实践党的基本理论的重要阵地。"[②] 当前，某些西方大国正是以我国国有企业受政府优惠为名，在贸易、投资、资产收购等领域对其百般刁难和限制。这从反面说明，国有企业在国际竞争中确实具有较强实力，使西方跨国公司、大财团和它们的代理人也感到不好对付。

另外，是不是"国进民退"和"国富民贫"，应当用事实说话。统计表明，2009 年进行的第二次全国经济普查结果与 4 年前进行的第一次普查相比，国有企业单位下降了 20%，资产下降了 8.1%；而私营企业单位增长了 81.4%，资产增加了 3.3%。[③]2011 年与 2001 年相比，全国规模以上工业企业的产值中，国有及国有控股企业占比，由 44.4% 下降到 27.2%；而私营企业占比，由 9.2% 上升到 29.4%。[④] 还应当看到，中国特色社会主义社会不是无阶级社会，"国"和"民"没有摆脱也不可能摆脱阶级性，对"民穷"还是"国富"都要做具体分析。可见，笼统说"国进民退""国富民穷"，

① 《十五大以来重要文献选编》（中），人民出版社 2001 年版，第 1008—1009 页。

② 习近平：《在大庆油田发现 50 周年庆祝大会上的讲话》，《中国石油报》2009 年 9 月 23 日。

③ 《国企占比下降私企占比上升》，《人民日报》2009 年 12 月 26 日，第 2 版。

④ 来自国家统计局资料，2011 年数字为主营业务收入。

都是站不住脚的。

改革开放以来，我们党针对过去一度存在的权力过分集中、忽视民主与法制建设的问题，提出并推进政治体制改革，大力加强社会主义民主与法制建设，同时，始终强调改革要坚持社会主义方向。有人说，改革就是改革，无所谓社会主义方向和资本主义方向，并以邓小平同志讲过"改革不问姓'资'姓'社'""不搞争论"作为根据。其实，只要看看《邓小平文选》就会知道，邓小平同志从来没有在改革方向问题上说过不问姓"资"姓"社"，相反，他一再提醒我们："在改革中坚持社会主义方向，这是一个很重要的问题。"① "在整个改革开放的过程中，必须始终注意坚持四项基本原则。"② 他还强调："如果不坚持这四项基本原则，纠正极左就会变成'纠正'马列主义，'纠正'社会主义。"③ 邓小平同志也从来没有在改革的方向上说过"不搞争论"，相反，他在八九风波后说："某些人所谓的改革，应该换个名字，叫作自由化，即资本主义化。他们'改革'的中心是资本主义化。我们讲的改革与他们不同，这个问题还要继续争论的。"④ 江泽民同志在庆祝建党 70 周年大会上讲："要划清两种改革开放观，即坚持四项基本原则的改革开放，同资产阶级自由化主张的实质上是资本主义化的'改革开放'的根本界限。"⑤ 胡锦涛同志在纪念党的十一届三中全会召开 30 周年大会上讲："既以四项基本原则保证改革开放的正确方向，又通过改革开放赋予四

① 《邓小平文选》第 3 卷，人民出版社 1993 年版，第 138 页。

② 《邓小平文选》第 3 卷，人民出版社 1993 年版，第 379 页。

③ 《邓小平文选》第 3 卷，人民出版社 1993 年版，第 137 页。

④ 《邓小平文选》第 3 卷，人民出版社 1993 年版，第 297 页。

⑤ 《十三大以来重要文献选编》（下），人民出版社 1993 年版，第 1649 页。

项基本原则新的时代内涵。"① 他们的论述都说明，党中央历来认为改革存在坚持什么方向的问题，这个方向不是别的，就是社会主义；对这个方向的保证也不是别的，就是坚持四项基本原则。

我国政治体制无疑还有许多需要继续深化改革的问题和空间。但改革的目标只能是社会主义制度的自我完善，原则只能是坚持中国共产党领导、人民当家作主、依法治国的有机统一，前提只能是有利于政局稳定、人民团结、经济发展、生活改善。现在有人无视我国近30多年来政治体制改革取得的巨大进步和正在进行的改革，指责政治体制改革停顿了、滞后了、倒退了，认为政治体制已经成为进一步市场化改革的阻力，鼓吹"重启政改"。显然，他们所要的"政治改革"并不是我们党所推动的政治体制改革，而是要把西方资本主义那一套政治体制搬到中国来。经济基础决定上层建筑。我们经济体制改革不是要建立私有制基础上的自由市场经济，政治体制改革当然也不可能照搬适应那种市场经济的多党轮流执政和"三权分立"的政治体制。既然从来没有启动过那种"政治改革"，又怎么谈得上"停滞"和"倒退"的问题呢？那种"政治改革"既不会给中国带来真正的民主，也解决不了腐败问题，更促进不了经济发展，相反，只会使社会混乱、国家分裂、内战爆发，使已有的发展成果丧失殆尽，使人民重新陷入无穷灾难。对此，我们当然不能接受。

现在还有人鼓吹所谓"宪政"改革。这一论调的要害在于把共产党的领导同《中华人民共和国宪法》原则相对立，实质在于要求实行多党制、"三权分立"、军队国家化等资本主义政体，目的在于从根本上改变中国特色社会主义的政治制度。资本主义国家在经济

---

① 《十七大以来重要文献选编》（上），中央文献出版社 2009 年版，第 797 页。

上实行资产阶级所有制，在政治上实行资产阶级统治。由于资产阶级中有不同的利益集团，因此，需要有不同的政党代表这些集团。这种多党制决定了其军队不能由哪一个党单独领导，而必须国家化；同时，各政党在维护资产阶级政治统治上的一致性，又决定了它们无论哪个党上台，都不会改变军队作为资产阶级专政工具的性质。然而，我国是社会主义国家，实行工人阶级领导的以工农联盟为基础的人民民主专政；中国共产党作为工人阶级政党，同时代表着最广大人民的根本利益。这一国情决定了我国不允许产生剥削阶级，更不允许有代表剥削阶级利益的政党同共产党轮流执政。在社会主义市场经济条件下，人民内部会有不同利益的矛盾，但这一经济是由中国共产党领导、以公有制为主体、以国家宏观调控为前提的，不允许在人民内部出现不同的利益集团，因此不需要建立代表不同利益集团的政党，而只能实行共产党领导的多党合作和政治协商制度。在这种情况下，军队当然必须由而且完全可以由中国共产党绝对领导。这种领导是和我国国家性质、经济与政治的基本制度，以及政党制度相一致的，它不仅不会妨碍我国政治体制的运行、影响军队的国防军性质，相反，是坚持中国特色社会主义、维护人民根本利益、保证党和人民内部团结统一及社会稳定的不可或缺的必要条件。

二

习近平总书记的"1·5"讲话中指出，改革开放前后两个历史时期，"是两个相互联系又有重大区别的时期，但本质上都是我们党领导人民进行社会主义建设的实践探索……两者决不是彼此割裂的，更不是根本对立的。……不能用改革开放后的历史时期否定改革开放前的历史时期，也不能用改革开放前的历史时期否定改革开放后的历史时期。"在当前怀疑、反对改革开放或怀疑、反对四项基本原则的人，总是把改革开放前后两个历史时期加以割裂和对立，不是拿前者否定后者就是拿后者否定前者的情况下，突出强调这个问题也有很强的现实针对性。

中国特色社会主义是改革开放后开创的，但它不是在新中国刚成立时面对的那个百孔千疮的烂摊子上开创的，而是在改革开放前中国已进入社会主义并已进行了 20 多年社会主义建设的基础上开创的。如果 1978 年没有实行改革开放，或者 1978 年以后不把改革开放坚持下去，新中国的历史将难以为继。但如果 1949 年不建立新中国，新中国不选择社会主义道路，不进行大规模工业化建设和农田水利基本建设，没有形成独立的完整的工业体系和国民经济体系，没有培养出大批从事经济、科技、文教事业的人才，改革开放也是无从谈起的。这些已经为新中国的历史所证明。而且，改革开放如果不沿着社会主义道路前进，相反改旗易帜，误入资本主义歧途，其结果必然是亡党亡国。这一点已为苏联解体、东欧剧变的历史所证明。

正确认识我国改革开放前的历史，必须分清那段历史的主流和支流。改革开放前的历史虽然有曲折，但它取得的成就和经验是主要的。正如党的十八大报告所说：改革开放前的 30 年，"进行了社会主义改造，确立了社会主义基本制度，成功实现了中国历史上最深刻最伟大的社会变革，为当代中国一切发展进步奠定了根本政治前提和制度基础"。① 那段历史时期"在探索过程中，虽然经历了

---

① 胡锦涛：《坚定不移沿着中国特色社会主义道路前进　为全面建成小康社会而奋斗——在中国共产党第十八次全国代表大会上的报告》，人民出版社 2012 年版，第 10 页。

严重曲折，但党在社会主义建设中取得的独创性理论成果和巨大成就，为新的历史时期开创中国特色社会主义提供了宝贵经验、理论准备、物质基础"。[①] 比如，在那段历史提出的一系列正确观点和方针，有些当年虽然没有得到很好贯彻，但在改革开放时期却发挥了并正在发挥着重要作用。那段历史与改革开放后相比，虽然在经济发展的成果和人民生活水平的提高上没有那么显著，但这绝不表明那个时期的成就不伟大、不重要。

正确认识我国改革开放前的历史，还必须对那段历史的曲折进行具体分析。比如，要把具有全局性的失误与个别的、局部的失误加以区别，要把失误与发生失误的时期加以区别，要把可以避免的失误与难以避免的失误加以区别，要把造成失误的动机和结果加以区分。

正确认识改革开放前后两个历史时期的关系，要看到它们之间深刻的历史性变化，否则，不可能看清楚中国特色社会主义究竟"特"在哪里。同时，也要看到它们之间的内在一致性，否则不可能弄明白中国特色社会主义为什么是社会主义而不是别的什么主义。它们的差别把改革开放前后划分为了两个历史时期，而它们的共性又把两个历史时期有机地联系在了一起。

改革开放前后两个历史时期的差别与共性相比较，共性的一面更带有本质性。例如，改革开放后在指导思想上虽然否定了以阶级斗争为纲的错误，但仍然坚持马克思主义的阶级和阶级斗争观点，仍然认为阶级斗争还在一定范围内长期存在，某种条件下还有可能激化，因而，仍然要坚持无产阶级专政。在经济建设上虽然允许和

---

① 胡锦涛：《坚定不移沿着中国特色社会主义道路前进为全面建成小康社会而奋斗——在中国共产党第十八次全国代表大会上的报告》，人民出版社 2012 年版，第 10 页。

鼓励包括私营经济在内的非公有制经济发展，允许和鼓励资本参与分配，但始终坚持包括全民所有制经济在内的公有制经济和按劳分配的主体地位，始终明确国有经济即社会主义全民所有制经济是国民经济中的主导力量和支柱；虽然确定市场对资源配置起基础性作用，但始终明确这种作用的发挥要在社会主义国家的宏观调控之下，要与社会主义基本制度结合在一起，要使国家计划作为宏观调控的重要手段之一；虽然不断拓展对外开放的广度和深度，但始终注重防范国际经济风险，坚持自主创新的道路。在政治建设上，虽然不断推进政治体制改革，但始终坚持党的领导、人民当家作主、依法治国三者的统一；虽然不断完善国家的各项政治制度，但始终坚持人民代表大会制度等各项根本制度和基本制度不动摇；虽然不断改进党的领导方式和执政方式，但始终着眼于党对国家的有效治理。在文化建设上，虽然提出尊重差异、包容多样，但始终坚持马克思主义在意识形态领域的指导地位；虽然提出并推动文化产业发展，但始终强调要把社会效益放在首位，经济效益要与社会效益相统一。在社会建设上，虽然推动基层群众自治管理，发展社会组织，但始终强调党在群众自治管理中的领导作用，积极构建党委领导、政府负责的社会管理体制，建立健全党和政府主导的维护群众权益机制，防范敌对势力的分裂、渗透、颠覆活动。所有这些，都使改革开放前后两个历史时期处于同一种社会形态，使它们共同成为中国当代史内在统一的组成部分。

大量事实说明，对历史问题的认识，往往与对现实问题的认识密切相关。如何认识改革开放前后两个历史时期的关系，就是一个与如何认识中国特色社会主义相关度极高的问题。大量事实还说明，对国家史的认识和解释，历来是意识形态领域各个阶级、各种政治力量较量的重要战场。习近平同志在"1·5"讲话中指出，

"古人说：'灭人之国，必先去其史。'国内外敌对势力往往就是拿中国革命史、新中国历史来做文章，竭尽攻击、丑化、污蔑之能事，根本目的就是要搞乱人心，煽动推翻中国共产党的领导和我国社会主义制度。苏联为什么解体？苏共为什么垮台？一个重要原因就是意识形态领域的斗争十分激烈，全面否定苏联历史、苏共历史，否定列宁，否定斯大林，搞历史虚无主义，思想搞乱了，各级党组织几乎没任何作用了，军队都不在党的领导之下了。"[1] 我们要记取他们的前车之鉴，绝不能上国内外敌对势力的当，不能因为改革开放前的历史有错误有曲折就轻率否定它，相反，要理直气壮地把新中国 60 多年的历史作为一个光辉整体加以宣传，把正确认识和解释国史纳入建设社会主义核心价值体系的工作中，融入国民教育、精神文明建设的全过程。这是正确对待改革开放前后两个历史时期关系的需要，也是树立道路自信、理论自信、制度自信的需要。

党的十八大报告中有一句很有分量的话，叫作"既不走封闭僵化的老路，也不走改旗易帜的邪路"。有人望文生义，认为这里说的"封闭僵化的老路"，指的是改革开放前走过的路。如果这样理解，不仅与党中央对那段历史的一贯评价不一致，也与党的十八大报告对那段历史的评价相互矛盾。只要尊重事实就会看得很清楚，这里说的"老路"，指的是改革开放前在所有制问题上求公求纯、在经济计划问题上越统越死的错误，特别是指"文化大革命"时期把市场调节、个体经济统统批成资本主义，把学习、引进国外先进技术统统批成洋奴哲学的错误。另外应当看到，改革开放前的大部分时间里，所谓"封闭"主要不是自我封闭，而是被封闭，先是被以美国为首的帝国主义国家"封闭"，后是被以苏联为首的社

---

[1]《十八大以来重要文献选编》（上），中央文献出版社 2014 年版，第 113 页。

会主义国家"封闭"。而且，即使在那种情况下，我们仍然千方百计寻找与资本主义国家在内的各国进行贸易的机会。就在"文化大革命"时期，毛泽东同志、周恩来同志还不失时机地抓住尼克松访华推动了中国与西方国家改善关系的机会，决定用43亿美元从欧洲、日本进口一批成套设备。可见，把改革开放前的历史笼统说成是"封闭僵化"的历史，既不符合历史事实，也有违党的十八大报告的精神。

三

习近平总书记的"1·5"讲话指出："我们既要坚定走中国特色社会主义道路的信念，也要胸怀共产主义的崇高理想……没有远大理想，不是合格的共产党员；离开现实工作而空谈远大理想，也不是合格的共产党员。"在我们党面临的执政考验、改革开放考验、市场经济考验、外部环境考验日益复杂、越来越严峻的情况下，突出强调这个问题同样具有很强的现实针对性。

早在延安时，毛泽东同志就指出："关于社会制度的主张，共产党是有现在的纲领和将来的纲领，或最低纲领和最高纲领两部分的。在现在，新民主主义，在将来，社会主义，这是有机构成的两部分，而为整个共产主义思想体系所指导的。"[①] 为了使广大党员处理好这两个纲领的关系，他一方面要求所有党员必须为着完成资产阶级民主革命这个党的最低纲领而奋斗，强调凡是"看不起这个资产阶级民主革命而对它稍许放松，稍许怠工，稍许表现不忠诚、不热情，不准备付出自己的鲜血和生命，而空谈什么社会主义和共产

---

① 《毛泽东选集》第2卷，人民出版社1991年版，第686页。

主义"① 的人，都是有意无意地或多或少地背叛社会主义和共产主义，都不是自觉的忠诚的共产主义者；另一方面，主张用共产主义思想体系教育干部和党员，要求每个党员在入党的时候，心目中就要悬着为新民主主义革命而奋斗和为将来的社会主义与共产主义而奋斗这样两个明确的目标，"而不顾那些共产主义敌人的无知的和卑劣的敌视、污蔑、谩骂或讥笑"。② 他一方面指出我们党如果不扩大共产主义思想的宣传、加紧马克思列宁主义的学习，"不但不能引导中国革命到将来的社会主义阶段上去，而且也不能指导现时的民主革命达到胜利"；③ 另一方面，提醒全党"既应把对于共产主义的思想体系和社会制度的宣传，同对于新民主主义的行动纲领的实践区别开来；又应把作为观察问题、研究学问、处理工作、训练干部的共产主义的理论和方法，同作为整个国民文化的新民主主义的方针区别开来"。④ 正因为我们党能够辩证统一地认识和处理最高纲领与最低纲领的关系，没有因为要为最高纲领奋斗而轻视最低纲领，也没有因为要实行最低纲领而忘记最高纲领，所以带领人民比较顺利地取得了新民主主义革命的胜利。

社会主义建设时期，同样存在如何认识和处理最高纲领与基本纲领关系的问题。我们党在改革开放前之所以屡犯"左"的错误，归根结底在于没有处理好这对关系；而改革开放后之所以没有出现全局性的和长时间的错误，重要原因也在于比较好地处理了这对关系。从一定意义上说，党的"一个中心、两个基本点"的基本路线，就是党在社会主义初级阶段的基本纲领与共产主义最高纲领辩

---

① 《毛泽东选集》第 3 卷，人民出版社 1991 年版，第 1059 页。
② 《毛泽东选集》第 3 卷，人民出版社 1991 年版，第 1059 页。
③ 《毛泽东选集》第 2 卷，人民出版社 1991 年版，第 706 页。
④ 《毛泽东选集》第 2 卷，人民出版社 1991 年版，第 706 页。

证统一的具体化。它既体现了我们党在现阶段的目标和任务，又体现了我们党的大目标和大方向。习近平同志在 2012 年中央党校春季学期开学典礼上所作题为《扎实做好保持党的纯洁性各项工作》的讲话中指出："保持思想纯洁，最重要的是保持对共产主义的坚定信仰、对中国特色社会主义的坚定信念。"① 这说明，为社会主义初级阶段的基本纲领而奋斗，与不忘党的最高纲领、保持对共产主义的坚定信仰之间并不矛盾。

有人认为，共产主义既然是遥远将来的事，现在何必要讲它呢？还有人认为，共产主义是"乌托邦"，是虚幻的，根本就实现不了。这些看法都是错误的。首先，共产主义是马克思主义创始人根据人类社会发展客观规律而科学预言的必然会达到的理想社会。共产党人对共产主义的信仰，依据的是马克思主义的科学理论，同宗教徒对神和天堂的信仰根本不同。其次，共产主义既是指人类社会的理想制度，也是指一种思想体系和一种运动。党的十二大报告说："在我国，共产主义思想的传播，人们为最终实现共产主义理想而进行的运动，早在中国共产党成立和领导进行新民主主义革命的时候就开始了……共产主义的思想和共产主义的实践早已存在于我们的现实生活中。"② 就是说，只要是以实现共产主义为最终奋斗目标的事业，就是共产主义事业。这一事业是现实的、客观存在的，是千千万万人曾经参加过，现在仍然在前赴后继的事业。因此，共产主义作为一种制度虽然还很遥远，但作为一种事业却无时无刻不在我们身边。

强调共产党员胸怀共产主义目标，不是要现在就实行共产主义

---

① 《扎实做好保持党的纯洁性各项工作》，《学习时报》2012 年 3 月 5 日。

② 《十二大以来重要文献选编》（上），人民出版社 1986 年版，第 27—28 页。

的政策，而是为了提醒广大党员时刻不忘前进的大方向，为了给广大党员鼓舞斗志、增强战胜困难的决心和毅力。好比一个人远行，既要一步一步地走，也要始终明确目的地和方向。否则，要么会迷路，要么稍有困难便会泄气，最终半途而废、前功尽弃。陈云同志曾指出："民主革命时期，我们用共产主义思想教育党员和群众中的先进分子，才使党始终有战斗力，使革命取得了胜利。"① 如果说我们党在民主革命时期能够靠共产主义理想支撑广大党员奋斗的意志，那么，今天总不会比那时距离共产主义更远，为什么就不能要求广大党员牢记共产主义理想呢？

共产主义理想不仅是共产党人的精神支柱，也是社会主义精神文明建设的灵魂。邓小平同志说过："所谓精神文明，不但是指教育、科学、文化（这是完全必要的），而且是指共产主义的思想、理想、信念、道德、纪律，革命的立场和原则，人与人的同志式关系，等等……我们不是靠马克思主义的科学理论和上述的革命精神参加革命到现在吗？从延安到新中国，除了靠正确的政治方向以外，不是靠这些宝贵的革命精神吸引了全国人民和国外友好人士吗？没有这种精神文明，没有共产主义思想，没有共产主义道德，怎么能建设社会主义？党和政府愈是实行各项经济改革和对外开放的政策，党员尤其是党的高级负责干部，就愈要高度重视、愈要身体力行共产主义思想和共产主义道德。否则，我们自己在精神上解除了武装，还怎么能教育青年，还怎么能领导国家和人民建设社会主义我们在新民主主义革命时期，就已经坚持用共产主义的思想体系指导整个工作；用共产主义道德约束共产党员和先进分子的言行；提倡和表彰'全心全意为人民服务'，'个人服从组织'，'大

---

① 《陈云文选》第 3 卷，人民出版社 1995 年版，第 352—353 页。

公无私'，'毫不利己、专门利人'，'一不怕苦、二不怕死'。现在已经进入社会主义时期，有人居然对这些庄严的革命口号进行'批判'，而这种荒唐的'批判'不仅没有受到应有的抵制，居然还得到我们队伍中一些人的同情和支持。每一个有党性、有革命性的共产党员，难道能够容忍这种状况继续下去吗？"① 这个论述告诉我们，在社会主义社会如果不能讲共产主义思想和道德，精神文明建设也是搞不好的。

现在有一种流行观点，叫作"要把我们党由革命党变为执政党"。这种观点实际上是"告别革命论"的翻版和历史虚无主义思潮的表现，它的传播很容易使广大党员特别是党的各级领导干部把我们党的执政同资产阶级政党的执政混为一谈，从而丢掉党的革命理想、革命传统、革命作风、革命精神，助长官僚主义、形式主义和脱离群众的歪风邪气。近些年，党的干部队伍和党风中发生的种种问题，与这种观点的散布不能说没有关系。不错，我们党现在是执政党，但它同时也是革命党。准确地讲，应当是革命的执政党或执政的革命党。就是说，我们党虽然执政了，但仍然要为最终实现共产主义的远大理想而奋斗，仍然要继续保持和发扬革命精神，仍然要继承革命年代密切联系群众、艰苦奋斗的传统，并且要用共产主义的理想信念去教育和影响下一代。离开了这些，我们党就失去了立足的根本和存在的必要。

革命这个概念具有多种含义，有的指一个阶级推翻另一个阶级的变革，即政治革命；有的指组织和建设新的社会经济制度，如社会主义革命；有的指积极进取、奋发向上的精神状态，如革命精神；有的指某一领域中的重大变革，如产业革命、科技革命等。社

①《邓小平文选》第 2 卷，人民出版社 1994 年版，第 367 页。

会主义革命具有特定含义，它不仅指一个阶级推翻另一个阶级，也指用社会主义制度代替资本主义制度，最后实现共产主义。就是说，无产阶级在取得政权后，并不意味着革命的结束。建立社会主义制度，进行社会主义建设，直至实现共产主义，相对于资本主义来说都是革命，是革命这一概念的深化与延伸。它与"文化大革命"中提出的"无产阶级专政下继续革命"的理论根本不同，那种理论的内涵是无产阶级取得政权后仍然要进行一个阶级推翻另一个阶级。我们否定了那种"左"的"继续革命"理论，并不等于否定了本来意义上的继续革命。

《关于建国以来党的若干历史问题的决议》指出："我们坚决纠正'文化大革命'中所谓一个阶级推翻一个阶级的'无产阶级专政下继续革命'口号的错误，这绝对不是说革命的任务已经完成，不需要坚决继续进行各方面的革命斗争。社会主义不但要消灭一切剥削制度和剥削阶级，而且要大大发展社会生产力，完善和发展社会主义的生产关系和上层建筑，并在这个基础上逐步消灭一切阶级差别，逐步消灭一切主要由于社会生产力发展不足而造成的重大社会差别和社会不平等，直到共产主义的实现。这是人类历史上空前伟大的革命。我们现在为建设社会主义现代化国家而进行的斗争，正是这个伟大革命的一个阶段。这种革命和剥削制度被推翻以前的革命不同，不是通过激烈的阶级对抗和冲突来实现，而是通过社会主义制度本身，有领导、有步骤、有秩序地进行。这个转入和平发展时期的革命比过去的革命更深刻，更艰巨，不但需要很长的历史时期才能完成，而且仍然需要许多代人坚持不懈、严守纪律的艰苦奋斗，英勇牺牲。在这个和平发展的历史时期中，革命的道路绝不会是风平浪静的，仍然有公开的和暗藏的敌人以及其他破坏分子在伺机捣乱，我们必须十分注意提高革命警惕，随时准备挺身而出，捍卫革命利益。我们全体中国共产党员和全国各族人民，在新的历史时期中一定要继续保持崇高的革命理想和旺盛的革命斗志，把伟大的社会主义革命和社会主义建设进行到底。"① 党的十八大报告在讲到加强军队全面建设时，把军队的革命化建设仍然包括在内，要求"持续培育当代革命军人核心价值观"。既然如此，怎么能说领导这支军队的党不再是革命党了呢？习近平总书记在"1·5"讲话中强调："革命理想高于天。"可见，我们说在无产阶级夺取政权后要继续革命，要始终怀抱革命理想，指的就是要继续为共产主义事业而奋斗，并为实现共产主义理想而脚踏实地地做好现实工作。只要共产主义没有实现，共产党就永远是革命党，共产党员就要始终继承和保持革命的理想、革命的传统、革命的作风、革命的精神状态。党的十八大后，党中央制定并推行《关于改进工作作风、密切联系群众的八项规定》，就是我们党在新形势下保持革命理想的生动写照。

习近平总书记的"1·5"讲话还指出："衡量一名共产党员、一名领导干部是否具有共产主义远大理想，是有客观标准的。那就是要看他能否坚持全心全意为人民服务的根本宗旨，能否吃苦在前、享受在后，能否勤奋工作、廉洁奉公，能否为理想而奋不顾身去拼搏、去奋斗、去献出自己的全部精力乃至生命。"这一论述把共产党员坚定理想信念的要求更加具体化了，与实际结合得更加紧密了，标准也更便于人们把握了。依照这个思路去思考，看一个领导干部是否具有共产主义远大理想，除了要看以上这些标准外，还应当看他在贯彻党的基本纲领时，是否做到了全面、完整、准确；在推进经济、政治、文化等体制改革时，是否坚持了四项基本

① 《三中全会以来重要文献选编》（下），人民出版社 1982 年版，第 790—791 页。

原则；在领导物质文明建设时，是否同时注意了精神文明建设和党的自身建设。凡是这样做的，说明他具有共产主义的远大理想；反之，则说明他动摇了、忘记了、抛弃了。

习近平总书记的"1·5"讲话通篇贯穿着辩证唯物主义和历史唯物主义的思想，体现了党的十一届三中全会以来的路线、方针，是对毛泽东思想、邓小平理论、"三个代表"重要思想、科学发展观的继承和发展。我们要不为任何风险所惧，不被任何干扰所惑，在以习近平同志为核心的党中央领导下，继续坚定不移地沿着中国特色社会主义道路前进，为在这条道路上实现中华民族的伟大复兴而不懈奋斗。

新中国65年的发展与抓住历史机遇*

（2014年9月22日）

改革开放后，邓小平同志说得最多的词之一就是机会难得，要珍惜时机，抓住机遇。他所说的机会、时机、机遇，我理解，就是对我们国家在一定时间内的有利外部条件；所谓抓住机遇，就是要充分利用这种有利条件发展我们国家，不要错过这个时机。例如，他讲过："对中国来说，大发展的机遇并不多"，"中国人这种机会有过多次，但是错过了一些，很可惜""现在中国遇到一个难得的发展机遇，不要丧失这个机遇。许多人不懂得这是中华民族的机遇，是炎黄子孙几百年难得遇到的机遇"①"我们要利用机遇，把中国发展起来。"②

回顾历史，中国在近代由于封建势力的顽固阻挠，错过了世界工业革命的历史机遇，结果沦入半殖民地半封建境地，不断遭受列

---

* 本文是作者2014年在第14届国史学术年会上的讲话，刊发于《当代中国史研究》2014年第5期。收入本书时，作者略作修改。

① 《邓小平年谱（1975—1997）》下，中央文献出版社2004年版，第1359、1369、1316页。

② 《邓小平文选》第3卷，人民出版社1993年版，第358页。

强的侵略、欺辱。中国无数仁人志士虽然用尽各种办法拯救国家、复兴民族，但在很长时期内总是遭遇失败。直到俄国十月革命后，一批先进的知识分子抓住民族民主解放运动高涨的历史机遇，把马克思列宁主义与中国工人阶级运动相结合，成立了中国共产党，这才使得国家独立、民族复兴有了希望。

我们党历来有一个传统，就是在制定任务时总要先运用马克思主义分析国内国际的有利形势和不利形势，以便把握时机。以毛泽东同志为核心的党的第一代中央领导集体更是高度重视对战略时机的分析，善于判断和利用国内国际的有利条件。毛泽东同志说过："时机的问题是具有重要意义的"，[①] "善观风色和善择时机的聪明是不容易的"。[②] 在全面抗战初期，他深刻分析了国内国际形势中的有利和不利因素，撰写了著名的《论持久战》，预言了战争的三个阶段，驳斥了亡国论、速胜论，对全民抗战起到了重要指导作用。抗战即将取得全面胜利时，他又作了著名的《论联合政府》的报告，在分析对中国人民有利的国内国际形势后指出："中国近百年来一切人民斗争都遭到了失败或挫折，而这是因为缺乏国际的和国内的若干必要的条件，那末，这一次就不同了，比较以往历次，一切必要的条件都具备了……中国人民克服一切困难，实现其具有伟大历史意义的基本要求的时机，已经到来了。这一点还有疑义吗？我以为没有疑义了。"[③] 抗战胜利后，他领导全党充分利用有利的国内国际形势，坚决回击了由国民党反动派挑起的内战，适时提出"将革命进行到底"的口号，带领全国人民仅用三年时间便彻底推倒了"三座大山"，建立了工人阶级领导的以工农联盟为基础的人民民主

① 《毛泽东选集》第 1 卷，人民出版社 1991 年版，第 212 页。

② 《毛泽东选集》第 2 卷，人民出版社 1991 年版，第 414 页。

③ 《毛泽东选集》第 3 卷，人民出版社 1991 年版，第 1032 页。

专政的新中国，扫除了中国前进道路上的政治障碍。所以，从一定意义上说，新中国的建立就是中国共产党抓住各种历史机遇，并通过自身艰苦奋斗而取得的伟大成果。

在新中国成立至今的 65 年里，我们党是不是同样抓住了历史机遇呢？在这个问题上，大多数人对于改革开放后时期是持肯定意见的，分歧不大；而对改革开放前的时期，不少人持怀疑和否定态度，有的人甚至认为新中国成立初期优先发展重工业、搞计划经济、对主要农产品实行统购统销、向社会主义提前过渡等都是走错了道路，使中国丧失了发展时机；反过来，要是继续搞新民主主义、重点发展轻工业、搞市场经济、放开农产品价格就好了。事情真是这样吗？这个问题不搞清楚，不只是国史研究难以搞好，更涉及中国特色社会主义往哪里走的问题。

我们党的奋斗目标是实现社会主义和共产主义，同时从中国半殖民地半封建社会的实际出发，提出革命分两步走，第一步进行新民主主义革命，然后再进行社会主义革命。在新中国成立前夕和成立之初，毛泽东同志、刘少奇同志等领导人鉴于旧中国经济极为落后的情况，都提出新民主主义革命胜利后仍然要实行一个相当长时期的新民主主义，比如说 15 年或二三十年，以便让私人资本主义工商业（主要是轻工业和商业）继续发展，给工业化建设积累必要的资金、物资，同时培养技术和管理人才，等条件成熟后再重点发展重工业，相应过渡到社会主义。然而，国内外形势的变化，促使我们党对经济发展战略和向社会主义过渡的时间产生了新的设想，作出了新的选择。首先，1950 年朝鲜内战爆发，美国出兵侵略，对我国安全构成直接威胁，促使国家发展以重工业为基础的现代国防工业显得尤为迫切。其次，1951 年底党中央从国民经济开始好转和抗美援朝战局趋于稳定的形势判断出发，决定从 1953 年起进行有计划的经济建设，并着手制定经济发展的第一个五年计划。有关部门经过反复研究，一致认为要用较快速度发展工业，必须以原材料工业、能源工业、机械制造业等为重点，从而提出了优先发展重工业的方针。再次，周恩来同志、陈云同志于 1952 年率代表团前往苏联商谈对中国"一五"建设进行援助问题，以斯大林为首的苏联共产党和政府基于中国在极其困难的条件下出兵抗美援朝，为保卫世界和平，包括消除苏联在远东地区的安全隐患作出了巨大牺牲，明确表示愿意在工业资源勘察、工厂设计、工业设备制造、技术资料提供，以及派专家来华和接收中国学生、干部赴苏留学、实习等方面，对中国进行全面援助，从而使优先发展重工业的方针有了实施的现实可能性。面对这个新形势，毛泽东同志在 1952 年 9 月讨论"一五"计划方针和听取周恩来同志、陈云同志汇报与斯大林会谈情况的中央书记处会议上，改变了原先由新民主主义向社会主义转变的步骤、方法的设想，提出从即时起就开始向社会主义过渡，并用 10~15 年时间完成过渡的主张。

为什么新中国开展以重工业为重点的大规模工业化建设，就要提前向社会主义过渡呢？这是因为，当时中国是一个落后的农业国，在这样的国家里进行以重工业为重点的工业化建设，必须得到先进工业国的援助，这种工业国在当时只有苏联而且只可能是苏联。援助国苏联实行生产资料公有制和有计划地生产，而且这种援助是全方位的，如果受援国中国在工商业中仍实行生产资料私有制和无计划地生产，援助和被援助就会很不顺畅，拿今天的话说，叫作体制不"接轨"。此外，要开展大规模工业化建设，首先要开展工业的基本建设，要建工厂、买设备、招工人、开矿山、供原料。而在当时的中国，恰恰缺少资金（包括外汇）、商品粮、各种原材料和能源、技术人员等。这就需要加强资金的内部积累，资源的集中配置，技术力量的统一调配，粮食生产能力的快速提升。要做到这些，当时只能采用集中统一的计划经济体制和对主要农产品的统购统销，并相应地对农业、手工业、资本主义工商业实行生产资料的集体化和国有化。

党中央提出的过渡时期总路线，是以工业化为主体，以三大改造为"两翼"，这本身就说明，提前向社会主义过渡，对农业、手工业和资本主义工商业进行社会主义改造，目的是用较快速度在中国实现工业化。后来的事实证明，正是那个决策，使我国在"一五"时期顺利开展了以苏联援建的"156项工程"为中心的大规模工业化，为我国工业发展打下了坚实基础。此后尽管在发展中出现了这样那样的曲折，但我国毕竟用不到30年时间建立起了独立的、比较完整的工业体系和国民经济体系。正如邓小平同志所说："社会主义革命已经使我国大大缩短了同发达资本主义国家在经济发展方面的差距。我们尽管犯过一些错误，但我们还是在三十年间取得了旧中国几百年、几千年所没有取得过的进步。"[1]可以设想一下，如果当初不是优先发展重工业、提前向社会主义过渡，而是继续搞新民主主义，在农业和轻工业里打圈圈，绝对不可能用那么短的时间为国家现代化建设打下那么牢固的基础，也不可能使中国有那么大的发展后劲。因此，提前向社会主义过渡不仅不是丧失机遇，相反是为中华民族实现自身历史上的第一次跨越式发展抓住了千载难逢的机遇。后来没过几年，中苏关系发生变化，赫鲁晓夫撕毁合同、撤走专家，这从反面也说明了那次历史机遇稍纵即逝的特点，说明了我们党当年作出提前向社会主义过渡的决策是多么及时。

---

[1]《邓小平文选》第2卷，人民出版社1993年版，第167页。

改革开放前历史时期的后期，由于党的指导思想出现了"左"的偏差，特别是发生了"大跃进"和"文化大革命"那样的严重错误，给经济造成了巨大损失，一定程度上耽误了建设的时间。但从那个时期出现的两大国际机遇看，一个又被我们党抓住了，另一个虽然没有完全抓住，但耽误的时间并不算多。

新中国成立以来，以美国为首的帝国主义对我国长期实行军事包围、经济封锁、贸易禁运政策。在那种情况下，我们虽然通过香港以及民间方式千方百计与西方国家做买卖，但毕竟难以开展大规模经济往来。然而，20 世纪 70 年代初，国际上出现了几个重大变化，为我们提供了历史机遇。首先，美国政府为摆脱越战泥潭，集中力量与苏联争霸，频频释放信号，表示愿意同中国建立正常关系。其次，第二次世界大战后建立的以美元为中心的世界货币体系（布雷顿森林体系）解体，使西方发达国家的货币与美元、黄金脱钩，加快了国际资本向发展中国家的流动；同时，西方国家为缓解普遍发生的滞涨，加快了产业调整的步伐，加上微电子技术迅猛发展带来的信息革命，促使跨国公司将高耗能、高污染的原料工业、制造工业向发展中国家转移。对于这个历史机遇，毛泽东同志敏锐地捕捉到了，促成了基辛格、尼克松先后访华；后来又提出三个世界理论，进一步打开了中美关系正常化的大门，促使中国同日本、西欧等发达国家的关系获得全面发展，也为新时期实行对外开放政策铺平了道路。正如邓小平同志所说："毛泽东同志在他的晚年还提出了关于三个世界划分的战略思想，并且亲自开创了中美关系和中日关系的新阶段""我们能在今天的国际环境中着手进行四个现代化建设，不能不铭记毛泽东同志的功绩"。[1] 对于第二个历史

① 《邓小平文选》第 2 卷，人民出版社 1993 年版，第 172 页。

机遇，由于当时正在进行"文化大革命"，"左"的思想盛行，特别是"四人帮"把引进借鉴国外的先进技术、先进设备统统批成所谓"洋奴哲学""卖国主义"，使我们未能抓住那次机遇。但 1976 年粉碎"四人帮"后，我国很快开始同西方国家和公司谈判借外债、买设备；随后又在 1978 年底党的十一届三中全会开启了改革开放的大幕，更大规模地引进外资和国外先进设备与技术。所以，虽然耽误了一些时间，但顶多不过五六年。因为再早，以美国为首的西方国家仍在对我实行经济封锁；另外，它们的金融尚未放开，产业也没调整，即使我们开放也没有用。还要看到，"四人帮"粉碎前，在毛泽东同志、周恩来同志的推动下，我们也抓住西方同我国缓和关系以及在经济危机中急于出口的有利时机，动用 43 亿美元外汇储备，从德国、日本等发达国家进口了一大批化纤、化肥、轧钢、采煤、发电等产业的成套设备。这些设备后来在改革开放时期陆续投产，在一定程度上为我国现代化建设起到了争取时间的作用。

20 世纪 70 年代后期，国内外形势发生了进一步变化。在国内，"四人帮"被粉碎，"文化大革命"结束。在国际上，世界战争的危险有所减弱，和平与发展逐渐成为时代主流。以邓小平同志为核心的党的第二代中央领导集体抓住这一时机，果断否定"两个凡是"的错误方针，恢复党的实事求是的思想路线，平反一系列冤假错案，进而停止使用"以阶级斗争为纲"的错误口号，提出社会主义初级阶段的理论，制定党的"一个中心、两个基本点"的基本路线，开辟了以改革开放为鲜明特征的中国特色社会主义道路，实现了由高度集中的计划经济向计划与市场相结合再向社会主义市场经济体制的转变。从 1978 年至 2011 年，中国充分利用难得的战略机遇期，创造出世界瞩目的又一个中国奇迹：国民生产总值保持年均9.8% 的高速增长，由位居世界第十位上升至第二位，占世界经济的份额由 1.8% 提高至 10%，全国人民实现了从温饱不足到总体小康再向全面小康迈进的历史性跨越；同时，政治、文化、社会等各个领域的工作也都呈现出欣欣向荣的局面，使中华民族以更大的步伐赶上了时代前进的潮流。

党的十八大后，习近平总书记面对国内国际形势出现的新变化，对中国的历史机遇进行了新的分析和判断。他指出，在国内，中国发展具备的机遇和有利条件主要表现为经济社会发展基本面长期趋好，国内市场潜力巨大，社会生产力基础雄厚，科技创新能力增强，人力资源丰富，生产要素综合优势明显，社会主义市场经济体制机制不断完善。在国际环境方面，中国仍处于重要战略机遇期，但内涵和条件发生了很大变化，不再是简单纳入全球分工体系、扩大出口、加快投资的传统机遇，而是倒逼我们扩大内需、提高创新能力、促进经济发展方式转变的新机遇。我们要深刻理解、紧紧抓住、切实用好这样的新机遇，因势利导、顺势而为，在风云变幻的国际环境中谋求更大的国家利益。他还说，从全球看，创新驱动是大势所趋。机会稍纵即逝，抓住了就是机遇，抓不住就是挑战。我们必须增强忧患意识，紧紧抓住和用好新一轮科技革命和产业变革的机遇，不能等待、不能观望、不能懈怠。[1] 他强调，世界繁荣稳定是中国的机遇，中国发展也是世界的机遇。和平发展道路能不能走得通，很大程度上要看我们能不能把世界的机遇转变为中国的机遇，把中国的机遇转变为世界的机遇，在中国与世界各国良性互动、互利共赢中开拓前进。[2] 这些论述表明，我们党对于什么是历史机遇以及如何抓住历史机遇问题，有了更加清醒、更加深刻

---

[1]《中央经济工作会议在北京举行》，《人民日报》2012 年 12 月 17 日。

[2]《更好统筹国内国际两个大局　夯实走和平发展道路的基础》，《人民日报》2013 年 1 月 30 日，第 1 版。

的认识。

正是基于上述认识，以习近平同志为核心的党中央高举中国特色社会主义伟大旗帜，以实现中华民族伟大复兴的中国梦凝聚力量，以抓全面深化改革激发活力，以改进党的作风和社会风气振奋人心，在经济、政治、文化、社会、生态文明建设等各个领域提出了一系列新思想、新要求；在改革发展稳定、内政外交国防、治党治国治军等各方面作出了一系列新论断、新部署，全力维护和延长我国发展的重要机遇期，翻开了中国特色社会主义和中华民族复兴大业的新篇章。

从以上事实可以看出，我们党在新中国执政的 65 年里，尽管存在这样或那样的失误和曲折，但总体上抓住和利用了历史机遇，一直在引领我们国家朝着中华民族伟大复兴的目标奋进，并且使我国走完了发达国家用一二百年甚至三四百年才走完的路。可以毫不夸张地说，我们当前比历史上任何时期都更接近于这个目标，都更有信心、有能力实现这个目标。习近平总书记强调，改革开放前后两个历史时期"决不是彼此割裂的，更不是根本对立的""不能用改革开放后的历史时期否定改革开放前的历史时期，也不能用改革开放前的历史时期否定改革开放后的历史时期"。[1] 中国特色社会主义虽然是在改革开放历史时期开创的，但也是在改革开放前中国已经建立起社会主义基本制度并进行了二十多年建设的基础上开创的，这两个历史时期在社会主义建设的指导思想、方针政策、实际工作上虽然有很大区别，但在坚持社会主义基本制度和共产党领导、马克思主义指导上是一致的，在对社会主义建设进行实践探索上是一致的，在及时抓住和充分利用历史机遇以维护国家主权、领

---

[1]《十八大以来重要文献选编》上卷，中央文献出版社 2014 年版，第 112 页。

土完整和促进国家发展、民族复兴上是一致的。这一重要论述可以说是国史研究的"纲",抓住了这个"纲",我们就能把握国史研究的正确方向,就能正确总结新中国发展的历史经验,就能更好地为中国特色社会主义建设事业服务。

认识中国共产党在
全民族抗战中的中流砥柱作用*

（2015年8月18日）

中国抗日战争是第二次世界大战中开始时间最早、持续时间最长、牵制和消灭日军最多、付出民族牺牲最大的战争，也是近百年来中国人民第一次赢得完全胜利的民族解放战争，是中华民族由衰败走向复兴的重大转折点。它唤起了中华民族的觉醒，改变了中国的命运，推动了中国新民主主义革命的进程。它的胜利彻底粉碎了日本军国主义殖民奴役中国的图谋，重新确立了中国在世界上的大国地位，开辟了中华民族伟大复兴的光明前景。

对于抗日战争史的研究和宣传，过去曾出现过一些偏颇，主要表现是过多强调了国民党政府消极抗战的一面，对以国民党军队为主体的正面战场的作用肯定不够。党的十一届三中全会后，我们党重新确立了马克思主义的实事求是的思想路线，对抗日战争史的研

---

* 本文是作者 2015 年在中国延安精神研究会纪念抗日战争胜利七十周年理论研讨会上的发言，曾发表于《光明日报》2015 年 9 月 19 日第 11 版，并刊于《中华魂》2015 年第 9 期，标题为《充分认识中国共产党在全民族抗战中的中流砥柱作用》。

究和宣传逐步纠正了上述偏颇，在研究、宣传上做到正确认识和把握国民党政府的两面性以及正面战场的作用，既看到国民党政府妥协退让、反共分裂的一面，又看到它联合共产党反抗日本侵略的一面；既看到国民党军队节节败退的事实，又看到其广大将士的英勇、对日军的牵制和取得的一些重大胜利。然而，一段时间以来，在以"告别革命"为核心的历史虚无主义思潮影响下，一些研究和宣传又走向另一个极端，一方面竭力粉饰以蒋介石为代表的国民党顽固派，否认其对日本妥协退让和对中共限制、摩擦的行径，人为抬高正面战场的作用，甚至为以汪精卫为代表的汉奸、卖国贼辩护，散布"卖国有理"论；另一方面，千方百计贬低共产党及其领导的八路军、新四军的作用，丑化共产党的领导人，甚至编造谣言或采用文艺手段污辱为抗日流血牺牲的烈士和英雄人物。因此，在纪念中国人民抗日战争暨世界反法西斯战争胜利 70 周年之际，很有必要充分认识和大力宣传中国共产党在全民族抗战中的中流砥柱作用。

为什么说中国共产党在全民族抗战中具有中流砥柱作用呢？纵观全部抗战史，我认为起码有以下八点根据。

第一，不是别个政党，而是中国共产党始终高举坚决抵抗日本侵略的大旗，不仅在第一时间发表反对日本帝国主义军事侵略和占领的宣言，主张组织民众开展游击战争，支援和联合各种抗日组织和军队共同抗日，而且坚决反对当局的不抵抗政策和社会的悲观情绪，于 1934 年即从南方革命根据地派出北上抗日先遣队，并在中央红军长征到达陕北后明确提出建立抗日民族统一战线的新策略，从而使爱国力量看到了希望，提升了信心，振奋了精神，遏制了妥协退让势头的扩大和各种失败论、投降论的漫延。

第二，不是别个政党，而是中国共产党积极争取国共两党捐弃前嫌，再次合作，共御外敌，并在 1933 年初即提出愿同任何武装部队订立共同对日作战的协定，在西安事变后积极斡旋各方使之和平解决，七七事变后又主动停止推翻国民党政权和没收地主阶级土地的政策，取消苏维埃政府和红军的名义、番号，从而促成了国共第二次合作和抗日民族统一战线的形成。

第三，不是别个政党，而是中国共产党明确提出全面抗战的路线和持久战的战略方针，反对那种只实行政府和军队抗战、拒绝一切有利于抗日的改革、不给人民以抗日必需的民主自由权利、不改善人民大众生活、防止人民力量在抗战中发展的片面抗战，以及过分强调"以空间换时间"、过分依赖列强干涉和外援的消极倾向，主张把全民族抗战和争取人民民主、改善人民生活结合起来，把反对外敌入侵与推进社会进步统一起来，正确处理民族矛盾与阶级矛盾的关系；同时，最早预见到抗日战争的持久性和战争发展的三大阶段及其特点，并针对"亡国论"和"速胜论"，提出对日实行持久战的思想和一整套关于持久战的理论、战略及作战方针，从而为争取各阶层人民参加抗战指明了正确道路，调动了广大民众支持抗战的热情，为争取抗战最后胜利指明了正确方向和道路，鼓舞和坚定了广大军民争取胜利的信心和决心。

第四，不是别个政党，而是中国共产党广泛动员民众开展抗日救亡运动，支持和帮助一切对日作战的军事力量，在九一八事变后立即发动大中城市举行各界抗日救国大会和游行请愿，"一·二八"事件后通过上海地下党组织发动群众支援前线，在"何梅协定""秦土协定"、华北事变发生后通过北平地下党组织发动"一·二九"运动，在蒋介石亲临西安督剿红军时又通过东北军地下党组织发动逼蒋抗日的群众请愿示威活动；同时，主动联络、推动、支持、帮助冯玉祥、傅作义、蔡廷锴、蒋光鼐、张学良、杨虎城、王以哲、于学忠、高桂滋、阎锡山等国民党将领和地方实力派进行抗战或准备抗战，密切联系宋庆龄、何香凝、柳亚子、谭平山等国民党左派和民族工商界、文化界进步人士推动抗战，从而压制了国内的投降暗流，迎来了全国上下的抗战高潮。

第五，不是别个政党，而是中国共产党大力开展敌后游击战争，不仅在华北、华中、华南发展抗日武装，而且在东北建立了抗日联军，并创造多种武装斗争形式，充分发挥人民战争威力，先后取得平型关大捷等一系列对日作战的胜利，歼灭了大量日伪军，造成敌占城市的反包围态势和交通线的瘫痪，迟滞了日军南下步伐，有力配合了国民党军队正面战场的作战；另外，随着八路军、新四军及民兵队伍的发展壮大和百团大战等对日作战的加强，使日伪军多数兵力被逐渐吸引到华北、华中，使敌后战场逐渐成为抗日战争的主战场，从而减轻了正面战场的压力，促进国民党政府终于将抗战坚持到最后胜利。当年，我国综合实力尽管远不如日本，但凭着共产党联系人民群众之紧密、动员组织能力之高超、统一指挥之有效、部队作风之顽强，如果能有国民党军队的装备、给养，哪怕只有一半，抗战胜利的时间也会大大提前，中国人民的苦难和损失将会大大减轻。

第六，不是别个政党，而是中国共产党坚决抵制了国民党在全民族抗战中的动摇，揭露了其对日妥协的严重性，并通过发动国统区民众和爱国力量的反妥协斗争及加强敌后战场的作战，挫败了日本的诱降图谋；同时，正确执行与国民党"又联合又斗争、以斗争求团结"的方针，对国民党顽固派的摩擦活动予以针锋相对的回击，打退了国民党顽固派制造的包括晋西事变、皖南事变在内的两次反共高潮，并制止了第三次反共高潮发展成为大规模武装进攻，从而避免了国共合作的破裂，使抗日民族统一战线得以维持到抗战胜利。

第七，不是别个政党，而是中国共产党有效收复被国民党军队丢失的大片国土，并在此基础上普遍建立起抗日民主根据地，作为支撑持久广泛的敌后游击战争的战略基地；同时，为了巩固这些根据地，在政权建设上实行"三三制"和基层选举、精兵简政等原则；在经济建设上实行减租减息，发展个体经济基础上的合作经济组织；在文化建设上实行以抗日救国为目标的新教育制度，推动新文化运动，形成干部教育、初等和中等国民教育、各种形式的社会教育三位一体的教育体制，普遍成立以宣传抗日为主旨的文艺团体和大批农村剧社，鼓励创作人民群众喜闻乐见、激励抗战精神的作品；尤其在抗战进入相持阶段后，面对日军将作战重点转向敌后战场和国民党实行消极抗日、积极反共政策带来的财政经济困难，陕甘宁边区和各抗日根据地掀起大规模生产自救运动，做到了人民生活改善、军队自己供给，所有这一切不仅为坚持敌后抗战奠定了物质基础，也为全国实行"军民一致、军政团结、政治民主、经济有办法"提供了示范，为全民族救亡图存支撑了希望，为后来我们党在全国范围建立政权积累了经验。

第八，不是别个政党，而是中国共产党模范发挥中华民族先锋队的作用，以艰苦奋斗、不怕牺牲、扎根群众、官兵平等、严守纪律、顾全大局的实际行动铸就了伟大的抗战精神，涌现出杨靖宇、马本斋、赵一曼、投江的八名抗联女官兵、狼牙山五壮士等无数可歌可泣的英雄人物，赢得了包括爱国进步人士在内的广大人民群众的尊重，吸引了包括作家、教授、大学生在内的广大知识分子的加入，从而给抗日战争注入了强大的精神力量，成为在抗战全过程始终引领中华民族冒着敌人炮火前进的旗帜。正如当年美军驻延安军事观察组的评论所说："共产党领导的抗战，有一种生机勃勃的气氛和力量，一种和敌人交手的愿望，这在国民党的中国是难以见到的。"

　　只要尊重历史事实，都不难从以上八大方面看出，中国共产党确实是抗日战争的中流砥柱。如果没有中国共产党，抗日战争将难以有正确路线的指引、广大民众的参与、强大精神的支撑；那样，中华民族势必还要在战争的黑暗中苦斗相当长的时间，胜利了也不会有真正的民族独立和人民解放。

　　2014年9月3日，习近平总书记在纪念中国人民抗日战争暨世界反法西斯战争胜利69周年座谈会的讲话中指出："中国共产党的中流砥柱作用是中国人民抗日战争胜利的关键。""中国共产党坚持全面抗战路线，制定正确战略策略，开辟广大敌后战争，成为坚持抗战的中坚力量。无论条件多么艰苦、形势多么险恶、战争多么残酷，中国共产党始终坚持抗战、反对投降，坚持团结、反对分裂，坚持进步、反对倒退，同各爱国党派团体和广大人民一起，共同维护团结抗战大局。中国共产党人以自己的政治主张、坚定意志、模范行动，支撑起全民族救亡图存的希望，引领着夺取战争胜利的正确方向，成为夺取战争胜利的民族先锋。"习近平总书记的这一论述，是对中国共产党在全民族抗战中的中流砥柱作用的精辟概括。

　　当前，国内外敌对势力借我们全面认识和宣传国民党及正面战场在全民族抗战中的作用之机，贬低和否认中国共产党的中流砥柱作用，这是与他们妄图通过污蔑、攻击我们党的历史来否定我们党的执政资格、推翻我们党的领导的目的相一致的。我们纪念中国人民抗日战争暨世界反法西斯战争胜利70周年，就要重温抗战的历史，以铁的事实反击那些歪曲历史的谬论，充分认识和大力宣传中国共产党在全民族抗战中的中流砥柱作用，以激励全国各族人民紧密团结在以习近平同志为核心的党中央周围，继续沿着中国特色社会主义道路前进，为实现"两个一百年"奋斗目标和中华民族伟大复兴而努力奋斗！

中国道路是顺应时代发展潮流的选择[*]

（2015年11月22日）

我们对于中国道路的自信，既源于中国道路与中国国情的高度相符，也源于中国道路与时代发展潮流的完全契合。

中国特色社会主义说到底是社会主义，即初级阶段的社会主义或社会主义的中国模式。马克思主义告诉我们，人类社会的时代如果用社会形态来划分的话，大体要经历原始社会、奴隶制社会、封建社会、资本主义社会、共产主义社会等时代；社会主义是由资本主义向共产主义过渡的社会，是共产主义社会的第一阶段。20世纪初，列宁运用马克思主义基本原理对资本主义社会作了进一步考察，指出资本主义已从自由竞争阶段发展到垄断阶段，使世界进入到帝国主义和无产阶级革命的时代。俄国十月革命和中国的新民主主义革命，正是这一时代背景下的产物；两场革命胜利后都选择走社会主义道路而不走资本主义道路，正是顺应这一时代发展潮流的体现。

20世纪80年代末90年代初的苏联解体、东欧剧变，使世界社会主义发展进入低潮。然而，剧变不等于世界社会主义失败了、终

＊ 本文曾发表于《人民日报》2015年11月22日第5版。

结了，占世界人口 1/5 的中国仍然在坚持社会主义制度便是最有力的证明。当年，中国新民主主义革命中也曾有过几次低潮，但每次低潮过后都迎来了高潮，并最终取得了胜利。世界社会主义发展今天处于低潮，同样不意味着今后就不会有高潮。所以，当今时代从性质上看，仍然是资本主义向社会主义过渡的时代。这是我们坚持中国特色社会主义最为根本的时代条件和时代依据。习近平同志之所以反复强调"革命理想高于天"，就是要我们认清社会历史发展不可逆转的这个总趋势，始终忠诚于对马克思主义的信仰和对社会主义、共产主义的信念，做到无论遇到多大风浪都坚持中国特色社会主义不动摇。

马克思主义语境下的时代，少则数百年，多则数千年。因此，同一个时代也会有不同的历史时期，面临不同的时代课题。比如，第二次世界大战结束至 20 世纪七八十年代前，亚非拉民族民主运动此起彼伏，民族要独立、人民要解放的呼声不断高涨。同时，帝国主义国家对争取独立的第三世界国家频频发动侵略战争和武装干涉，对新中国则进行军事威胁、经济封锁。在这种国际形势下，革命与战争自然成为那一历史时期的时代主题。20 世纪七八十年代后，随着旧的殖民体系土崩瓦解，获得独立的第三世界国家要求和平与发展的呼声越来越强烈。同时，随着超级大国之间军备竞赛的加剧，战争的威胁反而相对减弱；随着布雷顿森林体系的解体和发达资本主义国家经济结构的调整，加快资本输出、扩大海外市场、向第三世界国家转移制造业，成为一股新的潮流。另外，随着信息、生物、材料等技术的突破，现代科学技术发展呈现日新月异的局面。针对这个形势，邓小平同志作出了和平与发展已成为世界两大问题，大规模世界战争在较长时间内有可能不发生，我们要抓住机遇加快发展的科学判断。基于对时代主题变化的这一新判断以及对新中国头 30 年社会主义革命与建设经验教训的深刻总结，我们党实施了工作重心由以阶级斗争为纲向以经济建设为中心的转移，实行了全面改革和全方位开放，从而开创了中国特色社会主义道路。所以，中国特色社会主义道路不仅是对当今时代性质和人类历史发展总趋势的顺应，而且反映了时代的新要求，体现了时代的新特征，利用了时代的新条件。

新中国成立至今的 60 多年里，经历了改革开放前后两个历史时期。改革开放前，中国人民在中国共产党领导下进行了社会主义改造，确立了社会主义基本制度，开展了轰轰烈烈的社会主义建设，对社会主义道路进行了艰辛探索，从而为当代中国一切发展进步奠定了根本政治前提、制度基础和物质基础。改革开放后，我们党带领人民继承和发展我国社会主义建设实践探索的成果，回答了建设中国特色社会主义的一系列基本问题，实现了从高度集中的计划经济体制到充满活力的社会主义市场经济体制的历史性转变，使一切创造社会财富的源泉得到充分涌流，使中华民族大踏步赶上了时代进步的潮流并迎来伟大复兴的光明前景。这一切充分说明，中国特色社会主义不仅符合我国的实际情况，也符合时代前进的大方向和当今的时代特征。

当前，面对国际国内形势的深刻变化，以习近平同志为核心的党中央对中国特色社会主义道路的时代性问题作出了更加深入全面的阐述。习近平同志指出："事实一再告诉我们，马克思、恩格斯关于资本主义社会基本矛盾的分析没有过时，关于资本主义必然消亡、社会主义必然胜利的历史唯物主义观点也没有过时。这是社会历史发展不可逆转的总趋势。"[1] 因此，科学社会主义基本原则不

---

[1]《十八大以来重要文献选编》（上），中央文献出版社 2014 年版，第 117 页。

能丢。"不论怎么改革、怎么开放，我们都始终要坚持中国特色社会主义道路、中国特色社会主义理论体系、中国特色社会主义制度。"① 另一方面，习近平同志又指出："资本主义最终消亡、社会主义最终胜利，必然是一个很长的历史过程。我们要深刻认识资本主义社会的自我调节能力，充分估计到西方发达国家在经济科技军事方面长期占据优势的客观现实。"② 尽管天下还很不太平，但"国际力量对比继续朝着有利于世界和平与发展的方向发展"，和平与发展仍然是时代的主题。因此，要有很强的战略定力，抓住和充分利用仍然可以大有作为的重要战略机遇期，坚定不移走和平发展道路，"集中精力办好自己的事情，不断壮大我们的综合国力，不断改善我们人民的生活，不断建设对资本主义具有优越性的社会主义，不断为我们赢得主动、赢得优势、赢得未来打下更加坚实的基础"③。我们坚信，只要坚持从中国国情出发，顺应时代发展潮流，协调推进"四个全面"战略布局，中国特色社会主义道路就一定会越走越宽广，对人类进步事业所作的贡献就一定会越来越大。

---

① 《十八大以来重要文献选编》（上），中央文献出版社 2014 年版，第 110 页。

② 《十八大以来重要文献选编》（上），中央文献出版社 2014 年版，第 117 页。

③ 《十八大以来重要文献选编》（上），中央文献出版社 2014 年版，第 117 页。

坚持和加强
中国共产党领导的理论与实践依据*

（2016年1月）

中国共产党成立至今已经95年了，如果用人来比喻，已经经过幼年、少年、青年，进入了中年。毛泽东同志为庆祝建党28周年撰写的《论人民民主专政》一文中指出："人到老年就要死亡，党也是这样。阶级消灭了，作为阶级斗争的工具的一切东西，政党和国家机器，将因其丧失作用，没有需要，逐步地衰亡下去，完结自己的历史使命，而走到更高级的人类社会。"① 不过，我们党的历史使命现在还远远没有完结，因此党不仅不能消亡，相反要不断壮大；党的领导不仅不能削弱，相反要继续加强，直到自己历史使命的完结。

当年，毛泽东同志在《论人民民主专政》一文中运用马克思主义基本原理，对帝国主义反动派咒骂中国共产党"独裁""极

---

* 本文曾刊于《世界社会主义研究》2016年第1期，标题为《我们为什么要坚持和加强中国共产党的领导——为纪念中国共产党成立95周年而作》。收入本书时，作者做了删节修改。

① 《毛泽东选集》第4卷，人民出版社1991年版，第1468页。

权""不仁""太刺激了"等种种谬论进行了一一驳斥，同时对幻想走"第三条道路"的人们进行了说服教育。近些年来，国内外敌对势力又通过散布历史虚无主义、民主社会主义、西方宪政、"普世价值"等思潮，诬蔑我们党的领导是什么"专制"的、"不民主"的、"不合法"的、不符合"宪政"原则和"普世价值"的，竭力为否定、取消和推翻中国共产党的领导制造理论根据。我们要坚持中国特色社会主义，不妨利用庆祝建党 95 周年之际，进一步论证共产党领导的必然性、必要性、正义性、科学性、民主性、合法性和合理性，批驳敌对势力的上述谬论，为在这些问题有所疑惑的群众做好解疑释惑的工作。

一、坚持和加强中国共产党的领导是中国人民的历史选择

中国自 1840 年鸦片战争后就面临两大历史问题，即国家的独立和工业化。为此，中国的仁人志士曾进行过种种努力，试图通过走西方资本主义道路来加以解决，最终统统抱恨而归。在此背景下，中国工人阶级的政党中国共产党应运诞生，并从成立伊始便担起了阶级解放以及本该由资产阶级负责解决的国家独立和工业化这两副重担。

现在有人说，中国工人阶级在中国共产党成立时人数很少，并没有建立政党的条件，是俄国共产党策划和经费支持的结果；还说列宁这样做包藏利己的动机，是为了让帝国主义无法集中力量对付俄国革命。这些说法并非什么新发明，而是从历史垃圾堆里捡来的破烂货。

中共在建党时得到过俄共帮助是事实，但这并不表明中共是

靠外援建立起来的。第一，中国工人阶级当时人数少，只是相对农民阶级而言，就其绝对数量来说并不少，1914 年已有 100 万人以上，五四运动前夕更达到了 200 多万人。而共产主义者同盟成立时，英国工人阶级不过 400 多万人；俄国共产党成立时，产业工人也只有 300 万人；日本工人阶级的政党社会民主党第二次成立时，全国工人还不到 100 万人。[①] 由于外国人在中国直接经营企业比中国民族工业要早，所以，"中国无产阶级的很大一部分较之中国资产阶级的年龄和资格更老些，因而它的社会力量和社会基础也更广大些"[②]。第二，中国工人阶级由于受到本国资产阶级、帝国主义势力和本国封建地主阶级的三重压迫，反帝反封建的要求最为强烈，斗争性也最为坚定，五四运动以前就多次举行反帝反封建的大规模游行示威，五四运动中更作为独立的政治力量登上了历史舞台。第三，中国一批接受马克思主义的先进知识分子，早在五四运动期间就自觉地与工人运动相结合，并已意识到建立工人阶级政党的必要性，已经在着手建党，许多地方也建立了党的早期组织，只是还没有统一罢了。第四，俄共当时不仅资助共产党，也给国民党经费，而且比给中共的多得多。第五，世界近代史上的革命运动得到外国资助的情况并不鲜见，如美国独立战争、法国大革命等。所以，中共的建立是中国工人阶级的斗争需要和革命形势的必然产物，即使没有外力帮助，迟早也是会建立的。至于列宁号召世界无产阶级革命，支持殖民地半殖民地国家进行民族民主解放运动，不仅来源于马克思主义世界革命的理论，而且完全符合当时世界革命的形势，并非只是为了分散帝国主义

① 以上数字均见《世界通史·近代部分》（周一良、吴于廑主编），人民出版社 1972 年版。

② 《毛泽东选集》第 2 卷，人民出版社 1991 年版，第 627 页。

对俄国新生革命政权的压力。

中国共产党建立后，把马克思主义与中国实际相结合，正确回答了在一个农民占人口绝大多数、农村占国土绝大面积、农业占国民经济绝大成分的半殖民地半封建国家里，如何实现民族独立和工业化等一系列理论和实践问题，从而取得了民族民主革命的领导权，并用自己的模范行动，带领人民通过艰苦卓绝的斗争，取得了新民主主义革命的胜利，建立了人民当家作主的新中国。接着，它又带领人民通过社会主义革命和建设，确立了社会主义的基本制度，建立了独立的比较完整的工业体系和国民经济体系；通过改革开放和社会主义现代化建设，开创了中国特色社会主义道路，大幅度提高了中国的综合国力、人民生活水平和国际地位，从根本上改变了中国人民的前途命运。正是这一切，赢得了中国人民对它的信任和拥护。所以，中国共产党的领导地位不是自封的，更不是什么人赐予的，而是历史和人民选择的结果。正如江泽民同志在庆祝中国共产党成立八十周年大会上的讲话指出的："没有共产党，就没有新中国；有了共产党，中国的面貌就焕然一新。这是中国人民从长期奋斗中得出的最重要最基本的结论。"

二、坚持和加强中国共产党的领导是中国法律的明确规定

现在有人以中国共产党没有进行所谓"政党登记"为借口，指责我们党的领导"不合法"。他们煞有介事地摆出一副法律专家的架势，自以为找到了可以置共产党于死地的"法宝"，结果却是搬起石头砸自己的脚，暴露出其反共反华势力"马前卒"的丑恶嘴脸。

凡是对马克思主义国家学说稍有常识的人都知道，社会主义国

家同资本主义国家是社会制度根本不同的两种国家，它们的重大区别之一就是，前者公开声明自己实行无产阶级专政，由无产阶级政党领导，不允许代表资产阶级利益的政党与自己分享政权；而后者表面上把自己打扮成"全民国家"，搞所谓多党竞选、轮流执政，实际上实行的却是资产阶级专政。马克思说过："革命是人民权利的法律根据"。[①]列宁也说过："无产阶级的革命专政是由无产阶级对资产阶级采用暴力手段来获得和维持的政权，是不受任何法律约束的政权。"[②]这就告诉我们，无产阶级革命以及革命胜利后建立的无产阶级政权，都是不受资产阶级法律限制的。因此，社会主义国家不能再用资产阶级的法律来对待政党设置和政党登记一类的问题。

社会主义国家不搞政党登记，并不等于无产阶级政党的领导就没有法律依据。拿中国共产党来说，新中国成立前，它就在所有革命力量中确立了自己的领导核心地位，正因为如此，各民主党派、无党派人士纷纷响应它关于召开新政治协商会议、成立民主联合政府的号召。中国人民政治协商会议第一届全体会议通过的《中国人民政治协商会议共同纲领》第一章总纲中明确规定："中华人民共和国为新民主主义即人民民主主义的国家，实行工人阶级领导的，以工农联盟为基础的、团结各民主阶级和国内各民族的人民民主专政。"这里所说的实行工人阶级领导，自然意味着实行工人阶级的政党——中国共产党的领导；所说的团结各民主阶级，自然意味着团结各民主阶级的政党——各民主党派和无党派民主人士。在那次会上，中国民主同盟、民主建国会、国民党革命委员会、农工民主党、致公党、九三学社、民主促进会和无党派民主人士、华侨民主

---

① 《马克思恩格斯全集》第 6 卷，人民出版社 1961 年版，第 130 页。

② 《列宁选集》第 3 卷，人民出版社 2012 年版，第 594 页至 595 页。

人士、全国工商界、宗教界的领导或代表，均声明坚决拥护中国共产党领导。可见，无论中国共产党的执政地位还是拥护共产党的民主党派和无党派民主人士的参政资格，都是新中国成立伊始就在具有临时宪法性质的《中国人民政治协商会议共同纲领》中得到确立的，根本不存在还要通过什么"政党登记"来加以确认的问题。

此后，1954年全国人民代表大会一届一次会议上通过的《中华人民共和国宪法》，以及1975年、1978年、1982年历次修改的《中华人民共和国宪法》序言部分，都明确指出中华人民共和国是中国共产党领导各族人民经过长期革命斗争后建立的，今后各族人民要继续在共产党的领导下进行社会主义建设，各民主党派和各人民团体参加的爱国统一战线也要继续在共产党的领导下巩固和发展。这些论述都是中国共产党作为中国人民领导核心，处于中国执政地位的法律依据。1982年修订的《中华人民共和国宪法》还指出，我国"生产资料私有制的社会主义改造已经完成，人剥削人的制度已经消灭，社会主义制度已经确立。""在我国，剥削阶级作为阶级已经消灭。""中国人民政治协商会议是有广泛代表性的统一战线组织，过去发挥了重要的历史作用，今后在国家政治生活、社会生活和对外友好活动中，在进行社会主义现代化建设、维护国家统一和团结的斗争中，将进一步发挥它的重要作用。"这些论述意味着，自从1956年中国由新民主主义过渡到社会主义社会之后，参加政协的各民主党派已经不再是民族资产阶级利益的代表者了，共产党领导的多党合作、政治协商已经成为中国社会主义的一项基本政治制度。可见，那种以所谓"没进行政党登记"而妄图否定中国共产党领导合法性的言论，完全是痴人说梦。事实说明，真正违法、违宪的恰恰是发表那种言论的人。

三、坚持和加强中国共产党的领导是社会主义经济基础的必然要求

很长时间以来，一些人总爱拿西方宪政作为根据，攻击社会主义国家实行共产党一党执政违反了西方"宪政"的多党轮流执政的原则，是什么"一党专政"。少数群众从表面上看问题，认为他们说的似乎有道理。其实，只要深入分析一下就可以看出，他们的所谓道理纯粹是歪道理，是把资本主义国家的政党制度作为"普世"标准，衡量和剪裁社会主义国家的政治制度，是根本站不住脚的。

经济基础决定上层建筑，一个国家实行什么样的政治制度、政党制度，归根结底由这个国家实行的经济制度所决定，这是马克思主义的一个基本原理。中国实行共产党领导的多党合作、政治协商的政党制度而不实行多党轮流执政；军队由共产党绝对领导而不搞"非党化""国家化"，这一切最深刻的根源都在于中国实行的是公有制为主体、多种所有制经济共同发展的基本经济制度，在于社会主义全民所有制经济是中国国民经济的主导力量。这种经济制度决定了，在我国人民内部的根本利益是一致的，并且不允许任何势力破坏这种根本利益的一致性。建立在这种经济制度之上并为之服务的政治制度，只能是工人阶级领导的以工农联盟为基础的人民民主专政，其政党制度也只能是由代表人民根本利益的工人阶级政党一党执政。在社会主义初级阶段和市场经济条件下，人民内部的利益必然呈现多元化态势，不同利益之间的矛盾肯定比单一公有制条件下的矛盾复杂和激烈得多。但社会主义的基本制度又决定了这种矛盾是受到限制的，就是说，在中国特色社会主义社会里，人民内部的矛盾无论多复杂多激烈，都不允许发展到根本利害冲突的程度，不允许出现与人民根本利益相对立的利益集团及其政治代表。既然

如此，当然不需要有其他政党与代表人民根本利益的中国共产党相互竞争、轮流执政；同时，为了使共产党的执政地位不被架空、人民的根本利益不受损害，军队也必须由而且只能由中国共产党一党绝对领导。

资本主义国家之所以要实行多党竞选、轮流执政的政党制度，同样是由其经济基础决定的。资本主义实行生产资料的资本家私人占有制，在这种制度下掌握生产资料的资产阶级内部分为不同的利益集团。这就决定了资本主义国家必须实行多党制和多党轮流执政，而不能实行一党执政，否则，有些利益集团的利益就会缺少自己的政治代表者，代表不同利益集团的政党就会缺少平等上台的机会。同样，这一制度也决定了其军队只能"非党化""国家化"，而不能由哪一个政党单独领导，否则，多党轮流执政就难以实行。这些情况在社会主义国家是根本不存在的。然而，同时又要看到，资本主义国家里的不同利益集团，毕竟同属于资产阶级，因此，代表不同利益集团的政党归根结底都是资产阶级政党。西方国家中的资产阶级政党之间虽然有利益之争，但在维护资本主义私有制、压制工人阶级和人民大众的反抗、保证西方发达国家始终主导国际经济金融政治秩序等方面，彼此利益又是一致的。从这个意义上说，资本主义国家的多党制实际上也是一党制，是资产阶级的一党制。美国哥伦比亚大学一位教授就说："不管是共和党还是民主党掌权，结果几乎没有什么不同。"在这种情况下，资本主义国家的军队虽然是"非党化""国家化"的，但并没有改变其由资产阶级政党绝对领导和作为资产阶级专政工具的本质。

中国共产党在社会主义初级阶段的基本路线是"以经济建设为中心，坚持四项基本原则、坚持改革开放"。而在四项基本原则中，除了社会主义道路、中国共产党领导、马克思列宁主义和毛泽东思想之外，还有无产阶级专政即人民民主专政。邓小平同志指出："无产阶级作为一个新兴阶级夺取政权，建立社会主义，本身的力量在一个相当长时期内肯定弱于资本主义，不靠专政就抵制不住资本主义的进攻。坚持社会主义就必须坚持无产阶级专政，我们叫人民民主专政。"[①] 他还指出："没有人民民主专政，党的领导怎么实现啊？"[②] 这些话表明，要坚持社会主义道路、坚持中国共产党的领导，就要坚持人民民主专政，坚持党对军队的绝对领导。

习近平总书记反复强调，要坚定中国特色社会主义的道路自信、理论自信、制度自信。要树立这些自信，就要树立对社会主义政治制度、政党制度的自信。这些制度都是在社会主义经济基础上建立起来的，同时又反过来保证社会主义的经济制度不被破坏，保证改革开放不走偏方向，保证最大多数人民的整体利益不受侵犯，保证我们国家的安全不遭危害。国内外敌对势力之所以起劲反对中国共产党领导，鼓噪我们的军队、政法队伍要"非党化""国家化"，其根本原因也在这里。

四、坚持和加强中国共产党的领导是人民民主的实现形式

民主是相对专制而言的政治制度，但同样实行民主制的国家，对民主的理解和实践却大相径庭。马克思主义导师在谈论民主时，总是把它和阶级问题联系在一起，认为在阶级社会里，民主实质上是统治阶级的民主。列宁说：在资本主义社会，比较完全的民主制度就是民主共和制，"但是这种民主制度始终受到资本主义剥削制

---

① 《邓小平文选》第 3 卷，人民出版社 1993 年版，第 365 页。

② 《邓小平年谱（1975—1997）》下，中央文献出版社 2004 年版，第 1363 页。

度狭窄框子的限制，因此它实质上始终是少数人的即只是有产阶级的、只是富人的民主制度"①。资产阶级为了模糊民主的阶级性质，总是把是否进行多党竞选、轮流执政，作为衡量一个国家是否民主的"尺子"。所谓社会主义国家"不民主""专制"的说法，就是用这把"尺子"衡量的产物。

选举当然是民主的一种形式，但选举并不等于就是民主，尤其不等于真正的实质的民主。同样是选举，由于对选举权有不同规定，其广泛性会有很大差别。例如，西方国家在相当长时期内就对选举权作过诸如财产、性别、族裔、居住时间等的限制。正因为如此，第二次世界大战前的苏联和第二次世界大战后诞生的社会主义国家曾被世人普遍认为是民主国家，而西方国家则是反民主的国家。只是后来西方国家在国内人民争取民主权利的持续斗争下，逐渐放宽了选举权上的种种限制，这才回过头来以所谓实行"一党专制"为由，攻击社会主义国家"不民主"。另外，选举本身也有各种形式，如直接选举、间接选举等。究竟采用哪种形式好，与国家大小、人口多少、选举内容等都有关系。只把西方的选举形式视为民主的标杆，而攻击社会主义国家的选举"不民主"，是毫无道理的。即使在西方国家，选举至今也有直接、间接之分。

选举能不能反映大多数人民的真正意愿，还取决于选举的规则。例如，西方国家的总统或议会选举，普遍实行募集竞选资金的办法，使选举很大程度上被金钱所操纵，成为金钱的竞争，而这恰恰反映了资本主义民主的本质。现在已有越来越多的人认清了这种民主的虚伪性，就连西方国家一些良知未泯的政治家、学者也承认，在他们那里的总统、议会选举中，真正起作用的是金钱。例

---

① 《列宁选集》第 3 卷，人民出版社 2012 年版，第 189 页。

如，美国前总统卡特就说过："美国只有寡头政治，无限制的政治贿选成为提名总统候选人或当选总统的主要影响因素。州长、参议员和国会成员的情况也是如此。"美国前国务卿鲍威尔的办公室主任劳伦斯·威尔克森也说："美国的政治由大约 400 人决定，他们掌握着数万亿美元的资产，在幕后操控美国政府的决策。""因此，政权掌握在约占美国总人口 0.001% 的人的手中。"2016 年 4 月，美国许多城市发生了反金钱政治的"民主之春"活动，示威者们要求"结束金钱政治的腐败行为"，手中的标语上写着："将巨额献金清扫出政治""金钱滚出政治"。在这种情况下，还硬要把西方选举民主拿来作为评判其他国家是否民主的"普世价值"，岂不让人笑不可抑。

尤其应当看到，民主的本质不同，在实现形式上必然会有很大不同。社会主义民主即人民民主，是多数人的真正的民主，是不同于资本主义民主的新型民主。这种民主的本质在于使占人口多数的人民群众的利益能够在国家的法律、制度、政策、决策中得到充分体现。实现这样的民主，当然不能不用选举的形式，但更为重要的是，要使代表多数人利益的政党牢固地执掌政权。《共产党宣言》说："过去的一切运动都是少数人的或者为少数人谋利益的运动。无产阶级的运动是绝大多数人的、为绝大多数人谋利益的独立的运动。"[①] 同时指出："在无产阶级和资产阶级的斗争所经历的各个发展阶段上，共产党人始终代表整个运动的利益。"[②] 这就说明，共产党正是这种"为绝大多数人谋利益""始终代表整个运动的利益"的政党。尤其在近代中国，特殊的历史条件决定了中国共产党从建党

---

① 《马克思恩格斯选集》第 1 卷，人民出版社 2012 年版，第 411 页。

② 《马克思恩格斯选集》第 1 卷，人民出版社 2012 年版，第 413 页。

之初就既是无产阶级先锋队又是中华民族先锋队。因此，只要站在多数人的立场上看问题，就不能不承认中国共产党的领导是中国最大多数人民民主的前提条件、真正体现和重要保障，是人民民主的首要实现形式。

此外，为了实现人民民主，中国共产党还建立了与各民主党派和各界代表定期协商的制度，各级领导干部深入调研、广泛听取基层群众意见的制度，党和政府接受与认真处理群众信访的制度等制度。所有这些也都是人民民主的实现形式。可见，人民民主的实现形式绝非只有选举。我们还要看到，即使选举，照样不能离开党的领导。否则，任由少数人用金钱搞暗箱操作，只会使民主变味、走样，成为向社会主义民主制度的挑战。近些年在湖南衡阳、四川南充和辽宁等地发生的拉票贿选案件，都从反面有力地说明了这一点。

五、坚持和加强中国共产党的领导是中华民族伟大复兴的根本保证

中华民族曾经创造过世界最古老灿烂的文明，只是近代落伍了，现在要追赶世界的先进水平，重新自立于世界民族之林，必须有一个能代表民族整体利益，能把蕴藏在包括海外炎黄子孙中的力量最大限度调动出来、集中起来的政党来领导国家。在当代中国，这个党不可能是其他任何政治组织，而只能是中国共产党。

历史已经说明，中国共产党的领导对于中华民族伟大复兴的事业不仅是必要条件，而且是最大的政治优势。习近平同志在2012年7月省部级主要领导干部专题研讨班结业式上，曾把我们

党经过长期奋斗形成的独特优势，概括为理论优势、政治优势、组织优势、制度优势和与人民群众密切联系的优势。这一概括无论对于我们充分认识坚持党的领导的必要性，还是深刻认识珍惜、继承和发扬党的优良传统和宝贵资源，都具有极为重要的意义。

最近，人民大学出版社出版了台湾"中央研究院"院士朱云汉所著《高思在云：一个知识分子对 21 世纪的思考》一书。书中写道，许多学者认为，从 1949 年新中国成立到 1979 年改革开放，中国前 30 年都浪费掉了。然而恰恰是这个时期，中国以高昂的社会代价建设了动员能力特别强的现代国家，完成了相当彻底的社会主义革命，将土地和工业资本全面公有化，建立了非常强的国家意识，成为中国近 30 年快速发展的基础。如果将中国与印度相比，社会政治体制对经济发展的作用更为明显。大多数曾在中印做过实地考察的学者都承认，中国政治体制的治理能力要远强于印度。他对我国政治制度的这些评论是很有见地的，其客观性、深刻性比起内地的一些所谓"公知"，不知要强出多少倍。

中国共产党现有 8800 多万名党员，其中，35 岁以下的约占四分之一。我们要看到新中国成立前入党的党员在党员比重中越来越少，但也要看到青年人成为党员主体是党保持活力、后继有人、前途光明的象征；要看到要求入党的人中的确有一些动机不够端正，但也要看到大多数人是抱着为人民服务的愿望入党的，而且入党动机往往还要在入党后通过不断的教育和学习、实践加以逐步端正；要看到党内一部分干部的腐败和官僚主义、形式主义问题相当严重，但更要看到绝大多数党员和广大基层干部在为国家为人民积极工作、默默奉献；要看到的确有一些愿意为人民服务、个人品行也端正的人，由于党内腐败现象而不愿意入党，但也要看到大多数要求入党的人能够把腐败分子、腐败现象与我们党的性质、宗旨、纲领加以区别；要看到群众中存在对党和政府工作的信任危机，但也要看到广大群众对党和政府的满意度、信任度与世界各国的同类民意调查结果相比，都是最高的。

持续了 20 年的一项高校学生问卷调查显示，对党的执政能力增强和中国特色社会主义事业发展持乐观态度的人分别占 89.6% 和 98.1%。[①]美国爱德曼公司发布的 2009—2010 年中美两国民众对政府信任度比较报告表明，2009 年分别为 74% 和 46%，2010 年分别为 88% 和 40%，中国比美国高一倍左右。可见，我们党在普通民众中仍然是很受欢迎、很有威信的。另外，前两年英国《金融时报》报道，世界大企业研究会有个统计，说中国的执行能力在世界上排名第三，仅次于跨国公司和各国的中央银行，远远高于美国总统和美国国会。这也说明，我们党和政府机关尽管存在"中间梗阻"的现象和有些方面效率不够高的问题，但从总体看，执行力还是很强的，起码不比发达国家差。

如果说中华民族在争取伟大复兴的奋斗中，曾经走过不少弯路的话，那么，在剩下的时间里则容不得我们再犯大的错误，尤其不能犯全局性、颠覆性的错误。要做到这一点，必须继续有一个用先进的科学的理论武装和有丰富执政经验能保证中华民族始终沿着正确方向前进的政党来领导国家。在当代中国，这个党不可能是其他任何政治组织，而只能是中国共产党。

中国共产党在过去领导民主革命和后来领导社会主义建设、改革的过程中，都曾经犯过错误，有的还是大错误，今天仍然存在许多缺点、错误，今后也不能保证完全不犯错误。但是，中国共产党并没有因为这些错误而失去人民的信任和尊重。这是因为，中国共

[①] 唐爱军：《坚定对中国特色社会主义道路的自信》《刊授党校》2013 年 7 月 2 日。

产党的宗旨始终是全心全意为人民服务，除了人民的利益没有自己的私利。凡是我们党犯过的错误，都是由自己发现、自己纠正的，像中国共产党这样能够坦诚揭露和分析自己错误的党，在世界历史上还找不出第二个。正如毛泽东同志在《为人民服务》一文中所说："因为我们是为人民服务的，所以，我们如果有缺点，就不怕别人批评指出。不管是什么人，谁向我们指出都行。只要你说得对，我们就改正。你说的办法对人民有好处，我们就照你的办。"①另外，这些缺点和错误再大，与中国共产党为中华民族复兴已作出和正在作出的贡献相比，都是第二位的。尤其值得一提的是，中国共产党非常善于从错误中吸取教训，有自我整顿、自我清理的传统，也有极强的自我纠错机制和纠错能力。改革开放前，中国共产党搞过不少政治运动，其中有些由于受"左"的思想干扰，简单化倾向严重，打击面过宽，副作用很大。但大多数运动的主旨，都在于防止党脱离群众、腐化变质，而且确实起到了拒腐防变的作用。改革开放后，中国共产党一方面总结经验教训，纠正了过去整风中"左"的错误和简单方法，着重于制度建设，加强对权力的监督与制约；另一方面，继承和发扬不断整风的优良传统，接二连三地开展党内整顿和教育活动。这些教育活动的主题虽然各有不同，但中心仍然是提醒全体党员特别是党员领导干部牢记"两个务必"，不忘党风问题关系党的生死存亡，坚持立党为公、执政为民的思想，防止脱离群众，警惕帝国主义的"和平演变"；而且在实践中对中国共产党经受长期执政、市场经济、对外开放的考验，确实起到了和正在起着积极有效的作用。事实反复说明，只要有这样的党来领导，中国特色社会主义事业的胜利、中华民族的伟大复兴便是任何

① 《毛泽东选集》第 3 卷，人民出版社 1991 年版，第 1004 页。

势力也阻挡不了的。

习近平总书记在庆祝中国共产党成立 95 周年大会上的讲话指出："中国特色社会主义最本质的特征是中国共产党领导，中国特色社会主义制度的最大优势是中国共产党领导。坚持和完善党的领导，是党和国家的根本所在、命脉所在，是全国各族人民的利益所在、幸福所在。"国内外敌对势力之所以总是把攻击的矛头对准中国共产党的领导，不断鼓吹"中共灭亡论""中国崩溃论"，也是出于这个原因。然而，95 年来，中国共产党不仅没有被骂倒，相反愈益壮大；67 年来，中华人民共和国不仅没有被唱衰，相反愈益强盛。我们现在要走好实现"两个一百年"奋斗目标的新长征路，要战胜前进道路上的各种风险挑战，必须继续坚持和加强中国共产党的领导。让我们更加紧密地团结在以习近平同志为核心的党中央周围，为在中国共产党成立一百年时全面建成小康社会、中华人民共和国成立一百年时达到中等发达国家水平而努力奋斗。最后胜利一定属于伟大的中国共产党和伟大的中国人民！

新时代与改革开放航向的校准*

（2018年11月）

    党的十八大以后，中国特色社会主义进入新时代，改革开放也进入一个新时期。如同一艘巨轮行驶在大海上需要不断校准航向一样，中国的改革开放在前进道路上也需要不断校准方向。2018年6月29日，习近平总书记在十九届中央政治局第六次集体学习会上指出，"要推动全党把坚持正确政治方向贯彻到谋划重大战略、制定重大政策、部署重大任务、推进重大工作的实践中去，经常对表对标，及时校准偏差"①。实践表明，新时代以来的六年，既是改革开放继续深化的六年，也是改革开放的方向不断对表对标、校准偏差的六年。这种校准，既有针对过去工作不足而进行的纠偏和补救，也有根据情况变化和形势发展而采取的应对措施。

---

* 本文曾刊于《马克思主义研究》2018年第11期，标题为《新时代与改革开放航向的校准——论我国改革开放40年的根本经验》。收入本书时，作者作了删节修改。

① 《把党的政治建设作为党的根本性建设　为党不断从胜利走向胜利提供重要保证》，《人民日报》2018年7月1日，第1版。

一、关于改革开放的方向和方法论

改革开放有没有方向，方向是什么？要不要先行试点、稳步推进、"摸着石头过河"？在这些问题上，过去不是没有不同意见的争论。对此，习近平总书记明确指出："我们的改革开放是有方向、有立场、有原则的。我们当然要高举改革旗帜，但我们的改革是在中国特色社会主义道路上不断前进的改革，既不走封闭僵化的老路，也不走改旗易帜的邪路。"他还说：推进改革"最核心的是坚持和改善党的领导、坚持和完善中国特色社会主义制度，偏离了这一条，那就南辕北辙了"。①

自从改革开放以来，总有一些人对我们党坚持改革开放正确方向发出种种诘难。例如，看到重申改革要坚持四项基本原则，就说什么"政治体制改革滞后了"；听到强调"国有企业要做大做强做优"，就说什么"需要重启改革"啦。对于这些声音，习近平总书记给予了针锋相对的驳斥。他指出："不能笼统地说中国改革在某个方面滞后。在某些方面、某个时期，快一点、慢一点是有的，但总体上不存在中国改革哪些方面改了，哪些方面没有改。问题的实质是改什么、不改什么，有些不能改的，再过多长时间也是不改。我们不能邯郸学步。世界在发展，社会在进步，不实行改革开放死路一条，搞否定社会主义方向的'改革开放'也是死路一条。在方向问题上，我们头脑必须十分清醒。我们的方向就是不断推动社会主义制度自我完善和发展，而不是对社会主义制度改弦易张。我们要坚持四项基本原则这个立国之本，既以四项基本原则保证改革开放的正确方向，又通过改革开放赋予四项基本原则

---

① 《习近平关于全面深化改革论述摘编》，中央文献出版社 2014 年版，第 18 页。

新的时代内涵，排除各种干扰，坚定不移走中国特色社会主义道路。"① 他还说："我们不断推进改革，是为了推动党和人民事业更好发展，而不是为了迎合某些人的'掌声'，不能把西方的理论、观点生搬硬套在自己身上。"② "怎么改、改什么，有我们的政治原则和底线，要有政治定力。"③ 他强调："我们既要有冒的勇气、闯的劲头，又始终坚持以我为主，应该改又能够改的坚决改，不应改的坚决守住；应该改而不具备条件的创造条件改，该快的一定要快、不能快的则循序渐进。"④

习近平总书记不仅据理批驳指责我们不改革的各种言论，而且深刻揭露这类言论的本质和目的。他说："一些敌对势力和别有用心的人也在那里摇旗呐喊、制造舆论、混淆视听，把改革定义为往西方政治制度的方向改，否则就是不改革。他们是醉翁之意不在酒，'项庄舞剑，意在沛公'。对此，我们要洞若观火，保持政治坚定性，明确政治定位。"⑤ "如果我们用西方资本主义价值体系来剪裁我们的实践，用西方资本主义评价体系来衡量我国发展，符合西方标准就行，不符合西方标准就是落后的陈旧的，就要批判、攻击，那后果不堪设想！最后要么就是跟在人家后面亦步亦趋，要么就是只有挨骂的份。"⑥ 他反复提醒大家："要牢牢把握改革正确方向，在涉及道路、理论、制度等根本性问题上，在大是大非面前，必须

---

① 《习近平关于全面深化改革论述摘编》，中央文献出版社 2014 年版，第 15 页。

② 《习近平关于协调推进"四个全面"战略布局论述摘编》，中央文献出版社 2015 年版，第 69 页。

③ 《习近平关于全面深化改革论述摘编》，中央文献出版社 2014 年版，第 49 页。

④ 《习近平关于协调推进"四个全面"战略布局论述摘编》，中央文献出版社 2015 年版，第 69 页。

⑤ 《习近平关于全面深化改革论述摘编》，中央文献出版社 2014 年版，第 19 页。

⑥ 习近平：《在全国党校工作会议上的讲话》，人民出版社 2016 年版，第 9 页。

立场坚定、旗帜鲜明。"① "不论怎么改革、怎么开放,我们都始终要坚持中国特色社会主义道路、中国特色社会主义理论体系、中国特色社会主义制度。"②

在改革开放的方法上要不要先行试点、稳步推进,"摸着石头过河"究竟对不对? 对这些问题,习近平总书记同样作出了正面回答。他说:"摸着石头过河,是富有中国智慧的改革方法,也是符合马克思主义认识论和实践论的方法。实践中,对必须取得突破但一时还不那么有把握的改革,就采取试点探索、投石问路的方法,先行试点,尊重实践、尊重创造,鼓励大胆探索、勇于开拓,取得经验、看得很准了再推开。有些国家搞所谓'休克疗法',结果引起了剧烈政治动荡和社会动乱,教训是很深刻的。"③我国的改革开放,"是先试验、后总结、再推广不断积累的过程,是从农村到城市、从沿海到内地、从局部到整体不断深化的过程。这种渐进式改革,避免了因情况不明、举措不当而引起的社会动荡,为稳步推进改革、顺利实现目标提供了保证。……不能说改革开放初期要摸着石头过河,现在再摸着石头过河就不能提了"④。"要避免在时机尚不成熟、条件尚不具备的情况下一哄而上,欲速而不达。"⑤ "'治大国若烹小鲜。'我国是一个大国,在根本性问题上出现颠覆性错误,一旦出现就无法挽回、无法弥补……实践告诉我们,有的政策经过一段时间后发现有偏差,要扭转回来很不容易。我们的政策举措出台之前必须经过反复论证和科学评估,力求切合实际、行之有效、

①《习近平关于全面深化改革论述摘编》,中央文献出版社 2014 年版,第 148 页。

②《十八大以来重要文献选编》(上),中央文献出版社 2014 年版,第 110 页。

③《习近平关于全面深化改革论述摘编》,中央文献出版社 2014 年版,第 43 页。

④《习近平关于全面深化改革论述摘编》,中央文献出版社 2014 年版,第 54 页。

⑤《习近平关于全面深化改革论述摘编》,中央文献出版社 2014 年版,第 49 页。

行之久远，不能随便'翻烧饼'。"①

二、关于改革开放的出发点和落脚点

改革开放前，由于受"左"的思想影响，在所有制上求大求纯、分配制度上偏重平均主义。改革开放后，在肯定按劳分配是社会主义基本分配原则的基础上，提出让一部分人、一部分地区先富起来的政策，允许和鼓励资本、技术、管理等生产要素参与分配，最终形成了以公有制为主体、多种所有制经济共同发展的社会主义基本经济制度，以按劳分配为主体、多种分配方式并存的分配制度，并完成了计划经济体制向社会主义市场经济体制的转变。但与此同时，社会上又出现了另一种偏向，鼓吹所谓"经济人"假设，胡说什么"公有制效率低""公有制与市场经济不相容""把国有资产量化到个人""收入分配差距要进一步拉大"，等等。这些错误思想一度影响了对公平与效率关系的认识，导致提出"效率优先、兼顾公平"的分配政策。进入 21 世纪后，分配政策虽然被改为了"既重视效率也重视公平、把公平放在更加突出的位置"，后来又把"初次分配注重效率、再分配注重公平"改为"初次分配和再分配都要处理好效率和公平的关系、再分配要更加注重公平"，进而提出要"逐步提高居民收入在国民收入中的比重、劳动报酬在初次分配中的比重，着力提高低收入者收入水平，有效调节高收入"，但始终没有跳出把效率与公平当成一对矛盾的圈子。进入新时代，党中央把处理这对关系置于了"以人民为中心""使发展成果更多更公平惠及全体人民"②这一总的指导思想之下。

---

① 《习近平关于全面深化改革论述摘编》，中央文献出版社 2014 年版，第 42 页。
② 《习近平关于社会主义社会建设论述摘编》，中央文献出版社 2017 年版，第 13 页。

在党的十八届三中全会上，习近平总书记指出："全面深化改革必须以促进社会公平正义、增进人民福祉为出发点和落脚点。这是坚持我们党全心全意为人民服务根本宗旨的必然要求……如果不能给老百姓带来实实在在的利益，如果不能创造更加公平的社会环境，甚至导致更多不公平，改革就失去意义，也不可能持续。"① 他强调，要"把以人民为中心的发展思想体现在经济社会发展各个环节，做到老百姓关心什么、期盼什么，改革就要抓住什么、推进什么，通过改革给人民群众带来更多获得感"。②

从习近平总书记的论述中可以看出，当前人民群众对改革最关心最期盼的问题，主要集中在收入分配不公，一些基本需求没能得到满足上。他说："相对于增长速度高一点还是低一点，这些问题更受人民群众关注。如果只实现了增长目标，而解决好人民群众普遍关心的突出问题没有进展，即使到时候我们宣布全面建成了小康社会，人民群众也不会认同。"③ 他认为，端正改革的出发点和落脚点，首先必须抓住公平正义和共同富裕问题作文章，"要把促进社会公平正义、增进人民福祉作为一面镜子，审视我们各方面体制机制和政策规定，哪里有不符合促进社会公平正义的问题，哪里就需要改革；哪个领域哪个环节问题突出，哪个领域哪个环节就是改革的重点"④。他强调："'蛋糕'不断做大了，同时还要把'蛋糕'分好。我国社会历来有'不患寡而患不均'的观念。我们要在不断发展的基础上尽量把促进社会公平正义的事情做好，既尽力而为、又量力而行，努力使全体人民在学有所

---

① 《十八大以来重要文献选编》（上），中央文献出版社 2014 年版，第 552—553 页。

② 《习近平谈治国理政》第 2 卷，外文出版社 2017 年版，第 103 页。

③ 《习近平关于社会主义社会建设论述摘编》，中央文献出版社 2017 年版，第 19 页。

④ 《习近平关于全面深化改革论述摘编》，中央文献出版社 2014 年版，第 98 页。

教、劳有所得、病有所医、老有所养、住有所居上持续取得新进展。"① "经济发展、物质生活改善并不是全部，人心向背也不仅仅决定于这一点。发展了，还有共同富裕问题。物质丰富了，但发展极不平衡，贫富悬殊很大，社会不公平，两极分化了，能得人心吗？"② "我们必须坚持发展为了人民、发展依靠人民、发展成果由人民共享，作出更有效的制度安排，使全体人民朝着共同富裕方向稳步前进，绝不能出现'富者累巨万，而贫者食糟糠'的现象。"③ 其次，端正改革的出发点和落脚点必须紧紧抓住和解决群众身边的权益问题。习近平总书记说，要促进公共资源向基层延伸、向农村覆盖、向弱势群体倾斜，"多做雪中送炭的事情"，"做那些现实条件下可以做到的事情，让群众得到看得见、摸得着的实惠"④。他批评过去一些地方在农村推行所谓"三集中"、逼农民上楼的做法，强调不能采取强迫的做法，不顾条件拆除农房，逼农民进城。他要求政法部门的同志"重点解决好损害群众权益的突出问题，决不允许对群众的报警求助置之不理，决不允许让普通群众打不起官司，决不允许滥用权力侵犯群众合法权益，决不允许执法犯法造成冤假错案"⑤。

进入新时代以来，习近平总书记把国有企业改革也放入以人民为中心、让人民共享改革成果这一指导思想之下分析，指出，公有制主体地位和国有经济主导作用，"是保证我国各族人民共享发

---

① 《习近平关于全面深化改革论述摘编》，中央文献出版社 2014 年版，第 97 页。

② 习近平：《做焦裕禄式的县委书记》，中央文献出版社 2015 年版，第 35 页。

③ 《十八大以来重要文献选编》（中），中央文献出版社 2016 年版，第 827 页。

④ 《习近平关于全面深化改革论述摘编》，中央文献出版社 2014 年版，第 92 页。

⑤ 《习近平关于社会主义社会建设论述摘编》，中央文献出版社 2017 年版，第 31 页。

展成果的制度性保证"①；国有企业是"保障人民共同利益的重要力量"②，从而更彰显了国有企业的全民所有制性质，更突出了国有经济与人民根本利益之间的关联。

三、关于改革开放的核心问题

改革开放以后很长时间，我们一直把处理计划与市场或市场与宏观调控的关系，作为经济体制改革的核心问题。由于受新自由主义影响，经济学界出现了一种舆论，认为宏观调控仍然"残留计划经济的痕迹""今后政府只要做好市场服务就行了"，提出所谓"大市场、小政府"的主张。进入新时代，习近平总书记将宏观调控归结为政府作用，把经济体制改革的核心问题概括为"处理好政府与市场关系"，把市场在资源配置中起基础作用的提法改为"起决定性作用"，同时强调要"更好发挥政府作用"③，从而在改革开放核心问题的认识和处理上，作出了进一步校准。

在强调市场在资源配置中的"决定性作用"的同时，习近平总书记指出："市场在资源配置中起决定性作用，并不是起全部作用。"④"在市场作用和政府作用的问题上，要讲辩证法、两点论，'看不见的手'和'看得见的手'都要用好，努力形成市场作用和政府作用有机统一、相互补充、相互协调、相互促进的格局，推动

---

① 《习近平关于社会主义经济建设论述摘编》，中央文献出版社 2017 年版，第 63 页。

② 《习近平关于社会主义经济建设论述摘编》，中央文献出版社 2017 年版，第 54 页。

③ 习近平：《关于〈中共中央关于全面深化改革若干重大问题的决定〉的说明》，《人民日报》2013 年 11 月 16 日，第 1 版。

④ 《习近平关于全面深化改革论述摘编》，中央文献出版社 2014 年版，第 57 页。

经济社会持续健康发展。"① 他针对政府对市场要少管甚至不管的主张指出："政府要切实履行好服务职能，这是毫无疑义的，但同时也不要忘了政府管理职能也很重要，也要履行好，只讲服务不讲管理也不行，寓管理于服务之中是讲管理的，管理和服务不能偏废，政府该管的不仅要管，而且要切实管好。"②

习近平总书记强调发挥政府作用，是与发挥社会主义制度优越性联系在一起的。他说："我国经济发展获得巨大成功的一个关键因素，就是我们既发挥了市场经济的长处，又发挥了社会主义制度的优越性。我们是在中国共产党领导和社会主义制度的大前提下发展市场经济，什么时候都不能忘了'社会主义'这个定语。之所以说是社会主义市场经济，就是要坚持我们的制度优越性，有效防范资本主义市场经济的弊端。我们要坚持辩证法、两点论，继续在社会主义基本制度与市场经济的结合上下功夫，把两方面优势都发挥好，既要'有效的市场'，也要'有为的政府'，努力在实践中破解这道经济学上的世界性难题。"③ 这一论述突显了市场经济条件下，社会主义和资本主义两种政府作用的本质区别；也使人们进一步认识到，把政府和市场两方面作用结合好的问题，至今仍然未能完全解决，仍然需要继续探索。

四、关于改革开放的立足点

我们党历来主张，把革命、建设、改革的立足点放在自己力量的基础上。"文化大革命"中，极"左"思潮泛滥，把进口国外先

① 《习近平谈治国理政》，外文出版社 2014 年版，第 116 页。
② 《习近平关于全面深化改革论述摘编》，中央文献出版社 2014 年版，第 54 页。
③ 《习近平关于社会主义社会建设论述摘编》，中央文献出版社 2017 年版，第 64 页。

进设备也当成"洋奴哲学""卖国主义"。改革开放后，纠正了这种极"左"错误，又出现了另一种偏向，认为凡是能从国外买到的，就不必自己重走研发的老路。40年来，我国经济总量大幅度攀升，科技水平也有长足进步，然而从总体看，科技对经济社会发展支撑能力仍显不足，贡献率远低于发达国家水平，核心技术研发缺乏像微软、英特尔、谷歌、苹果等大公司那样的强强联盟，经济增长很大程度上仍以资源、资本、劳动力等要素投入为主，在国际经济产业链中仍处于中低端，很多关键和核心的技术、材料、零部件、设备都受制于人。这种情况的出现，与我们在外部条件改善后，自力更生意识弱化有很大关系。对此，历届党中央都很重视，提出并实施了科教兴国等战略，逐步加大了国家对科技研发的投入，但情况仍然不容乐观。为此，党的十八大以来，党中央进一步提出并实施创新驱动发展战略，推进"中国制造2025"，要求破除一切妨碍科技创新的体制机制障碍，最大限度地解放和激发科技蕴藏的潜能。这表明，新时代在改革开放的立足点上，同样作出了校准。

对于自主创新的重要意义和路径，习近平总书记主要从以下三个关系上进行了论述。首先，是大国与强国、经济规模与科技水平的关系。他指出："我国经济总量跃居世界第二，但大而不强、臃肿虚胖体弱问题相当突出，主要体现在创新能力不强，这是我国这个经济大块头的'阿喀琉斯之踵'。"① 其次，是科技创新与经济社会发展的关系。他说："国际经济竞争甚至综合国力竞争，说到底就是创新能力的竞争。谁能在创新上下先手棋，谁就能掌握主动。"② 再次，是体制机制改革与科技创新的关系。他指出，要解决创新链条

---

① 《十八大以来重要文献选编》（下），中央文献出版社2018年版，第159页。
② 《习近平关于社会主义经济建设论述摘编》，中央文献出版社2017年版，第125页。

上的诸多体制机制关卡、创新和转化各环节衔接不紧的症结，"必须深化科技体制改革，破除一切制约科技创新的思想障碍和制度藩篱"①。他具体提出了一系列政策措施，尤其提到要改革和完善人才发展机制，吸引更多海外创新人才回国创业或来中国工作，使优秀的科技人才"名利双收"。②

五、关于改革开放的自主性

改革开放搞得对不对、好不好，究竟应当以什么为标准？是以西方资产阶级的政治制度和社会主张为标准，还是以中国人民的根本利益和马克思主义的科学理论为标准？这个问题，自改革开放伊始就一直存在。邓小平同志说过："中国在粉碎'四人帮'以后出现一种思潮，叫资产阶级自由化，崇拜西方资本主义国家的'民主'、'自由'，否定社会主义。"③他指出："某些人所谓的改革，应该换个名字，叫作自由化，即资本主义化。他们'改革'的中心是资本主义化。我们讲的改革与他们不同，这个问题还要继续争论的。"④这股思潮后来不断变换花样，近些年突出的有两个表现：一个叫西方"宪政"，一个叫"普世价值"。受此影响，我们党内也出现应当"把革命党转变为执政党""给共产党改名""取消无产阶级专政""允许其他政党和共产党竞争""让共产党组织从各级机关中退出""实行军队国家化"等种种论调。有的人还以所谓"不争论"为借口，反对与这些错误主张正面交锋，说什么这样会把它们"炒

---

① 《十八大以来重要文献选编》（中），中央文献出版社 2016 年版，第 25 页。

② 《习近平关于社会主义经济建设论述摘编》，中央文献出版社 2017 年版，第 42 页。

③ 《邓小平文选》第 3 卷，人民出版社 1993 年版，第 123、124 页。

④ 《邓小平文选》第 3 卷，人民出版社 1993 年版，第 297 页。

热"。对此，党中央在新时代给予了一一驳斥，旗帜鲜明地表明了自己的立场。

针对给"中国共产党改名"和把"革命党变为执政党"的议论，习近平总书记指出："国内外各种敌对势力，总是企图让我们党改旗易帜、改名换姓，其要害就是企图让我们丢掉对马克思主义的信仰，丢掉对社会主义、共产主义的信念。而我们有些人甚至党内有的同志却没有看清这里面暗藏的玄机，认为西方'普世价值'经过了几百年，为什么不能认同？西方一些政治话语为什么不能借用？接受了我们也不会有什么大的损失，为什么非要拧着来？有的人奉西方理论、西方话语为金科玉律，不知不觉成了西方资本主义意识形态的吹鼓手。"① 在党的十九大上，他再次指出："革命理想高于天。共产主义远大理想和中国特色社会主义共同理想，是中国共产党人的精神支柱和政治灵魂，也是保持党的团结统一的思想基础。要把坚定理想信念作为党的思想建设的首要任务，教育引导全党牢记党的宗旨，挺起共产党人的精神脊梁"。② 他还反复叮咛广大党员："不要忘记我们是共产党人，不要忘记我们是革命者，任何时候都不要丧失理想信念。"③

关于改革为什么不能照搬西方的所谓"宪政"的问题，习近平总书记作了十分深刻的分析。他说："我们全面深化改革，不是因为中国特色社会主义制度不好，而是要使它更好；我们说坚定制度自信，不是要故步自封，而是要不断革除体制机制弊端，让我们的制度成熟而持久。我们不仅要防止落入'中等收入陷

---

① 习近平：《在全国党校工作会议上的讲话》，人民出版社 2016 年版，第 8 页。

②《中国共产党第十九次全国代表大会文件汇编》，人民出版社 2017 年版，第 52 页。

③ 习近平：《在纪念周恩来同志诞辰 120 周年座谈会上的讲话》，人民出版社 2018 年版，第 10 页。

阱'，也要防止落入'西化分化陷阱'。"① 一个国家实行什么样的制度，取决于这个国家的国情。"'橘生淮南则为橘，生于淮北则为枳'。我们需要借鉴国外政治文明有益成果，但绝不能放弃中国政治制度的根本。"② 评判一个国家政治制度的优劣，不可能脱离特定的社会政治条件而归于一尊。"在政治制度上，看到别的国家有而我们没有就简单认为有欠缺，要搬过来；或者，看到我们有而别的国家没有就简单认为是多余的，要去除掉。这两种观点都是简单化的、片面的，因而都是不正确的。"③ 他强调，把西方政治制度当成范本，是西方挑动别国动乱的惯用伎俩。"西方国家策划'颜色革命'，往往从所针对的国家的政治制度特别是政党制度开始发难，大造舆论，大肆渲染，把不同于他们的政治制度和政党制度打入另类，煽动民众搞街头政治。"④ 结果很多国家陷入政治动荡、社会动乱，人民流离失所。所以，"在政治制度模式上，我们就是要咬定青山不放松、任尔东西南北风"⑤。

针对以所谓"不争论"为幌子，放弃意识形态领域斗争，任凭宣扬"普世价值"的言论大行其道的现象，习近平总书记明确指出："坚持正面宣传为主，决不意味着放弃舆论斗争。敌对势力在那里极力宣扬所谓的'普世价值'。这些人是真的要说什么'普世价值'吗？根本不是，他们是挂羊头卖狗肉，目的就是要同我们争夺阵地、争夺人心、争夺群众，最终推翻中国共产党领导和中国社会主义制度。如果听任这些言论大行其道，指鹿为马，三人

---

① 《习近平关于全面深化改革论述摘编》，中央文献出版社 2014 年版，第 22 页。
② 《十八大以来重要文献选编》（中），中央文献出版社 2016 年版，第 60 页。
③ 《十八大以来重要文献选编》（中），中央文献出版社 2016 年版，第 59—60 页。
④ 《习近平关于社会主义政治建设论述摘编》，中央文献出版社 2017 年版，第 18 页。
⑤ 《习近平关于社会主义政治建设论述摘编》，中央文献出版社 2017 年版，第 8 页。

成虎，势必搞乱党心民心，危及党的领导和社会主义国家政权安全。"① 对别有用心的人散布的政治谣言和奇谈怪论，"我们不能默不作声，要及时反驳，让正确声音盖过它们。这与韬光养晦或不争论是两码事"②。他要求，对一切错误的言行都要"敢抓敢管，敢于亮剑"③，"有的放矢，正面交锋"④。

关于对待宣扬"普世价值"的言论为什么不能默不作声，必须及时反驳的问题，习近平总书记也作了深入分析。他说：各种敌对势力要颠覆中国共产党领导和我国社会主义制度，"选中的一个突破口就是意识形态领域，企图把人们思想搞乱，然后浑水摸鱼、乱中取胜。……思想舆论阵地一旦被突破，其他防线就很难守得住。在意识形态领域斗争上，我们没有任何妥协、退让的余地，必须取得全胜"⑤。现在，"一些单位和党政干部政治敏感性、责任感不强，在重大意识形态问题上含含糊糊、遮遮掩掩，助长了错误思潮的扩散"。因此，"各级党委和宣传思想部门、组织部门、教育部门要加强领导和管理，党报党刊党网、党政干部院校、大专院校要强化政治意识、责任意识，在重大问题上与党中央保持高度一致，绝不允许与中央唱反调，绝不允许吃共产党的饭、砸共产党的锅。"⑥ 他强调："宣传思想战线的同志要当战士、不当绅士，不做'骑墙派'和'看风派'，不能搞爱惜羽毛那一套。宣传思想战线的同志要履

---

① 《习近平关于社会主义文化建设论述摘编》，中央文献出版社 2017 年版，第 27 页。

② 《习近平关于社会主义文化建设论述摘编》，中央文献出版社 2017 年版，第 209 页。

③ 《习近平关于社会主义文化建设论述摘编》，中央文献出版社 2017 年版，第 27 页。

④ 《习近平关于社会主义文化建设论述摘编》，中央文献出版社 2017 年版，第 34 页。

⑤ 《习近平关于社会主义文化建设论述摘编》，中央文献出版社 2017 年版，第 37 页。

⑥ 《习近平关于社会主义文化建设论述摘编》，中央文献出版社 2017 年版，第 35、36 页。

行好自己的神圣职责和光荣使命，以战斗的姿态、战士的担当，积极投身宣传思想领域斗争一线。"① 他要求，"对发出正义声音而受到围攻的媒体和新闻舆论工作者要坚决力挺"②。

在强调对宣扬"普世价值"的言论必须及时反驳的同时，习近平总书记还特别提到要重视互联网上的斗争。他说："互联网已经成为舆论斗争的主战场。……在互联网这个战场上，我们能否顶得住、打得赢，直接关系我国意识形态安全和政权安全。"③

六、关于改革开放中的党风和社会风气

党风和社会风气问题，改革开放前也存在，但改革开放后与那时相比有许多新的特点。比如，在党风中，有的搞权钱交易，拉票贿选，买官卖官，甚至"明码标价、批发官帽""一手交钱、一手交货"④；有的一个人办好几个身份证、好几本护照、好几本港澳通行证，把老婆孩子送到国外，自己当"裸官"，甚至自己也持有外国绿卡；一部分党员干部中充斥关系学、厚黑学、官场术、潜规则等庸俗腐朽的政治文化。这些改革开放前没有。在社会风气上，一些人观念中没有善恶，行为上缺少底线：什么假食品药品也敢造，什么瘦肉精、孔雀石绿也敢用，什么伤天害理、违法乱纪的事也敢干；黄赌毒现象屡禁不止，黑社会性质组织此起彼伏；网上充斥虚

① 《习近平关于社会主义文化建设论述摘编》，中央文献出版社 2017 年版，第 45 页。

② 《习近平关于社会主义文化建设论述摘编》，中央文献出版社 2017 年版，第 49—50 页。

③ 《习近平关于社会主义文化建设论述摘编》，中央文献出版社 2017 年版，第 28—29 页。

④ 《习近平关于严明党的纪律和规矩论述摘编》，中央文献出版社、中国方正出版社 2016 年版，第 47、48 页。

新时代与改革开放航向的校准／

假、诈骗、暴力、色情信息，甚至利用网络制造谣言、教唆犯罪、歪曲历史、污蔑烈士；一些文艺工作者甘当市场奴隶，急于把作品兑换成人民币，把作品当作追逐利益的"摇钱树"、感官刺激的"摇头丸"，搜奇猎艳，一味媚俗，以丑为美。这些现象虽然不是改革开放本身的问题，但确是市场经济和对外开放环境下出现的，是一些人把市场规则无限扩大的结果。对这些问题，党中央从改革开放一开始就提醒全党注意，要两个文明一起抓、两手都要硬，绝不能让商品经济的原则渗透到党内来，并且出台了许多相关规章、制度、法律，进行了多次整党整风教育活动和打击经济犯罪及黑恶势力的斗争。但问题一直没有得到根本解决，有的还愈演愈烈。进入新时代，党中央加大了整治力度，取得了显著成效。

对于党风、社会风气中存在的问题，习近平总书记从两方面作了分析。他认为，从客观上看，改革"不注意配套和衔接，不注意时序和步骤，也容易产生体制机制上的缝隙和漏洞，为一些人提供寻租、搞腐败的机会"；[1] 从主观上看，"一个重要原因是讲'认真'不够"[2] "执行纪律失之于宽、失之于松、失之于软"[3] "有的领导干部不敢抓不敢管，抱着'鸵鸟心态'，唯恐得罪人、丢选票"[4]。

针对党风方面的问题，党的十八大后突出强调治国必先治党、治党必须从严，出台了"中央八项规定"，惩治了一批严重贪腐、触犯法律的高级干部，开展了党的群众路线教育实践活动和"三严

---

[1] 《习近平关于全面深化改革论述摘编》，中央文献出版社 2014 年版，第 81 页。

[2] 《十八大以来重要文献选编》（上），中央文献出版社 2014 年版，第 350 页。

[3] 《习近平关于严明党的纪律和规矩论述摘编》，中央文献出版社、中国方正出版社 2016 年版，第 67 页。

[4] 《习近平关于严明党的纪律和规矩论述摘编》，中央文献出版社、中国方正出版社 2016 年版，第 123 页。

三实"专题教育、"两学一做"学习教育等活动，强化了党的组织纪律、巡视监督，集中清理了裸官、档案造假等问题。习近平总书记提出，从严治党，必须从严明纪律做起，要"从中央政治局抓起"①"关键是要抓住领导干部这个'关键少数'""关键是从严治吏"②；"坚持'老虎'、'苍蝇'一起打，既坚决查处领导干部违纪违法案件，又切实解决发生在群众身边的不正之风和腐败问题"③；"要使全党各级组织和全体党员、干部都按照党内政治生活准则和党的各项规定办事"④。

对于社会风气方面的问题，党中央根据问题的不同性质，也提出了一系列有破有立的应对措施。例如，对于社会治理层面的问题，开展了专项斗争。习近平总书记指出："对黄赌毒现象、黑社会性质犯罪等，露头就要打，不能让它们形成气候。对危害食品药品安全、环境污染等重点问题……要强化治理和管理。"⑤要"严把从农田到餐桌、从实验室到医院的每一道防线，着力防范系统性、区域性风险"⑥。对于精神层面的问题，党中央提出要大力培育和弘扬社会主义核心价值体系和核心价值观，加快构建充分反映中国特色、民族特性、时代特征的价值体系，努力抢占价值体

① 《习近平关于严明党的纪律和规矩论述摘编》，中央文献出版社、中国方正出版社2016年版，第98页。

② 《习近平关于严明党的纪律和规矩论述摘编》，中央文献出版社、中国方正出版社2016年版，第102、110页。

③ 《习近平关于严明党的纪律和规矩论述摘编》，中央文献出版社、中国方正出版社2016年版，第71页。

④ 《习近平关于严明党的纪律和规矩论述摘编》，中央文献出版社、中国方正出版社2016年版，第82页。

⑤ 《习近平关于总体国家安全观论述摘编》，中央文献出版社2018年版，第135页。

⑥ 《习近平关于总体国家安全观论述摘编》，中央文献出版社2018年版，第142页。

系的制高点。

对于文艺作品在引领社会风气、建设精神文明中的作用，习近平总书记尤为重视。他指出，在社会主义市场经济条件下，文化产品不能完全不考虑经济效益，"然而，同社会效益相比，经济效益是第二位的"①。他就文化体制改革的问题强调，一定要"把握好意识形态属性和产业属性、社会效益和经济效益的关系，始终坚持社会主义先进文化前进方向，始终把社会效益放在首位。无论改什么、怎么改，导向不能改，阵地不能丢"②。

新时代对改革开放航向的校准是全方位的，既包括政治，也包括经济、文化、社会、生态；既包括内政，也包括外交、国防。之所以能作出这些校准，一方面是由于新时代较之前些年的改革开放有了更长时间的实践，问题暴露得更充分，经验积累得更丰富；另一方面，也是更重要的一点在于，以习近平同志为核心的党中央正确解决了对改革开放前后两个历史时期相互关系的认识问题，为贯通总结新中国近 70 年的历史经验，为与改革开放的初心对表对标、发现偏差，提供了更加有利的条件。这些问题，有的距离根本解决还有很长的路要走，有的刚刚开始着手解决。但无论哪种情况，关键在于坚冰已经打破，航道已经开通，道路已经指明。只要我们沿着习近平新时代中国特色社会主义思想指引的航向继续前进，社会主义改革开放的巨轮就一定能够乘风破浪，胜利抵达光辉的彼岸。

---

① 《十八大以来重要文献选编》（中），中央文献出版社 2016 年版，第 132 页。

② 《习近平关于社会主义文化建设论述摘编》，中央文献出版社 2017 年版，第 185 页。

贯通总结新中国70年的历史经验 *

（2019年5月18日）

马克思主义哲学告诉我们，物质运动的存在形式是时间和空间。要认清某个事物，观察的时间越长、空间越大，越有利。习近平总书记2013年1月5日在新进中央委员会的委员、候补委员学习贯彻党的十八大精神研讨班开班式上的讲话中，在阐释中国特色社会主义的本质时，就是把社会主义运动放在世界范围内和它的全部历史过程来观察的，其中包括欧洲空想社会主义的产生和发展，马克思、恩格斯创立科学社会主义理论体系，列宁领导十月革命胜利并实践社会主义，苏联模式的逐步形成，新中国成立后对社会主义的探索和实践，开创和发展中国特色社会主义等六个时间段，前后跨度500年。习近平总书记在这篇讲话中指出："我们党领导人民进行社会主义建设，有改革开放前和改革开放后两个历史时期，这是两个相互联系又有重大区别的时期，但本质上都是我们

---

* 本文是作者 2019 年在第 7 届马克思主义当代中国史理论论坛上所作主旨报告的一部分，刊发于《红旗文稿》2019 年第 13 期，标题为《站在新时代的高度贯通总结和研究新中国 70 年历史经验》。收入本书时，作者作了删节修改。

党领导人民进行社会主义建设的实践探索"；并强调"两者决不是彼此割裂的，更不是根本对立的"，而是坚持、改革、发展的关系，不能相互否定。[①] 因此，我们总结和研究新中国历史经验，也应当理直气壮地把它们联系和贯通起来。

现在，一方面新中国已经走过 70 年历史，使我们有了能在较长时间段里总结和研究新中国历史经验的客观条件。另一方面，党的十八大后，党和国家事业发生历史性变革，我国发展站到了新的历史起点上，中国特色社会主义进入了新的发展阶段，形成了习近平新时代中国特色社会主义思想，使我们有了站在新中国 70 年螺旋式上升运动中更高一级螺旋的高度，能通盘审视过去 70 年历史、贯通总结和研究这 70 年历史的主观条件。在这种条件下，我们更应当注重把改革开放前后两个历史时期的经验贯通起来总结的方法。如何把新中国 70 年历史经验贯通起来总结和研究，是一个无比重大而严肃的课题，用一篇或几篇文章不可能讲全面、讲深刻。但为了说明这种总结方法的必要性和可能性，可以采用举例的方式。我在这里所要举的例子，概括起来可以用上下、"左"右、长短、多少、虚实、表里、快慢、革守这 16 个字、8 对关系形容。

一、所谓上与下，是指处理上级与下级、中央与地方等的关系

毛泽东同志在 1956 年《论十大关系》的讲话中，就谈到过正确处理国家、生产单位和生产者个人的关系，中央和地方的关系，党和非党的关系。后来的实践一再说明，国家发展得顺利与否，很大

[①] 习近平：《关于坚持和发展中国特色社会主义的几个问题》，《十八大以来重要文献选编》（上），中央文献出版社 2014 年版，第 109—118 页。

程度上就取决于这些关系处理得是否恰当。改革开放前，有过权力过于集中的情况，也有过该集中的权力集中不够的情况。改革开放后，吸取了"文化大革命"时期的教训，着力解决权力过于集中的问题，在政治上推进政治体制改革，实行党政分开；经济上推进经济体制改革，实行放权让利，对发扬民主、克服官僚主义、调动各方面积极性、搞活经济，都起到了积极的促进作用。但与此同时，也带来了权力过于分散和党的集中统一领导在某种程度上被削弱的问题，有令不行、有禁不止的现象比较普遍，有时甚至比较严重。

党的十八大以来，以习近平同志为核心的党中央在继续坚持发扬民主、调动各方面积极性的同时，突出强调保证党领导人民有效治理国家，切实防止出现群龙无首、一盘散沙、民族隔阂、相互掣肘、内耗严重等现象。习近平总书记指出："坚持中国特色社会主义政治发展道路，关键是要坚持党的领导、人民当家作主、依法治国有机统一。"①"党政军民学，东西南北中，党是领导一切的，是最高的政治领导力量。"②"我国人民民主与西方所谓的'宪政'本质上是不同的。中国共产党领导是中国特色社会主义最本质的特征。"③这些论述，就是贯通总结新中国70年历史经验而作出的结论。

二、所谓"左"与右，是指处理带全局性问题时出现的"左"与右两种倾向的关系

刘少奇同志在新中国成立之初说过，领导就像开汽车，方向盘

---

① 《十八大以来重要文献选编》〈上〉，中央文献出版社2014年版，第88页。

② 《习近平关于社会主义政治建设论述摘编》，中央文献出版社2017年版，第30页。

③ 《习近平关于社会主义政治建设论述摘编》，中央文献出版社2017年版，第27—28页。

不可能一点不偏，关键在于发现偏向要及时调整，不要让偏向过大。毛泽东同志也提出，要防止一种倾向掩盖另一种倾向。遗憾的是，改革开放前的历史时期，有些事明明已经很"左"了，还要坚持反右，结果导致"左"的倾向进一步发展，给党和国家造成严重损害。例如，1959 年开展"反右倾"斗争，1974 年开展"批林批孔"运动，都是典型事例。党的十一届三中全会后，我们党吸取了过去的教训，重点纠正"左"的错误，同时对资产阶级自由化和精神污染等右的倾向也没有视而不见，提出有"左"反"左"、有右反右。

党的十八大后，党中央多次强调"要高度重视苗头性、倾向性问题"，并实事求是地提出了各领域存在的主要倾向。例如，在体制改革的问题上，明确反对把改革开放定义为往西方的"宪政"和"普世价值"的方向改，强调"问题的实质是改什么、不改什么，有些不能改的，再过多长时间也是不改。我们不能邯郸学步"。[①] 在意识形态问题上，强调对于重大原则，"不要躲躲闪闪、含糊其辞"，"不当绅士，不做'骑墙派'和'看风派'，不能搞爱惜羽毛那一套"，要"敢抓敢管，敢于亮剑""要增强阵地意识""坚持党性原则"。[②] 在党风建设问题上，强调"革命理想高于天"，防止精神上的软骨病，提出"现在的主要倾向不是严了，而是失之于宽、失之于软"[③]。这些都说明，在反倾向的问题上，我们党注意总结和汲取新中国成立以来各个历史时期的经验教训，切实做到了从实际出发，分类指导，有什么倾向反对什么倾向，切实防止一种倾向掩

---

① 《习近平关于总体国家安全观论述摘编》，中央文献出版社 2018 年版，第 111 页。

② 《习近平关于社会主义文化建设论述摘编》，中央文献出版社 2017 年版，第 25、45、27、30、41 页。

③ 《十八大以来重要文献选编》中，中央文献出版社 2016 年版，第 98 页。

盖另一种倾向，不再把反对某种主要倾向凝固化和扩大化。

三、所谓长与短，是指处理人民长远利益、根本利益与眼前利益、局部利益的关系

新中国成立初期，面对旧中国积贫积弱的状态，是先重点发展轻工业、农业，在较快改善人民生活的同时，为今后重点发展重工业准备条件好呢？还是优先发展重工业，把有限的资金、物资、人才集中用于工业化建设，人民生活水平提高虽然慢一些，但为今后大发展奠定坚实基础好呢？如何抉择，就涉及人民眼前利益与长远利益的权衡。以毛泽东同志为核心的第一代中央领导集体，在新中国刚成立时，鉴于当时资金、物资、技术极度匮乏的实际，一度决定先实行一段新民主主义政策，以便充分利用资本主义工商业，重点发展轻工业和农业，为今后重点发展重工业积累条件。但是，当美帝国主义出兵侵略朝鲜，对我国安全构成严重威胁，使优先发展重工业变得十分迫切，而苏联又表示要全面援助我国以重工业为重点的"一五"计划建设时，党中央及时调整了方针，决定立即实施优先发展重工业战略，并提前向社会主义过渡。在实施优先发展重工业战略的过程中，我们党汲取了苏联长期忽视农业、轻工业的教训，提出"工业与农业同时并举""以农业为基础，以工业为主导"的方针，在计划安排上强调以农、轻、重为序，为国民经济打下了良好基础。然而，由于种种原因，农业、轻工业的发展与重工业相比，总体还是显得比例失调、过于滞后。改革开放后，以邓小平同志为核心的中央第二代领导集体启动改革，调整政策，使农业、轻工业、服务业有了较快发展，人民生活也在前30年打下的工业基础上得到显著提高。但这时又遇到基本建设、物价改革和民生的矛

盾，出现了要求财政既要多发工资、奖金，又要对各地建设项目普遍加大投资力度的急躁情绪。对此，陈云同志提出了"一要吃饭，二要建设"的原则。所谓"吃饭"，是指民生，即人民的眼前利益；所谓建设，是指基本建设、物价改革这些关系人民长远利益、根本利益的事。

党的十八大后，以习近平同志为核心的党中央结合新时代的实际，在处理发展、改革与民生的问题上，进一步总结了以往的经验教训，一方面提出并推进"五位一体"总体布局和"四个全面"战略布局，推动经济社会全面、协调、可持续发展，为人民群众生活改善打下更加雄厚的基础；另一方面，提出坚持以人民为中心的发展理念，既坚持改革，又把保障民生作为底线；既不断做大"蛋糕"，又努力把"蛋糕"分好，从而比较好地解决了涉及人民长远利益与眼前利益矛盾的问题。

四、所谓多与少，是指处理人口大多数与少数群体之间相互利益的关系

我们党从来是把争取、捍卫最广大人民群众根本利益作为自己奋斗的出发点和归宿的，同时，一向主张对各方面利益要统筹兼顾。在新民主主义向社会主义过渡时期，毛泽东同志一方面批评"公私一律平等纳税"的主张，另一方面没有采取苏联对私人工商业一律没收的办法，而是创造性地实行了赎买政策，在公私合营后让资本家拿定息。改革开放后，我们党从社会主义初级阶段的生产力水平出发，针对过去平均主义、"大锅饭"现象比较普遍的倾向，提出"让一部分人、一部分地区先富起来"和"效率优先、兼顾公平"的口号，实行公有制为主体、多种所有制经济共同发展，以及

按劳分配为主体、多种分配方式并存的制度，允许和鼓励技术、管理、资本参与分配，调动了各方面积极性，加快了经济社会发展。但与此同时，也出现了国有资产流失和分配不公、收入差距悬殊等现象。进入 21 世纪后，党中央针对这种情况，将"效率优先，兼顾公平"的口号，逐渐改为"初次分配注重效率，再分配注重公平""既重视效率也重视公平，把公平放在更加突出的位置""着力提高低收入者收入水平，有效调节高收入"。

党的十八大把"逐步实现全体人民共同富裕"纳入中国特色社会主义的定义之中，把"收入分配差距缩小"作为全面建成小康社会的新要求之一。党的十八大闭幕后，习近平总书记在第一次面对中外记者时就宣布，新一届中央领导机构对民族、对人民、对党的一个重要责任，就是努力解决群众生产生活困难，坚定不移走共同富裕道路。他反复强调："我国社会历来有'不患寡而患不均'的观念。我们要在不断发展的基础上尽量把社会公平正义的事情做好。"[1] "我们不能做超越阶段的事情，但也不是说在逐步实现共同富裕方面就无所作为，而是要根据现有条件把能做的事情尽量做起来，积小胜为大胜，不断朝着全体人民共同富裕的目标前进。"[2] 在党中央不懈努力下，城乡居民收入增速超过了经济增速，中等收入群体持续扩大；贫困线以下的人口减少了 8000 万人，贫困发生率从 10.2% 下降到 4% 以下，目前正在实施精准扶贫，确保 2020 年基本实现农村的全部脱贫。

---

① 《十八大以来重要文献选编》〈上〉，中央文献出版社 2014 年版，第 552—553 页
② 习近平：《深入理解新发展理念》，《求是》2019 年第 10 期。

五、所谓虚与实，是指处理思想、政治、文化等精神文明建设与物质文明建设的关系

我们党历来重视思想、政治工作的重要性，新中国成立以来，毛泽东同志一再强调思想和政治是统帅、是灵魂，政治工作是经济工作的生命线，精神可以变物质等，对物质文明建设起到了促进作用。然而，后来又发生了强调思想、政治过头的情况，直至发展到批判所谓"唯生产力论"的程度，使大量工作、生产、科研时间被用来搞"空对空"的"政治学习"，严重妨碍了物质文明建设。改革开放后，吸取了过去的经验，把党和国家工作重心重新转回到经济建设上。但与此同时，又出现忽视思想、政治的倾向，导致抓物质文明一手硬，抓精神文明一手软；有人甚至提出"对经济领域犯罪问题看得过重会妨碍经济建设"等错误观点。有鉴于此，邓小平同志提出"两手抓、两手都要硬"。

党的十八大后，习近平总书记深入总结这方面成功与失误两方面的经验教训，在坚持以经济建设为中心的前提下，强调要高度重视对中华文化、传统美德、共产主义理想信念、马克思主义基本理论的宣传教育。2014 年 10 月 23 日，习近平总书记在党的十八届四中全会第二次全体会议上的讲话中指出："我国曾经有过政治挂帅、搞'阶级斗争为纲'的时期，那是错误的。但是，我们也不能说政治就不讲了、少讲了，共产党不讲政治还叫共产党吗？"在党的十九大上，他突出强调推动中华优秀传统文化的创造性转化和继承革命文化、发展社会主义先进文化的问题，要求把这些同培育和践行社会主义核心价值观一起，纳入坚持和发展中国特色社会主义基本方略之中，从而进一步加强了对西方意识形态渗透的防范。

六、所谓表与里，是指处理党和政府治国的政策、策略与党和国家发展方向、重大战略、基本理论之间的关系

新中国成立初期，由于战略和策略都对头，所以起步阶段总体顺利。但后来出现了急躁冒进的情绪，在生产力上提出"超英赶美"，在生产关系上提出"跑步进入共产主义"，结果欲速不达，使社会主义事业遭受严重挫折。党的十一届三中全会后，我们党正确分析了国情，认为我国尚处在社会主义的初级阶段，并作出实行改革开放的决策，建立社会主义市场经济体制。这时又有人跑出来，宣扬"共产主义遥遥无期""改革无所谓社会主义方向资本主义方向""私有制最符合人性""国有企业晚卖不如早卖""在纪律上要给干部松绑"等论调。对此，邓小平同志强调："我们干的是社会主义事业，最终目的是实现共产主义。""风气如果坏下去，经济搞成功又有什么意义？会在另一方面变质，反过来影响整个经济变质，发展下去会形成贪污、盗窃、贿赂横行的世界。"[1] 陈云同志也指出："我们搞社会主义，一定要抵制和清除这些丑恶的思想和行为，要动员和组织全党和社会的力量，以除恶务尽的精神，同这种现象进行坚决的斗争。"[2]

党的十八大后，我们党更加注意把党的奋斗目标、基本理论与现行政策加以区别，不因坚持远大理想而对执行现行政策稍微懈怠，也不因执行现行政策而对远大理想、基本理论有任何松动。习近平总书记提醒大家要防止干超越阶段的事，同时反复强调：

---

[1]《邓小平文选》第 3 卷，人民出版社 1993 年版，第 110、154 页。

[2]《陈云文选》第 3 卷，人民出版社 1995 年版，第 356 页。

"我们的改革开放是有方向、有立场、有原则的。我们当然要高举改革旗帜，但我们的改革是在中国特色社会主义道路上不断前进的改革。"① "我们是在中国共产党领导和社会主义制度的大前提下发展市场经济，什么时候都不能忘了'社会主义'这个定语。"② 在对待马克思主义理论的问题上，他一方面强调，不能采取教条主义的态度；另一方面强调，"科学社会主义基本原则不能丢"，③ 尤其针对"马克思主义政治经济学过时了""《资本论》过时了"等论调，鲜明指出："这个说法是错误的……资本主义固有的生产社会化和生产资料私人占有之间的矛盾依然存在。"④ 在对待我们同资本主义国家关系的问题上，他也是一方面强调资本主义必然灭亡、社会主义必然胜利是历史发展不可逆转的总趋势；另一方面强调，这是一个很长的历史过程，要深刻认识资本主义社会的自我调节能力，充分估计西方发达国家在经济、科技、军事方面长期占据优势的客观现实，"认真做好两种社会制度长期合作和斗争的各方面准备"。⑤

七、所谓快与慢，是指处理经济建设和各方面工作问题时要求过急与要求适度的关系

我们国家过去由于经济落后，又长期处于帝国主义军事威胁、贸易禁运、技术封锁之中，所以从上到下总想把建设和各方面工作搞得快一些，结果往往急于求成。例如，1956 年针对普遍存在的

---

① 《习近平关于全面深化改革论述摘编》，中央文献出版社 2014 年版，第 14 页。
② 《习近平关于社会主义经济建设论述摘编》，中央文献出版社 2017 年版，第 64 页。
③ 《十八大以来重要文献选编》〈上〉，中央文献出版社 2014 年版，第 109 页。
④ 《习近平关于社会主义文化建设论述摘编》，中央文献出版社 2017 年版，第 81 页。
⑤ 《十八大以来重要文献选编》〈上〉，中央文献出版社 2014 年版，第 117 页。

冒进情绪，提出反冒进，接着在 1957 年就来了个反"反冒进"，又在 1958 年轻率发动了"大跃进"，形成高指标、瞎指挥、浮夸风、共产风为标志的"左"倾错误，加上后来的自然灾害，造成了严重的经济困难。这时，本来应当吸取教训、纠正偏差，但 1959 年又发起"反右倾"斗争，更加恶化了困难形势。"文化大革命"期间，尽管形成政治冲击经济的局面，但在与"帝、修、反"抢时间、抢速度的口号下，仍然出现了职工人数、工资总额、粮食销量"三突破"的问题。粉碎"四人帮"后，又提出要把被"四人帮"耽误的时间和造成的损失夺回来的口号，使急于求成的情绪再次滋长，催生了新的跃进高潮，加重了原本已经十分严重的重大比例失调状况，只好再次进行国民经济调整。后来，在对待改革的问题上，有人又提出一些错误口号，导致事与愿违，引起群众不满。

党的十八大后，党中央认真总结和吸取这方面的经验教训，提出稳中求进的工作总基调。习近平总书记强调，改革要继续摸着石头过河，该试点的不要仓促推开，该深入研究后再推进的不要急于求成，"避免在时机尚不成熟、条件尚不具备的情况下一哄而上，欲速则不达"[1]。他强调汲取历史经验的重要性，指出："出现一些失误是难免的，但学费不能白付，要吃一堑长一智，举一反三，避免同一种失误一犯再犯。"[2] 他的这些论述，为我们树立了把改革开放前后历史经验贯通起来总结的示范。

① 《习近平关于全面深化改革论述摘编》，中央文献出版社 2014 年版，第 54 页。
② 《习近平关于社会主义经济建设论述摘编》，中央文献出版社 2017 年版，第 329 页。

八、所谓革与守，是指处理变革、革命、改革与坚守、继承、稳定之间的关系

共产党是干革命的政党，马克思说："革命是历史的火车头。"① 但从马克思主义哲学的角度看，打破旧秩序与建立和维护新秩序，对于社会进步具有同样重要的意义；革命有助于打破旧秩序，而稳定则有助于巩固新秩序，使革命成果得以保存。毛泽东同志在 1959 年读苏联《政治经济学教科书》时，就事物的稳定和变革问题，说过一段非常富有哲理的话。他说："保守和进步，稳定和变革，都是对立的统一，这也是两重性。生物的代代相传，就有而且必须有保守和进步的两重性。稻种改良，新种比旧种好，这是进步，是变革……保守的一面，也有积极作用，可以使不断变革中的植物、动物，在一定时期内相对固定起来，或者说相对地稳定起来，所以稻子改良了还是稻子，儿子比父亲粗壮聪明了还是人。但是如果只有保守和稳定，没有进步和变革一方面，植物和动物就没有进化，就永远停顿下来，不能发展了。"② 在社会革命的问题上，道理同样如此。历史辩证法告诉我们，革命既是不间断的，又是分阶段的；既要用不间断的革命推动社会进步，又要有相对稳定的时期巩固革命的成果。改革开放前的历史时期未能很好处理这对关系，甚至提出"无产阶级专政下继续革命"理论。改革开放后，我们党否定了这一理论。这时又有人打着"改革"的旗号，试图全盘否定新中国过去 29 年的成就，甚至攻击坚持四项基本原则使"改革滞后了"。

---

① 《马克思恩格斯选集》第 1 卷，人民出版社 2012 年版，第 527 页。
② 《毛泽东文集》第 8 卷，人民出版社 1999 年版，第 107 页。

习近平总书记在党的十八大后，全面论述了改革与继承的关系。他指出："应该改又能改的坚决改，不应该改的坚决守住。"① "'稳'也好，'改'也好，是辩证统一、互为条件的。一静一动，静要有定力，动要有秩序。"② 他要求共产党员要坚定共产主义理想信念，坚决顶住国内外敌对势力让我们党改旗易帜、改名换姓的企图。在庆祝改革开放40周年大会上，他再次强调："改什么、怎么改必须以是否符合完善和发展中国特色社会主义制度、推进国家治理体系和治理能力现代化的总目标为根本尺度，该改的、能改的我们坚决改，不该改的、不能改的坚决不改。"③ 在纪念五四运动100周年大会上，他又提醒广大青年："面对复杂的世界大变局，要明辨是非、恪守正道，不人云亦云、盲目跟风。"④ 这些论述，旗帜鲜明，掷地有声，不仅是对新中国历史中处理有关革命、改革与坚守、继承这类关系的经验总结，也是对社会主义国家解决这类问题的历史经验总结，在世界社会主义发展史上必将产生深远影响。

今年是新中国成立70周年，为了从历史中更多地汲取正反两方面的经验，我们在总结新中国历史经验的工作中，应当更加自觉地站在新时代的高度，把新中国70年历史贯通起来总结和研究，以求在对历史的深入思考中更好地走向未来。

---

① 《习近平关于全面深化改革论述摘编》，中央文献出版社2014年版，第20页。

② 《习近平关于社会主义经济建设论述摘编》，中央文献出版社2017年版，第319页。

③ 《十九大以来重要文献选编》（上），中央文献出版社2019年版，第732页。

④ 《十九大以来重要文献选编》（中），中央文献出版社2021年版，第32页。

学习老一辈，深刻悟"初心"*

（2019年7月）

习近平总书记在"不忘初心、牢记使命"主题教育工作会议上深刻阐述了中国共产党人的初心和使命。回顾党的历史，看看老一辈无产阶级革命家们是怎么想怎么说怎么做的，有助于我们深入领会共产党人的初心。

中国共产党当初为什么要革命？是为了像历史上的农民起义那样，打倒旧王朝，自己当皇帝吗？新中国成立前夕，毛泽东同志一再发出警告，对此给出了鲜明回答。1949年初，解放战争在全国的胜利已成定局，毛泽东同志在党的七届二中全会上郑重提醒全党，要预防在资产阶级糖衣炮弹面前打败仗，指出："夺取全国胜利，这只是万里长征走完了第一步。"① 在离开西柏坡时，他把这称作是进京"赶考"，说："我们共产党人进北平，是要继续革命，建设社会主义，直到实现共产主义。"② 全国胜利后，果然不出

---

* 本文曾刊于《求是》2019年第13期。

① 《毛泽东选集》第4卷，人民出版社1991年版，第1438页。

② 《毛泽东传（1893—1949）》，中央文献出版社2004年版，第954页。

毛主席所料，党内出现了贪污、浪费、官僚主义的现象。他敏锐抓住苗头，及时领导全党开展了"三反"运动，对个别犯有严重贪污罪行的高级干部处以死刑，起到了杀一儆百的作用，用实际行动向全国人民表明：中国共产党人绝不做忘记初心的人，绝不做背离为人民服务宗旨的事，绝不让千千万万先烈的鲜血白流。

新中国成立后，我们党带领人民集中力量建设国家，建立了独立的、比较完整的工业体系和国民经济体系。但在此过程中，对主要任务也一度迷失方向。粉碎"四人帮"后，邓小平同志那时虽已七十多岁高龄，但首先想到的不是个人如何安度晚年，而是如何领导人民为过上美好生活而奋斗。他说："我出来工作，可以有两种态度，一个是做官，一个是做点工作。我想，谁叫你当共产党人呢，既然当了，就不能够做官，不能够有私心杂念，不能够有别的选择。"① 他以大无畏的精神，带领全党实行改革开放，把党的工作中心转移到经济建设上来。他说："我们革命的目的就是解放生产力，发展生产力。离开了生产力的发展、国家的富强、人民生活的改善，革命就是空的。"

共产党人从来不隐瞒自己的政治主张。我们党的最高纲领是实现共产主义，这是始终不变的；最低纲领则是根据革命或建设发展阶段的客观实际不同而有所不同。改革开放后，我们党重新审视了我国所处的社会发展阶段，认为虽然已经进入了社会主义社会，但尚处在初级阶段，并据此制定了这一阶段的基本纲领，即为中国特色社会主义而奋斗。这时，有人对改革开放的目的、性质、方向产生了各种模糊的或错误的认识。有的说共产党最好改个名字，否则影响国外投资；有的说，共产主义遥遥无期，今后要少提。陈云同

---

① 《邓小平年谱（1975—1997）》（上），中央文献出版社 2004 年版，第 162 页。

志听到后，旗帜鲜明地指出："共产党的名字表明了她的奋斗目标，改名字怎么能行！"他反对"共产主义遥遥无期"的观点，明确指出，这个观点是不对的，应当说，共产主义遥遥有期，社会主义就是共产主义的第一阶段。当他听说有些人鼓吹中国不如外国、社会主义不如资本主义的论调，便及时在党的十二届二中全会上强调："资本主义必然要被共产主义所代替，这是无可改变的法则。"并在讲话最后高呼："社会主义万岁！共产主义万岁！"①

在改革开放中，社会上出现了主张走资本主义道路的资产阶级自由化思潮。对此，邓小平同志及时提出坚持四项基本原则，并从共产党领导人民搞改革的最终目的上阐明道理。他强调："如果我们不坚持社会主义，最终发展起来也不过成为一个附庸国，而且就连想要发展起来也不容易。"②因为，"整个帝国主义西方世界企图使社会主义各国都放弃社会主义道路，最终纳入国际垄断资本的统治，纳入资本主义的轨道"。③他还说："社会主义的特点不是穷，而是富，但这种富是人民共同富裕。"④因此，"过去行之有效的东西，我们必须坚持，特别是根本制度，社会主义制度，社会主义公有制，那是不能动摇的"。⑤

老一辈革命家不忘初心、牢记使命，不仅表现在处理党和国家面对的重大问题上，而且表现在对待个人和亲属等相对小一些的问题上。在这方面，周恩来同志堪称全党的楷模，为我们树立了光辉榜样。自从新中国成立起他就担任总理，直到 1976 年去世，长达

---

① 《陈云文选》第 3 卷，人民出版社 1995 年版，第 332—333 页。
② 《邓小平文选》第 3 卷，人民出版社 1993 年版，第 311 页。
③ 《邓小平文选》第 3 卷，人民出版社 1993 年版，第 311 页。
④ 《邓小平文选》第 3 卷，人民出版社 1993 年版，第 265 页。
⑤ 《邓小平文选》第 2 卷，人民出版社 1994 年版，第 133 页。

27 年之久。他始终以一个共产党员的标准严格要求自己和亲属，严格遵守党的政治纪律和政治规矩，清正廉洁，鞠躬尽瘁，从不搞半点特殊化，把自己看成是人民的"总服务员"。他谆谆教导自己的晚辈，任何场合都不要说出同他的关系，都不许扛总理亲属的牌子，不能因为他是国家总理，就有任何特权思想。

习近平总书记指出："面向未来，面对挑战，全党同志一定要不忘初心、继续前进。"[1] 只要我们切实弄明白什么是共产党人的初心，并把初心化作逢山开路、遇水架桥的精神和埋头苦干、真抓实干的自觉行动，就一定会以坚忍不拔的意志和无私无畏的勇气，压倒前进道路上的一切敌人而不被敌人所压倒，就一定会实现"两个一百年"奋斗目标，最终完成中华民族伟大复兴的宏伟事业。

———
[1]《十八大以来重要文献选编》（下），中央文献出版社 2018 年版，第 345 页。

学习老一辈，深刻悟『初心』／

新中国70年的变与不变 *

（2019年9月7日）

　　新中国与近代中国相比，仅仅经过70年、大约三四代人的时间，便由一个经济落后、四分五裂、战乱频仍、备受欺凌的半殖民地半封建的农业国，一跃成了独立统一、社会稳定、经济总量位居世界第二、具有中期工业化水平和国际舞台上举足轻重地位的社会主义制造业大国。对于这个变化，现在已经没有多少人怀疑了。但仍然有那么一些人，对于中国的发展是否会持续、变向，抑或中国强大后是否会称霸等等问题，抱有这样或那样的怀疑。说穿了，无非是怀疑中国会不会"变色"，会不会"崩溃"，会不会"威胁"别国。产生这些怀疑的原因固然有很多，但有一个原因不能不看到，就是这些人只注意了新中国70年来的变化，而对70年始终没有变的东西却注意不够。然而，上述问题的答案，恰恰就在这变与不变的关系之中。

　＊　本文是作者2019年在第四届当代中国史国际高级论坛上的发言，刊发于《中国井冈山干部学院学报》2020年第1期。收入本书时，作者作了删节修改。

新中国成立前夕，以毛泽东同志为代表的中国共产党人，鉴于当时的近代工业仅占国民经济的 10% 不到，而且财政严重匮乏，人才极其缺少，不具备开展大规模工业化建设的条件，一度决定在新中国建立后，先用一个较长时间实行新民主主义政策，利用民族资本主义的力量，着重发展轻工业和农业，以便积累资金和物质，同时培养技术和管理人才。然而，1950 年爆发的朝鲜战争，突显了优先发展重工业的紧迫性；苏联答应全面援助中国以发展重工业为重点的第一个五年计划建设，使优先发展重工业具有了可能性。于是，党中央改变了原先的设想，决定立即开展大规模工业化基础建设，并提前向社会主义过渡，争取用三到五个五年计划的建设，实现国家工业化。

在第一个五年计划提前完成后，党中央为加快工业化建设步伐，提出"以钢为纲"和"以粮为纲"的口号，并为此发动了"大跃进"和人民公社化运动，试图走出一条低投入高速度发展的路子。然而，由于背离了客观经济规律，加之遇上连年自然灾害，结果不仅未能实现预期目标，相反，使国民经济遭受严重困难，不得不进行国民经济调整，导致第二个五年计划推迟了三年才完成。

在第二个五年计划即将完成时，周恩来同志又根据毛泽东同志提议，在第三届全国人大一次会议上改变了过去只讲工业化的提法，提出到 20 世纪末实现工业、农业、国防和科学技术四个现代化，并且分两步实现这个目标，第一步先在 1980 年以前建成独立的比较完整的工业体系和国民经济体系。随后，我国用三个五年计划建设，如期完成了四个现代化的第一步任务。

20 世纪 80 年代初，以邓小平同志为代表的中国共产党人，在原有"两步走"战略目标的基础上，提出了"三步走"战略，即第一步先用 10 年，使人民生活达到温饱水平；第二步再用 10 年，到 20 世纪末使人民生活达到小康水平；第三步再用 50 年，在 21 世纪中叶使人均国民生产总值达到中等发达国家水平，基本实现现代化。邓小平同志说，经济发展分三步走，"这就是我们的战略目标，这就是我们的雄心壮志"①。随后，我国用四个五年计划的建设，胜利实现了现代化建设"三步走"战略的前两步目标，使人民生活总体达到了小康水平。

21 世纪初，党中央鉴于已经达到的小康还是低水平的、不全面的、发展很不平衡的小康，经济、社会还存在不少问题，又提出到 21 世纪中叶之前，再分两步走，第一步先用 20 年时间，即在中国共产党成立一百周年时，全面建成惠及十几亿人口的更高水平的小康社会，基本实现工业化，并且提出要走出一条信息化带动工业化、工业化促进信息化的新型工业化路子。

党的十八大之后，以习近平同志为核心的党中央鉴于全面建成小康社会的目标在 2020 年即将实现，又在党的十九大上提出，到 21 世纪中叶前的 30 年，再分两步走，第一步用 15 年基本实现现代化；然后再用 15 年，到 21 世纪中叶，即新中国成立一百年时，基本实现现代化，把我国建成富强民主文明和谐美丽的社会主义现代化强国。

毛泽东同志早在 1962 年就说过，在我国，要用"五十年内外到一百年内外，建设起强大的社会主义经济"②。从新中国 70 年的历程看，在国家发展目标的具体提法上，虽然有过这样和那样的变

---

① 《邓小平文选》第 3 卷，人民出版社 1993 年版，第 251 页。
② 《毛泽东文集》第 8 卷，人民出版社 1999 年版，第 302 页。

化，但要用 50 年到 100 年左右的时间，在中国实现工业化、现代化这个大目标，始终没有变过，并且，一代又一代人始终在围绕着这个大目标而不懈奋斗着。

二

中国共产党是以实现共产主义为最高理想的党，但由于中国自身的特殊国情，没有采取俄国十月革命那样一种从一开始便直接进行社会主义革命的做法，而是将革命分为了两步，第一步先进行新民主主义革命，然后才进行社会主义革命。当新民主主义革命胜利后，由于前面说过的原因，并没有马上转到社会主义革命，而是实行了几年新民主主义政策后才开始大规模工业化建设。为了解决资金、物资、人才匮乏和经验不足与大规模工业化建设之间的矛盾问题，以毛泽东同志为代表的中国共产党人，一方面对资本主义工商业进行社会主义改造，另一方面，运用马克思关于社会主义经济有计划按比例发展的理论，并借鉴苏联工业化建设的成功经验，选择了集中使用有限资金、物资、人才的计划经济体制，同时对粮食、棉花等主要农产品实行了统购统销政策。

生产资料实行单一公有制和经济运行实行高度集中的计划经济体制，对于在较短时间内建成独立、完整的工业体系和国民经济体制，发挥了重要的历史性作用，但也给经济带来管理死板、活力不足、反应迟钝、产品单一等弊病。针对这个问题，党中央曾设想在坚持国家和集体经营、国家计划生产、国家统一市场这三个主体的前提下，允许个体经营、自由生产、自由市场作为三个补充。然而，由于种种原因，这一设想并未能实行。直到 20 世纪 70 年代末，以邓小平同志为代表的中国共产党人，通过对国际形势和我国生产力水平的冷静分析，实行改革开放总方针，开辟中国特色社会主义道路，在公有制为主体、国有经济占主导地位的前提下发展个体、私营经济，在坚持农村土地集体所有制的前提下允许农民包产到户、土地承包，在计划经济的框架内增加市场调节部分，在计划中减少指令性、增加指导性，在优先发展重工业的同时加大对轻工业、服务业的投入，在坚持自力更生为主的前提下鼓励外商直接投资和举办经济特区、开放沿海城市。随后，在资本、产权、技术、劳动力、证券、期货等市场逐渐形成的情况下，将计划经济体制转变为了社会主义市场经济，并确立了公有制为主体、多种经济成分共同发展的基本经济制度和按劳分配为主体、多种分配形式并存的基本分配制度，允许和鼓励技术、管理、资本等生产要素按贡献参与分配。

党的十八大后，以习近平同志为核心的党中央鉴于世界经济复苏乏力、贸易保护主义、单边主义明显抬头，我国经济中结构性问题和深层次矛盾凸显、经济下行压力持续加大的实际情况，提出并坚持稳中求进的工作总基调，把握引领经济发展新常态，着力推进供给侧结构性改革。同时，强调中国特色社会主义是社会主义，而不是别的什么主义，并针对城乡区域发展和收入分配差距依然较大，群众就业、教育、医疗、居住、养老等方面面临的实际难题，要求把为人民服务的宗旨贯彻到全面深化改革的战略布局中，以促进公平正义、增进人民福祉作为改革的出发点和落脚点，通过改革给人民群众带来更多获得感，从而校正了中国特色社会主义的前进方向。

从新中国 70 年的历程可以看出，在经济建设的方针、政策和经济体制、政治体制上虽然有许多变化，但在坚持社会主义的基本制度，向共产主义前进的大方向上，始终没有变，并且，一旦出现偏差，总能及时加以纠正。正如邓小平同志 1987 年会见香港特别行政区基本法起草委员会委员时所说的："中国的政策基本上是两个方面，说不变不是一个方面不变，而是两个方面不变。人们忽略的一个方面，就是坚持四项基本原则，坚持社会主义制度，坚持共产党领导。人们只是说中国的开放政策是不是变了，但从来不提社会主义制度是不是变了，这也是不变的嘛！"①

三

在夺取全国政权后，如何使人民真正当家作主，使党不脱离群众，是以毛泽东同志为代表的中国共产党人早在新中国成立前夕就开始考虑的问题。新中国成立后，我们党创立了人民代表大会制度、共产党领导的多党合作和政治协商制度、民族区域自治制度，在根本的和基本的政治制度，以及生产资料全民所有制和集体所有制等基本经济制度上，保证了人民民主的实行和党与人民群众的联系。

为了防止党的干部脱离群众、以权谋私、蜕化变质、当官做老爷，以毛泽东同志为代表的中国共产党人，倡导"两参一改三结合"（干部参加劳动、工人参加管理，改革不合理的规章制度，工人群众、领导干部和技术人员三结合），还降低高级干部工资级别，取消军队军衔制，树立领导干部的好榜样焦裕禄等先进典型，并接连进行了"三反"（反贪污、反浪费、反官僚主义）、"四清"（清政治、清经济、清组织、清思想）等整党整风运动。此后，为吸取苏联出现赫鲁晓夫修正主义集团背叛共产主义事业的教训，又开展了反修防修斗争，直至20世纪60年代中期发动"文化大革命"。由于"左"的指导思想，加之林彪、"四人帮"反革命集团的干扰破坏，严重混淆了是非和敌我，使大批被扣上"走资本主义道路的当

---

① 《邓小平文选》第3卷，人民出版社1993年版，第251页。

权派"和"反动学术权威"等帽子的干部、知识分子遭受迫害，大批造反起家的"三种人"窃取了党和国家各级领导岗位，违背了防止党脱离群众的初衷。

改革开放后，以邓小平同志为代表的中国共产党人为克服官僚主义和权力过分集中的问题，不再采用过去那种疾风骤雨式的运动方式，而是着重从制度上入手，启动了政治体制改革。同时，针对市场经济和多种所有制经济共同发展、多种分配形式并存的实际情况，规定商品交换的原则不得进入政治领域、担任公职的党员干部不得经商办企业，严格防止私人资本掌握国民经济命脉、干扰国家政策的制定。为使广大党员和干部经受长期执政、改革开放、市场经济和外部环境的考验，从 20 世纪 80 年代初到 21 世纪头 10 年的 30 年间，开展了打击严重经济犯罪的斗争和反对资产阶级自由化的斗争，先后进行了 80 年代中期的整党和 90 年代初期的党员重新登记、后期的"三讲"教育，以及 21 世纪初期的"保持共产党员先进性教育"、科学发展观等主题教育活动。

党的十八大以来，以习近平同志为核心的党中央针对党所面临的脱离群众和消极腐败危险的尖锐性、严峻性，进一步推动全面从严治党，出台中央八项规定，严厉整治形式主义、官僚主义、享乐主义和奢靡之风，改变管党治党宽松软的状况，坚持反腐败无禁区、零容忍，反复提醒全党必须保持党同人民群众的血肉联系，增强群众观念、群众感情，不断厚植党执政的群众基础，并在全党范围和县处级以上干部中分别开展了党的群众路线教育实践活动和"两学一做""三严三实"等教育，目前又进行"不忘初心、牢记使命"主题教育。同时，逐步健全党和国家的监督体系，实现中央和省级党委巡视全覆盖。

从新中国 70 年的历程可以看出，我们党在自身建设的具体形式、做法上，虽然存在不少变化，但是，坚持全心全意为人民服务的宗旨，坚持人民当家作主、党的领导、依法治国的有机统一，坚持党与人民群众的血肉联系，坚持从严治党的方针，始终没有变，并且，注重总结经验与教训，使党的建设不断得到加强。习近平总书记所指出的："我们党来自人民、植根人民、服务人民，党的根基在人民、血脉在人民、力量在人民。失去了人民拥护和支持，党的事业和工作就无从谈起。"①

四

近代中国有着被帝国主义长期侵略的历史，中华人民共和国成立后又长期遭受帝国主义的军事威胁、经济封锁、贸易禁运。这个经历决定了新中国必然奉行独立自主的和平外交政策，必然积极争取世界的进步与和平，必然支持被压迫民族的正义斗争，必然主张和不同社会制度的国家和平共处，必然不惜一切代价捍卫自身的领土完整、主权独立，维护国家的统一和安全。正因为如此，新中国刚一成立，即宣布站在当时的社会主义阵营一边；当美国出兵侵占台湾海峡并把战火烧到中朝边境时，我国虽然尚处于长期战争之后的经济恢复时期、中美两国在经济和军事实力上也存在巨大差距，但中国人民志愿军仍毅然决然地投入抗美援朝战争。

新中国成立之初，以毛泽东同志为代表的中国共产党人，为粉碎帝国主义制造"西藏独立"的阴谋，作出和平解放西藏的决策；当西藏上层反动集团于1959年发动武装叛乱后，党中央下令坚决迅速彻底地予以平息，并在西藏进行了彻底的民主改革，废除了黑暗

① 《习近平总书记重要讲话文章选编》，中央文献出版社、党建读物出版社2016年版，第42页。

的农奴制度。为促进祖国和平统一，党中央和中央政府采取了灵活策略，一方面通过炮击金门，严惩蒋介石集团对大陆的骚扰，另一方面通过特殊渠道，向蒋氏父子表示，只要台湾肯回归祖国，除外交统一于中央外，其他均可保持现状，从而为后来的"一国两制"构想提供了最初蓝本。面对20世纪五六十年代风起云涌的民族民主解放运动和来自帝国主义的战争威胁，党中央同亚非拉民族独立、人民革命运动相互鼓舞、相互支持。当美苏两个超级大国为争夺霸权进行冷战时，毛泽东同志及时调整外交战略，先后提出"两个中间地带"和"一条线""一大片""三个世界划分"等主张和理论，借此打开了长期僵持的中美关系，为同资本主义世界开展经济往来铺平了道路；同时，指导我国大力加强"三线"建设和战备，避免了可能遭受的核袭击。

20世纪80年代初，邓小平同志根据国际形势的新变化，改变了前一时期关于战争已迫在眉睫的观点，提出和平和发展是当今时代两个主要问题的论断。同时，把反对霸权主义、维护世界和平、加强同第三世界团结合作，作为新时期的基本外交政策，全方位发展对外友好关系。1989年的政治风波过后，邓小平同志针对以美国为首的西方国家实施的所谓制裁，尖锐指出："要维护我们独立自主、不信邪、不怕鬼的形象。"[1]当东欧剧变、苏联解体时，他又提出对国际形势要冷静观察、稳住阵脚、沉着应对、韬光养晦、善于守拙、决不当头的方针，使我国平稳度过了世界大变动、大动荡的历史关头。

从20世纪70年代末到21世纪初，我们党在领导全国军民进行捍卫领土完整、维护国家主权和安全的一系列政治斗争和军事斗

———————

[1]《邓小平文选》第3卷，人民出版社1993年版，第320页。

争的同时，正式提出了"一国两制"的构想，与台湾方面达成了"九二共识"，实现了"三通"，收回了港澳主权，并在两地分别实行了港人治港、澳人治澳、高度自治的制度。我们党还准确把握和顺应了世界求和平、谋发展、促合作的时代潮流，作出"大国是关键、周边是首要、发展中国家是基础、多边是重要舞台"的总体外交布局，先后与有关国家启动了中国—东盟自贸区，成立了上海合作组织、"金砖国家"组织、亚太经合组织，建立了中非定期协商机制和合作平台，并加入了世界贸易组织和20国集团。

党的十八大后，以习近平同志为核心的党中央一方面坚持和平与发展仍然是时代主题的判断，另一方面，指出世界面临的不稳定性、不确定性正日益突出，强调当今依然处在马克思主义所指明的历史时代，资本主义必然消亡、社会主义必然胜利是社会历史发展不可逆转的总趋势，要求干部深刻认识资本主义社会的自我调节能力和西方发达国家在经济、科技、军事方面占据优势的客观现实，认真做好两种社会制度长期合作和斗争的各方面准备。在对时代性质和特征保持清醒认识的前提下，习近平总书记鲜明提出了构建人类命运共同体的理念；在积极参与已有国际对话和合作平台的基础上，倡议和促进"一带一路"建设；明确表示中国既不认同"国强必霸"的陈旧逻辑，也不会吞下损害自身利益的苦果；积极推动国际秩序和经济全球化朝更加公平、合理及合作、共赢的方向发展，全面推进中国特色大国外交，形成全方位、多层次、立体化的外交布局，使中国越来越多地成为国际组织、国际会议、国际行动的发起者、倡导者、组织者，国际影响力、感召力、塑造力不断提升，从而日益走近世界舞台的中央；同时，面对新形势，创造性地提出了新时代的总体国家安全观，对暴力恐怖、民族分裂、宗教极端势力绝不能手软，从而进一步维护了国家的统一和安全，也使人民群众的生命财产得到了进一步保障。在处理港澳台的问题上，习近平总书记强调："必须全面准确贯彻'一国两制'、'港人治港'、'澳人治澳'、高度自治的方针"，要"发展壮大爱国爱港爱澳力量，增强香港澳门同胞的国家意识和爱国精神""一个中国原则是两岸关系的政治基础""我们有坚定的意志、充分的信心、足够的能力挫败任何形式的'台独'分裂图谋。"[①]

从新中国70年的历程可以看出，在国际问题、对外关系和维护祖国统一、领土完整的具体提法、做法上，我们也有不少变化，但是，顺应时代发展趋势、争取和维护世界和平、捍卫自身核心利益、永远不称霸的决心，始终没有变，并且，随着形势的不断发展愈益坚定。

当前，新中国仍然在日新月异地向前发展，未来的变化会更多更大。但只要了解了过去70年的变与不变，对新中国未来的变化能否持续，会不会"变色"，会不会"崩溃"，会不会"威胁"别国等问题，也就不言自明了。在庆祝中华人民共和国成立70周年大会上，习近平总书记指出，今后我们将会继续"坚持中国共产党领导，坚持人民主体地位，坚持中国特色社会主义道路，全面贯彻执行党的基本理论、基本路线、基本方略，不断满足人民对美好生活的向往，不断创造新的历史伟业"。"中国的昨天已经写在人类的史册上，中国的今天正在亿万人民手中创造，中国的明天必将更加美好。"[②]这一对新中国的过去、今天、未来的概述，无疑是关于新中国变与不变的问题，最权威最有力的解答。

---

① 习近平：《决胜全面建成小康社会　夺取新时代中国特色社会主义伟大胜利——在中国共产党第十九次全国代表大会上的报告》，《人民日报》2017年10月28日。

② 习近平：《在庆祝中华人民共和国成立70周年招待会上的讲话》，《人民日报》2019年10月1日，第1版。

中国特色社会主义是社会主义*

（2019年11月1日）

在庆祝中华人民共和国成立70周年大会上，习近平总书记再次向全世界庄严宣示：今天，社会主义中国巍然屹立在世界东方；今后，中国在前进征途上将继续坚持中国特色社会主义制度。他在这里既说到社会主义中国，也说到中国特色社会主义制度。二者之间究竟是什么关系呢？它们是一回事还是两回事？

一段时间以来，国内外有些舆论一直对中国特色社会主义是不是社会主义提出种种质疑，有人甚至说它是"资本社会主义"或者"国家资本主义"。对此，习近平总书记早在2013年就明确指出：这些都是完全错误的，"中国特色社会主义是社会主义而不是其他什么主义"。①

马克思主义告诉我们，一个国家的社会形态或社会制度，是由其经济基础与上层建筑以一定形式相结合而构成的。在当代，看一

---

* 本文是作者2019年在第10届世界社会主义论坛上的发言，刊发于《世界社会主义研究》2020年第1期，题为《为什么说中国特色社会主义是社会主义》。收入本书时，作者作了删节修改。

① 《十八大以来重要文献选编》（上），中央文献出版社2014年版，第9页。

中国特色社会主义是社会主义　／

251

个国家是资本主义的还是社会主义，主要看构成这个国家的社会形态、社会制度中的经济基础及其上层建筑，是以资本为中心，还是以社会即人民为中心。改革开放前的中国社会主义与改革开放后的中国特色社会主义相比较，一个最大的不同就在于，后者允许私人资本（无论国内还是国外）的存在，鼓励私人资本在法律范围内的发展，并且让国有即全民所有的经营性资产，也以资本的方式运作，以便争取其效益最大化。但是，这个不同，只是从中国社会生产力现实水平和国际环境变化的实际出发而采取的政策上的不同，而不是社会形态、社会制度的不同；只是后者在利用资本为社会即为人民服务，而不是以资本为中心。个中理由，我认为起码有以下三点。

第一，中国特色社会主义虽然允许私人资本的存在和发展，但它的基本经济制度是公有制为主体、多种所有制经济共同发展，并且绝不允许私有制占主体地位。习近平总书记说："生产资料所有制是生产关系的核心，决定着社会的基本性质和发展方向。"① 既然我国是以生产资料公有制占主体，它的社会基本性质和发展方向当然是社会主义性质的。

有人提出，现在我国私人资本无论在国内生产总值中的比重，还是在固定资产投资、上缴税收中的比重，都已超过了50%，怎么还能说公有制占主体呢？持这种疑问的人忘了政治经济学的一个常识，即某种所有制是否占主体，主要看它对经济的控制力是否处于主体地位。改革开放后，《中华人民共和国宪法》进行了多次修订，但第六、七、九、十条始终没有变。其中规定："中华人民共和国的社会主义经济制度的基础是生产资料的社会主义公有制，即全民

---

① 《十八大以来重要文献选编》（下），中央文献出版社2018年版，第5页。

所有制和劳动群众集体所有制。""国有经济，即社会主义全民所有制经济，是国民经济中的主导力量。国家保障国有经济的巩固和发展。""矿藏、水流、森林、山岭、草原、荒地、滩涂等自然资源，都属于国家所有，即全民所有。""城市的土地属于国家所有。农村和城市郊区的土地，除由法律规定属于国家所有以外，属于集体所有。"可见，在我国，对国民经济起主导作用的企业，以及土地、矿藏等构成生产要素的主要资源，仍然牢牢掌握在国家和集体手中；凡是关系国民经济命脉的行业，如金融业、运输业、电信业、能源业等，也都由社会主义的国有企业独资或控股经营。正因为如此，说我国仍然由公有制占主体是毫无疑义的；私人资本在我国虽然取得了很大发展并仍然有很大发展空间，但绝不是也不可能是经济主体。

还要看到，为了完善国有资产的管理体制，我国自改革开放以来，一直在不断深化国有企业改革，逐步推行公司制、股份制、混合所有制，按照现代企业制度的要求规范公司的股东会、董事会、监事会和经营管理者权责，尝试组建国有资本的运营公司、投资公司，对国有资本控股经营的自然垄断行业实行政企分开、政资分开、特许经营、政府监管，等等。在这个过程中，由于缺乏经验，确实存在化公为私、化大公为小公，导致国有即全民所有资产流失的现象。但改革的出发点、主流和客观效果，都是做强做优做大国有企业。另外，自从改革以来，有关部门不断总结经验，加强对国有资产的监管，采取提高国有资本上缴公共财政的比例、严格规范国有企业管理人员薪酬水平和职务消费等措施，逐渐堵塞住了国有即全民所有资产在改革中流失的各种渠道，增加了国有资产对国家的贡献。

第二，中国特色社会主义虽然允许私人资本的存在和发展，并且积极吸收他们中间有代表性的优秀分子参加各级人民代表大会和政协组织，但绝不允许私人资本形成任何形式的政治组织，绝不允许他们染指国家政权。

习近平总书记说过："一个国家的政治制度决定于这个国家的经济社会基础。"[①] 这个观点来自唯物史观的基本原理，它说明一个国家的上层建筑，包括它的政党制度，归根结底是由这个国家的经济基础决定的。中国实行中国共产党领导的多党合作和政治协商的政党制度而不实行多党轮流执政，军队由中国共产党领导而不搞"国家化"，这一切的最深刻根源，都在于中国特色社会主义的基本经济制度是公有制为主体、多种所有制经济共同发展。这个经济制度决定了在中国特色社会主义社会里，人民内部的根本利益是一致的，并且不允许有任何政治力量破坏这种利益的根本一致性。所以，建立在这种经济基础之上并为之服务的政治制度、政党制度，只能是工人阶级领导的以工农联盟为基础的人民民主专政，只能是中国共产党领导的多党合作和政治协商制度。

在中国特色社会主义社会，当然会有不同利益的矛盾，但是，公有制的主体地位决定了这种矛盾不能发展到根本利害冲突的程度，也不允许有与人民根本利益相对立的利益集团存在，更不允许这种利益集团组织政党，同代表最大多数人民整体利益的共产党相互竞争、轮流执政。新中国成立之初参加政治协商会议的民主党派和无党派人士，当时代表的虽然是各民主阶级的利益，但当中国完成了对资本主义工商业的改造、进入社会主义社会之后，便不再是各民主阶级的代表，而是工商界、知识界中一部分人的代表，并且，这部分人的利益又是与占人口大多数人民的利益根本一致的。

---

① 《十八大以来重要文献选编》（中），中央文献出版社2016年版，第62页。

实践已经证明并将继续证明，这种政党制度符合中国实际，对于维护人民根本利益和调动各方面积极性，具有极大优越性。

一些人之所以总认为坚持共产党领导"不民主"，原因在于他们把资本主义国家的政党竞选和一人一票的选举制度，当成了"普世价值"，拿来作为衡量别国政治制度是否民主的检验标准。然而，现在就连西方学者中也有越来越多的人认识到，那种制度只不过是以金钱为后盾的利益集团尤其是垄断财团愚弄选民的把戏，对于大多数选民并没有多少实际意义。社会主义民主当然也有选举，但是，在我国，更重要的民主形式，是党的各级领导干部经常性的深入群众走访，下基层考察调研，同各行各业的群众座谈，和不同阶层的代表相互协商，以及接待和处理群众来信来访，等等。通过这些形式，使执政党保持与广大群众的密切联系，及时听到群众特别是基层群众的声音，从而保证政策和决策能从占人口大多数的群众利益出发，能有效解决人民群众的实际问题。

第三，中国特色社会主义虽然允许私人资本的存在和发展，但绝不允许各级党政干部经商办企业；允许党政干部及其家属买卖股票和委托金融机构理财，但县处级以上干部买卖的每只股票每个理财产品，必须在年终的个人事项报告书中如实填写买入价格和收益；允许并鼓励党政干部积极主动为民营企业排忧解难，维护他们的合法权益，但绝不允许违反规定出入私人会所，同民营企业家之间进行权钱交易、利益输送。

自改革开放以来，我们党为使广大党员和干部经受住市场经济、对外开放、外部环境的考验，几乎平均每隔五六年就要进行一次党内集中教育和作风整顿，至今已进行了七八次，目前还在进行"不忘初心、牢记使命"的主题教育活动。党的十八大以来，以习近平同志为核心的党中央更是提出和推行全面从严治党的方针，强调学习和掌握马克思主义基本原理，坚定共产主义理想信念，以刮骨疗毒的勇气惩治腐败分子，对反腐败采取无禁区、零容忍的态度。2018年，中共中央印发了新修订的《中国共产党纪律处分条例》，对领导干部及其配偶、子女及其配偶，以及领导干部离职或退休后从事经营活动，作出了更加严格的规定。用习近平总书记的话说，就是"当官就不要发财，发财就不要当官，这是两股道上跑的车"。[①] 所有这些措施，目的都是从思想上制度上切断党员干部与私人资本之间的利益联系，防止市场经济条件下的官商勾结。

我们党过去出现过、今后也难免出现少数腐败分子，制定政策有时也存在这样或那样一些不够完善的地方。但作为政党的性质、宗旨、制度，都决定了它除了人民的根本利益之外，没有也不允许有自己的特殊利益。因此，它的治国理政的取向，它制定的政策、作出的决策，只能是以人民为中心，是为全社会着想、为人民根本利益和长远利益考虑的，而不可能违背人民利益、代表私人资本的利益。但在资本主义国家里，政府、政党、政客可以公开代表私人资本的利益，国家和议会领导人都可以经商办企业，甚至可以是超级富豪或垄断财团的高管；商品交换原则可以合法进入政治领域，例如，允许政党竞选接受私人资本资助，也允许私人资本用金钱雇人游说议员，等等，官商之间相互勾结、利益输送完全合法；国家政策可以向资本利益倾斜，甚至为了资本利益的最大化，政府和企业可以合法地损害民众利益，牺牲精神文明，破坏生态环境。所有这一切在中国特色社会主义社会里都是被严加禁止的。

以上都说明，中国特色社会主义同资本主义之间有着天壤之别，绝不是资本社会主义或什么国家资本主义，而是科学社会主义

[①]《习近平关于严明党的纪律和规矩论述摘编》，中央文献出版社、中国方正出版社2016年版，第103页。

理论逻辑和中国社会发展历史逻辑的辩证统一，是植根中国大地、反映中国人民意愿、适应中国和时代发展进步要求的科学社会主义，是中国处于社会主义初级阶段所实行的科学社会主义。

经过新中国 70 年的探索，我们对什么是社会主义、怎样建设社会主义，什么是中国特色社会主义、怎样建设中国特色社会主义，有了越来越成熟的看法，越来越清醒的认识。我们已经认识到，我国目前仍处于并将长期处于社会主义初级阶段，实现共产主义还需要有一个漫长的历史阶段。不过，由于前一时期，"共产主义渺茫论"和"我们党应当由革命党转变为执政党"等论调，在一部分党员的思想中产生了较大消极影响，因此，当前应当特别强调，无论社会主义初级阶段有多么漫长，都必须朝着最终实现共产主义的远大目标前进，丢失了这个目标，我们就会迷失方向，变成功利主义、实用主义。正如习近平总书记所指出的：我们说中国特色社会主义是社会主义，那就是不论怎么改革、怎么开放，都要始终坚持中国特色社会主义的道路、理论体系和制度，包括在中国共产党领导下，坚持以经济建设为中心，坚持四项基本原则，坚持改革开放，坚持公有制为主体、多种所有制经济共同发展，逐步实现共同富裕，等等。他说："这些都是在新的历史条件下体现科学社会主义基本原则的内容，如果丢掉了这些，那就不成其为社会主义了。"①

我们要在以习近平同志为核心的党中央领导下，一如既往地警惕和纠正各种超越社会发展阶段的错误观念，同时坚决抵制抛弃社会主义的各种错误主张，集中精力，不断建设对资本主义具有优越性的社会主义，为赢得未来打下更加坚实的基础。

---

① 《十八大以来重要文献选编》（上），中央文献出版社 2014 年版，第 110 页。

矢志践行初心使命让我们党永远年轻*

（2021年6月22日）

中国共产党的一百年，是矢志践行初心使命的一百年。无论我们党走了多远，都没有忘记为什么出发，初心使命是激励中国共产党人不断前进的根本动力。矢志践行初心使命，就要坚持以人民为中心，同人民站在一起、为人民利益而奋斗。坚守初心使命并不是一件容易的事情，必须有强烈的自我革命精神。

1949年6月中国共产党成立28周年前夕，毛泽东同志在《论人民民主专政》这篇文章中写道："像一个人一样，有他的幼年、青年、壮年和老年。中国共产党已经不是小孩子，也不是十几岁的年轻小伙子，而是一个大人了。"[1] 今天，中国共产党已经走过一百年光辉历程，发展成为在最大的社会主义国家执政70多年、拥有9100多万名党员的世界上最大的马克思主义执政党。百年光辉历程，中国共产党生机勃勃、充满活力、不断壮大。其根本原因究竟是什么，不能不引起人们的思考。

---

* 本文曾刊于《人民日报》2021年6月22日第13版。

[1] 《毛泽东选集》第4卷，人民出版社1991年版，第1468页。

对于这个问题，习近平总书记强调："只有不忘初心、牢记使命、永远奋斗，才能让中国共产党永远年轻。"[①]一百年来党的历史充分证明了这一点。中国共产党人的初心和使命，就是为中国人民谋幸福、为中华民族谋复兴，中国共产党一百年来矢志践行的就是这个初心和使命。正因为如此，我们党才能在极端困境中发展壮大，才能在濒临绝境中突出重围，才能在困顿逆境中不断奋起，才能永葆青春、永富朝气、永远年轻。

初心使命是激励中国共产党人不断前进的根本动力

不忘初心、牢记使命，说到底就是要弄清楚"我们从哪儿来、往哪儿去""我是谁、为了谁、依靠谁"的问题。纵观百年党史，我们党干革命、搞建设、抓改革，最终目的都是为了让中国人民过上好日子。无论我们党走了多远，都没有忘记为什么出发，没有忘记自己的初心使命。

1921 年中国共产党诞生时仅有 50 多名党员，经过不断发展壮大，现在已有 9100 多万名党员。是什么把中华民族如此之多的优秀分子吸引到我们党这里来的呢？没有别的，最大的吸引力就是党的初心使命。正因为我们党有这样的初心使命，所以，总是能把怀抱为国为民理想的人才吸引进来。毛泽东同志在党的七大预备会议上谈到中国共产党的成立时指出："从古以来没有这样的人民，从古以来没有这样的共产党。"[②]在革命战争年代，无数共产党人舍生忘死、视死如归、不屈不挠、前赴后继，使我们党成为一支打不垮、拖不

---

① 《习近平关于"不忘初心、牢记使命"论述摘编》，中央文献出版社 2019 年版，第 239 页。

② 《毛泽东文集》第 3 卷，人民出版社 1996 年版，第 292 页。

烂、无坚不摧、无往不胜的队伍，终于带领人民推翻三座大山，建立了新中国。在建设和改革年代，无数共产党人克己奉公、埋头苦干、吃苦在前、享受在后，使我们党攻克了一个又一个看似不可能攻克的难关，创造了一个又一个看似不可能创造的奇迹，带领人民取得了令世界刮目相看的伟大成就。

党的十八大以来，以习近平同志为核心的党中央高举中国特色社会主义伟大旗帜，坚持不忘初心、牢记使命，统筹推进"五位一体"总体布局，协调推进"四个全面"战略布局，坚决打好防范化解重大风险、精准脱贫、污染防治三大攻坚战，推动改革发展成果更多更公平惠及全体人民，推动党和国家事业取得历史性成就、发生历史性变革，推动中国特色社会主义进入新时代，同时也使我们党进一步焕发出青春活力。

把践行初心使命体现在为人民利益而奋斗之中

习近平总书记指出："党的初心和使命是党的性质宗旨、理想信念、奋斗目标的集中体现"。[①] 这就是说，党的初心使命是与党的性质宗旨、理想信念、奋斗目标紧密联系在一起的。一百年来，无论顺境还是逆境，我们党之所以总能保持党的性质宗旨、理想信念、奋斗目标不变，说到底是因为把践行初心使命一以贯之地体现到为人民利益而奋斗之中。

"半条被子"故事中的徐解秀老人说："什么是共产党？共产党就是自己有一条被子，也要剪下半条给老百姓的人。"她的话，形象地说明了我们党同人民群众的血肉联系。我们党打江山、守江

---

① 《十九大以来重要文献选编》（中），中央文献出版社 2021 年版，第 118 页。

山，守的是人民的心，为的是让人民过上好日子。时刻把群众的安危冷暖放在心上，时时处处关心群众生活，始终与人民心连心、同呼吸、共命运，是我们党的一贯作风。正因为如此，我们党总能得到人民的信任、拥护、支持。国际上许多友好政党和人士在思考我们党为什么百年长青时认为："坚持将人民放在第一位，把人民对美好生活的向往作为奋斗目标，这是中共这个百年大党始终保持生机活力的源泉。"

习近平总书记提出以人民为中心的发展思想，强调"人民对美好生活的向往，就是我们的奋斗目标"①，要求"推动全党把坚持正确政治方向贯彻到谋划重大战略、制定重大政策、部署重大任务、推进重大工作的实践中去，经常对表对标，及时校准偏差"②。要坚持正确政治方向，经常对表对标，首先就要随时用党的初心使命校正我们工作实践中的偏差。党的十八大以来，我们党解决了许多长期想解决而没有解决的难题、办成了许多过去想办而没有办成的大事，其根本原因就在于始终坚持以人民为中心的发展思想，用党的初心使命对照检查我们的各项工作，始终坚持尊重社会发展规律和尊重人民历史主体地位的一致性、为崇高理想奋斗和为最广大人民谋利益的一致性、完成党的各项工作和实现人民利益的一致性，与群众有福同享、有难同当。这样的党，必然永远年轻。

以勇于自我革命坚守初心使命

习近平总书记指出："勇于自我革命，是我们党最鲜明的品格，

---

① 《十八大以来重要文献选编》（上），中央文献出版社 2014 年版，第 70 页。
② 《把党的政治建设作为党的根本性建设　为党不断从胜利走向胜利提供重要保证》，《人民日报》2018 年 7 月 1 日，第 1 版。

矢志践行初心使命让我们党永远年轻 ／

261

也是我们党最大的优势。"① 我们党历经百年奋斗，又处于长期执政条件下和改革开放、发展社会主义市场经济的环境中，之所以能做到不忘初心、牢记使命，一个重要原因就在于有强烈的自我革命精神，不断增强自我净化、自我完善、自我革新、自我提高的能力。

毛泽东同志在延安时期就说过："房子是应该经常打扫的，不打扫就会积满了灰尘；脸是应该经常洗的，不洗也就会灰尘满面。我们同志的思想，我们党的工作，也会沾染灰尘的，也应该打扫和洗涤。'流水不腐，户枢不蠹'，是说它们在不停的运动中抵抗了微生物或其他生物的侵蚀。"经常检讨工作，开展批评和自我批评，"正是抵抗各种政治灰尘和政治微生物侵蚀我们同志的思想和我们党的肌体的唯一有效的方法。"② 这就告诉我们，党要矢志践行初心使命，就要勇于直面问题，敢于刮骨疗毒，同一切损害党的先进性和纯洁性的因素作坚决斗争。

历史表明，通过开展全党集中性学习教育和整风来推进自我革命，是坚守初心使命的有效途径。抗战后期，我们党以延安为中心，在全党范围开展了一场整风运动，为抗日战争的最后胜利和夺取全国政权奠定了思想政治基础。新中国成立初期，针对在全国执政后出现和可能出现的问题，我们党又先后开展了一系列整风运动，目的都是加强党的自身建设，防止骄傲和腐化，对党执政后坚守初心使命，在总体上起到了积极作用。改革开放后，我们党通过开展整党、"三讲"教育、先进性教育活动、学习实践科学发展观活动等，有力提高了党的建设水平。党的十八大以来，我们党组织开展了党的群众路线教育实践活动、"三严三实"专题教育、"两学

① 《十八大以来重要文献选编》（上），中央文献出版社 2014 年版，第 589 页。
② 《毛泽东选集》第 3 卷，人民出版社 1991 年版，第 1096 页。

一做"学习教育、"不忘初心、牢记使命"主题教育、党史学习教育。实践证明，这些集中性学习教育，对于引导广大党员、干部牢记入党誓言、坚定理想信念、践行初心使命，使党永远保持旺盛的战斗力和青春活力，具有重要意义。

习近平总书记指出："一切向前走，都不能忘记走过的路；走得再远、走到再光辉的未来，也不能忘记走过的过去，不能忘记为什么出发。面向未来，面对挑战，全党同志一定要不忘初心、继续前进。"① 中国共产党迎来了建党百年。在庆祝党的百年华诞之际，我们更要通过学习党史，弄清楚党在过去的一百年里是怎么坚守初心使命的，进而更加牢固地站稳人民立场，树立以人民为中心的发展思想，继续全心全意为人民服务，更加坚定地把人民对美好生活的向往作为奋斗目标，推动改革发展成果更多更公平惠及全体人民，为实现中华民族伟大复兴的中国梦汇聚磅礴伟力。

---

① 《十八大以来重要文献选编》（下），中央文献出版社 2018 年版，第 345 页。

从第三个历史决议
看党总结自身历史经验的方法*

（2022年4月）

中国共产党历来高度重视对历史经验的总结，也十分重视运用正确的方法总结经验。毛泽东同志说过，"什么好的政策都是经验之总结""善于总结经验，就是领导者的任务"，强调在总结经验时，"不能够罗列很多事情，而是要抓住重点，从实际出发，根据马克思主义的观点，加以总结"。党的十八大以来，习近平总书记反复强调，要学习党史特别是党的历史经验，"把党推进革命、建设、改革的宝贵经验总结好"，要把学习党史同总结经验结合起来，运用唯物史观这个"共产党人认识把握历史的根本方法"，树立正确党史观，"准确把握党的历史发展的主题主线、主流本质""实事求是看待党史上的一些重大问题"。

总结党的历史经验基本方法的论述及其精神，在党的十九届六中全会通过的《中共中央关于党的百年奋斗重大成就和历史经验的

---

* 本文曾刊于《党建》2022年第4期，标题为《从党的第三个历史决议看中国共产党总结自身历史经验的方法》。

决议》（以下简称《决议》）中有充分的体现。同时，《决议》在总结党的自身历史经验时，还采用了其他一些具体方法，很值得我们在学习中认真领悟、在实践中加以借鉴。

第一种方法：既对党在各个历史时期的经验进行总结，又注重把各个历史时期贯通起来总结经验

根据历史背景和主要任务的不同，《决议》把党的百年历史归纳为四个历史时期，并对每个时期的奋斗历程和斗争经验进行了总结和阐述。在此过程中，被实践证明为行之有效的做法，成为我们党一以贯之加以遵循的宝贵经验。

例如，关于新民主主义革命时期，《决议》总结指出："必须以武装的革命反对武装的反革命"，中国"不可能像俄国十月革命那样通过首先占领中心城市来取得革命在全国的胜利"，而必须"农村包围城市、武装夺取政权"；"九一八事变后，中日民族矛盾逐渐超越国内阶级矛盾上升为主要矛盾"，党必须"实行正确的抗日民族统一战线政策，坚持全面抗战路线""实施持久战的战略总方针和一整套人民战争的战略战术"；抗日战争胜利后，"面对国民党反动派悍然发动的全面内战"，党必须领导人民军队"在人民支持下，以一往无前的英雄气概同穷凶极恶的敌人进行殊死斗争"。另外，党的自身建设要着重从思想上建党，"坚持民主集中制，坚持理论联系实际、密切联系群众、批评和自我批评三大优良作风，形成统一战线、武装斗争、党的建设三大法宝"。

关于社会主义革命和建设时期，《决议》总结指出：社会主义改造基本完成后，"主要任务是集中力量发展社会生产力，实现国家工业化，逐步满足人民日益增长的物质和文化需要""社会主义

社会是一个很长的历史阶段，严格区分和正确处理敌我矛盾和人民内部矛盾，正确处理我国社会主义建设的十大关系，走出一条适合我国国情的工业化道路，尊重价值规律，在党与民主党派的关系上实行'长期共存、互相监督'的方针，在科学文化工作中实行'百花齐放、百家争鸣'的方针等"。

关于改革开放和社会主义现代化建设新时期，《决议》总结指出："开创改革开放和社会主义现代化建设新局面，必须以理论创新引领事业发展"，要在"更大程度更广范围发挥市场在资源配置中的基础性作用"，要"充分利用国际国内两个市场、两种资源""推动经济全球化朝着有利于共同繁荣的方向发展，旗帜鲜明反对霸权主义和强权政治"，要"治国必先治党，治党务必从严""健全民主集中制，发扬党内民主，实现党内政治生活正常化"，要"大力选拔中青年干部，促进干部队伍新老交替"，等等。

关于中国特色社会主义新时代，《决议》总结指出："中国特色社会主义最本质的特征是中国共产党领导""新时代我国社会主要矛盾是人民日益增长的美好生活需要和不平衡不充分的发展之间的矛盾"，以及关于中国特色社会主义事业的总体布局、战略布局，全面深化改革和全面推进依法治国的总目标，新时代的强军目标和中国特色大国外交目标，新时代党的建设总要求，等等。

尽管党在各个历史时期有着各具特点的形势任务，形成的具体斗争经验并不完全相同，但在不同的历史阶段却有许多共性的问题。例如，如何坚持党的无产阶级先锋队性质，如何使党更好地带领人民为中国人民谋幸福、为中华民族谋复兴而奋斗，等等。这些问题在各个时期都存在。所以，总结历史经验，除了要对党自身发展的各个历史时期的具体经验进行总结之外，还要把各个历史时期贯通起来，总结一百年来党带领人民进行伟大斗争的普遍经验。

为了把党的各个历史时期贯通起来总结经验，《决议》专门辟出一部分，即"中国共产党百年奋斗的历史经验"，提出了建党百年来的十条经验，即坚持党的领导、人民至上、理论创新、独立自主、中国道路、胸怀天下、开拓创新、敢于斗争、统一战线、自我革命。这十条经验，是党从各个历史时期的长期实践中总结出来的，是被实践检验证明行之有效的，对今天乃至今后事业发展有极其重要的指导意义。

第二种方法：既从当前的认识高度总结经验，又注重把经验放在特定历史条件下加以总结

总结历史经验，要站在新的时代高度，用新的认识加以指导，以实现认识的进一步深化发展。例如，《决议》在总结改革开放和社会主义现代化建设的成就和经验时，充分肯定了党的十一届三中全会以后，实行改革开放的历史性决策，走自己的路、建设中国特色社会主义，确立公有制为主体、多种所有制经济共同发展的基本经济制度和社会主义市场经济体制的必要性、正确性。从当时的历史条件来看，这些认识和举措，突破了对社会主义公有制和高度集中的计划经济体制的固有认识，"实现了从高度集中的计划经济体制到充满活力的社会主义市场经济体制、从封闭半封闭到全方位开放的历史性转变"。从当今社会所取得的伟大成就来看，改革开放着实是"决定当代中国前途命运的关键一招"，中国特色社会主义道路着实是"指引中国发展繁荣的正确道路"，中国由此"大踏步赶上了时代"。

在总结历史经验时，虽然要用当前的新认识加以指导，但也不能忽视当时的客观实际。对历史上形成的问题，只能放到当时的历

史条件下进行分析和认识。正如列宁所说，"在分析任何一个社会问题时，马克思主义理论的绝对要求，就是要把问题提到一定的历史范围之内"。就新中国成立初期决定由新民主主义向社会主义提前过渡、基本实现生产资料公有制和建立高度集中的计划经济体制来说，当时作出这个决策的主要原因在于，新中国一方面受到"武装到牙齿"的帝国主义的侵略威胁，需要建立以重工业为基础的国防工业；另一方面从资金、物资到人才都极度匮乏，如果不建立生产资料公有制和高度集中的计划经济体制，就不能适应以重工业为重点的"一五"计划建设需要。《决议》正是从这一历史条件出发，充分肯定了 1953 年党正式提出过渡时期总路线，1956 年我国基本上完成对生产资料私有制的社会主义改造、基本上实现生产资料公有制和按劳分配、建立起社会主义经济制度的必要性、正确性，明确指出："社会主义制度的建立，为我国一切进步和发展奠定了重要基础。"在随后的探索过程中，"虽然经历了严重曲折，但党在社会主义革命和建设中取得的独创性理论成果和巨大成就，为在新的历史时期开创中国特色社会主义提供了宝贵经验、理论准备、物质基础"。

第三种方法：既着重总结成功的经验，又不忽略对失误教训的总结

党的历史发展主流是成就，总结历史时自然应以总结成功经验为主。习近平总书记在党的十九届六中全会上对《决议》作说明时指出："改革开放以来，尽管党的工作中也出现过一些问题，但总体上讲党和国家事业发展是顺利的，前进方向是正确的，取得的成就是举世瞩目的。"正是基于这个情况，《决议》把着力点放在了总

结党的百年奋斗重大成就和历史经验上。但同时指出，要"坚持辩证唯物主义和历史唯物主义的方法论，用具体历史的、客观全面的、联系发展的观点来看待党的历史"，要"正确对待党在前进道路上经历的失误和曲折，从成功中吸取经验，从失误中吸取教训"。

《决议》在着重总结改革开放以来成就和经验的同时，对于存在的失误和问题并没有回避，而是通过总结经验、反对错误观点和言行、肯定正确做法等方式，进行了揭示和阐述。例如，《决议》在强调改革开放以后党和国家事业取得重大成就，为新时代发展中国特色社会主义事业奠定了坚实基础、创造了有利条件的同时，明确指出，党也清醒认识到新出现的一些矛盾和问题，"管党治党一度宽松软带来党内消极腐败现象蔓延、政治生态出现严重问题，党群干群关系受到损害，党的创造力、凝聚力、战斗力受到削弱，党治国理政面临重大考验"，等等。《决议》在总结新时代 13 个方面的成就和经验时，也列举了各个方面存在的问题，使人们清楚地看到经验总结具有的针对性，更加认识到宝贵经验的来之不易。

总结历史经验的方法还有很多，《决议》总结经验的具体方法也不仅限于以上几种。列举出这几种方法，旨在说明我们党不仅重视总结经验，也十分重视掌握总结经验的正确方法。学习《决议》不仅要学习其中阐述的宝贵经验，也应当领悟总结经验的正确方法，以便更好地从历史经验中提炼出克敌制胜的法宝，不断提升自身斗争的本领，提高治国理政的水平，增强拒腐防变和抵御风险的能力，从而更好地肩负起坚持和发展中国特色社会主义伟大事业的历史使命。

深刻把握中国式现代化的本质特征*

（2022年11月30日）

习近平总书记所作的党的二十大报告，进一步指明了党和国家事业的前进方向，是我们党团结带领全国各族人民在新时代新征程坚持和发展中国特色社会主义的政治宣言和行动纲领。党的二十大报告提出，中国式现代化，是中国共产党领导的社会主义现代化，既有各国现代化的共同特征，更有基于自己国情的中国特色。前进道路上，必须坚持和加强党的全面领导，坚持中国特色社会主义道路，坚持以人民为中心的发展思想，坚持深化改革开放，坚持发扬斗争精神，不断彰显中国特色社会主义制度优势，不断增强社会主义现代化建设的动力和活力，把我国制度优势更好转化为国家治理效能。这些重要论述表明，中国式现代化不是别的什么现代化，而是中国共产党领导的社会主义制度基础上的现代化。

"现代化"一词最早产生于18世纪的欧洲，是指工业革命以来，人类社会在经济、政治、文明等各方面由传统向现代转变的过程。当时，这种转变只能通过资本主义道路来实现。直到20世纪

---

* 本文曾发表于《经济日报》2022年11月30日第10版。

初发生的十月革命,"改变了整个世界历史的方向,划分了整个世界历史的时代""社会主义从理论变为现实,打破了资本主义一统天下的世界格局"。这时,现代化才有了不同于资本主义的另一种选择,即社会主义的现代化道路。

早在党的七大上,毛泽东同志就明确指出:"中国工人阶级的任务,不但是为着建立新民主主义的国家而斗争,而且是为着中国的工业化和农业近代化而斗争。"[1]新中国成立后,我们党提出过渡时期总路线的主体任务之一仍然是逐步实现国家的社会主义工业化。不过,在1954年第一届全国人大一次会议上,毛泽东同志提出,"准备在几个五年计划之内,将我们现在这样一个经济上文化上落后的国家,建设成为一个工业化的具有高度现代文化程度的伟大的国家"[2]。周恩来同志提出建设现代化的工业、农业、交通运输业和国防的目标。1964年,周恩来同志在第三届全国人大一次会议上明确提出实现"四个现代化"的历史性任务,指出"要在不太长的历史时期内,把我国建设成为一个具有现代农业、现代工业、现代国防和现代科学技术的社会主义强国,赶上和超过世界先进水平"[3]。1975年,周恩来同志在第四届全国人大一次会议上重申了"四化"目标和两步走设想。以上说明,我们党自新中国成立后,就逐步走上了社会主义制度基础上的现代化道路。

党的十一届三中全会作出把党和国家工作中心转移到经济建设上来、实行改革开放的历史性决策,要求全党全军和全国各族人民同心同德,为把我国建设成为社会主义的现代化强国而进行新的长征。在新长征过程中,面对一些错误思潮,邓小平同志掷地有声地

---

① 《毛泽东选集》第3卷,人民出版社1991年版,第1081页。

② 《毛泽东文集》第6卷,人民出版社1999年版,第350页。

③ 《周恩来选集》(下),人民出版社1984年版,第439页。

指出："我们搞的现代化，是中国式的现代化。我们建设的社会主义，是有中国特色的社会主义"① "有些人脑子里的四化同我们脑子里的四化不同。我们脑子里的四化是社会主义的四化。他们只讲四化，不讲社会主义。这就忘记了事物的本质，也就离开了中国的发展道路"②。对于为什么必须坚持搞社会主义现代化建设的问题，他作出了两点解释。第一，整个帝国主义西方世界企图使社会主义各国都放弃社会主义道路，最终纳入国际垄断资本的统治，纳入资本主义的轨道。如果我们不坚持社会主义，最终发展起来也不过成为一个附庸国，而且就连想要发展起来也不容易。只有社会主义才能救中国，只有社会主义才能发展中国。第二，中国如果走资本主义道路，可能在某些局部地区少数人更快地富起来，形成一个新的资产阶级，产生一批百万富翁，但顶多也不会达到人口的1%，而大量的人仍然摆脱不了贫穷，甚至连温饱问题都不可能解决。只有社会主义制度才能从根本上解决摆脱贫穷的问题。

党的十八大以来，中国特色社会主义进入新时代。以习近平同志为核心的党中央团结带领全党全国各族人民在中华大地上全面建成了小康社会，实现了第一个百年奋斗目标，并提出分两步走，到21世纪中叶全面建成社会主义现代化强国、实现第二个百年奋斗目标。为确保中国式现代化始终沿着社会主义方向前进，习近平总书记强调："中国特色社会主义道路是实现社会主义现代化的必由之路"③ "中国特色社会主义是社会主义而不是其他什么主义"④。他旗帜鲜明地批判那种认为现代化就是西方化、资本主义

---

① 《邓小平文选》第3卷，人民出版社1993年版，第29页。

② 《邓小平文选》第3卷，人民出版社1993年版，第204页。

③ 《十八大以来重要文献选编》（下），中央文献出版社2018年版，第349页。

④ 《十八大以来重要文献选编》（上），中央文献出版社2014年版，第109页。

化的错误观点，指出："治理一个国家，推动一个国家实现现代化，并不只有西方制度模式这一条道，各国完全可以走出自己的道路来"①"推进国家治理体系和治理能力现代化，绝不是西方化、资本主义化"②"我们应该秉持兼容并蓄的态度，虚心学习他人的好东西，在独立自主的立场上把他人的好东西加以消化吸收，化成我们自己的好东西，但决不能囫囵吞枣、决不能邯郸学步"③。

正因为中国式现代化是中国共产党领导的社会主义现代化，所以，它既具有各国现代化的共同特征，更具有基于我国国情、区别于资本主义现代化道路的中国特色。什么是资本主义现代化？习近平总书记作出了概括，即以资本为中心、两极分化、物质主义膨胀、对外扩张掠夺，并以其他国家落后为代价。针对资本主义现代化的这些特点，习近平总书记提出了中国式现代化的五大特征，并在党的二十大报告中进一步加以阐述：中国式现代化是人口规模巨大的现代化，我国 14 亿多人口整体迈进现代化社会，规模超过现有发达国家人口的总和，艰巨性和复杂性前所未有，要坚持稳中求进、循序渐进、持续推进；中国式现代化是全体人民共同富裕的现代化，要坚持把实现人民对美好生活的向往作为现代化建设的出发点和落脚点，着力维护和促进社会公平正义，坚决防止两极分化；中国式现代化是物质文明和精神文明相协调的现代化，要促进物的全面丰富和人的全面发展；中国式现代化是人与自然和谐共生的现代化，要坚持可持续发展，坚持节约优先、保护优先、自然恢复为主的方针；中国式现代化是走和平发展道路的现代化，要高举和平、发展、合作、共赢旗帜，以自身发展更好维护世界和平与发

---

① 《习近平关于社会主义政治建设论述摘编》，中央文献出版社 2017 年版，第 7 页。

② 《习近平关于总体国家安全观论述摘编》，中央文献出版社 2018 年版，第 24 页。

③ 《十八大以来重要文献选编》（中），中央文献出版社 2016 年版，第 60 页。

展。习近平总书记在党的二十大报告中指出：从现在起，中国共产党的中心任务就是团结带领全国各族人民全面建成社会主义现代化强国、实现第二个百年奋斗目标，以中国式现代化全面推进中华民族伟大复兴。

我国经过 70 多年接续不断的努力，现在已经比历史上任何时期都更接近、更有信心和能力实现全面建成社会主义现代化强国、实现中华民族伟大复兴的伟大目标。实践证明，社会主义制度对于在中国这样的发展中大国进行现代化建设，是必须坚持的唯一正确的拥有光明未来的根本制度。只要我国 14 亿多人口整体迈进现代化社会，世界的现代化版图必将彻底改写，我国对人类历史必将再次作出意义重大而深远的贡献。

新时代中国特色社会主义的开篇之作*

（2023年2月25日）

2012 年 11 月 15 日党的十八大闭幕后，习近平总书记率领新当选的中央政治局常委同中外记者见面，表示一定"努力向历史、向人民交出一份合格的答卷"[①]。一个半月后的 2013 年 1 月 5 日，他在新进中央委员会的委员、候补委员学习贯彻党的十八大精神研讨班上，作了一篇题为《关于坚持和发展中国特色社会主义的几个问题》的重要讲话。讲话就坚持和发展什么样的中国特色社会主义、怎样坚持和发展中国特色社会主义，建设什么样的社会主义现代化强国、怎样建设社会主义现代化强国，建设什么样的长期执政的马克思主义政党、怎样建设长期执政的马克思主义政党等重大时代课题，进行了初步系统的阐述，提出了一系列有关治国理政的新理念

---

* 本文是作者 2023 年在中华人民共和国国史学会主办的"纪念习近平总书记 2013 年'1·5'讲话发表 10 周年学术研讨会"上的主旨报告，刊发于《当代中国马克思主义研究》2023 年创刊号，标题为《对新时代坚持和发展中国特色社会主义初步系统阐述的马克思主义文献——纪念习近平总书记 2013 年"1·5"重要讲话发表 10 周年》。收入本书时，作者作了删节修改。

① 《十八大以来重要文献选编》（上），北京：中央文献出版社，2014 年，第 71 页。

新思想新战略，是一篇马克思主义的重要文献，也是以习近平同志为核心的党中央向历史、向人民交出的第一份书面答卷，堪称中国特色社会主义进入新时代的开篇之作和习近平新时代中国特色社会主义思想的奠基之作。

习近平总书记 2013 年 1 月 5 日的讲话（以下简称"1·5 讲话"）发表至今，已过去整整十年。2022 年党的二十大报告在论及十年前我们党面对的形势时指出，一方面改革开放和社会主义现代化建设取得巨大成就，党的建设新的伟大工程取得显著成效；另一方面，一系列长期积累及新出现的突出矛盾和问题亟待解决，比如，有人对坚持党的领导认识模糊、行动乏力，一些党员、干部政治信仰发生动摇，形式主义、官僚主义、享乐主义、奢靡之风屡禁不止，一些人对中国特色社会主义政治制度自信不足，历史虚无主义等错误思潮不时出现，党内和社会上不少人对党和国家前途忧心忡忡。只要把"1·5"讲话放在十年前这些影响党长期执政、国家长治久安、人民幸福安康的突出矛盾和问题的大背景之下，以及十年来以习近平同志为核心的党中央为解决这些矛盾和问题而采取的一系列战略性举措、推进的一系列变革性实践、实现的一系列突破性进展、取得的一系列标志性成果，以及经受住的一系列政治、经济、意识形态、自然界等各方面风险挑战的考验之中，就不难从中找到习近平新时代中国特色社会主义思想的一系列重要观点和基本方略的发端与源头，不难看出这篇讲话在党的十八大后开启的中国特色社会主义前进道路上和习近平新时代中国特色社会主义思想形成过程中所占有的重要历史地位。

一、关于中国特色社会主义是社会主义而不是其他什么主义

"1·5"讲话开宗明义指出："中国特色社会主义是社会主义而不是其他什么主义，科学社会主义基本原则不能丢，丢了就不是社会主义。"① 实行中国特色社会主义是根据中国自身实际和时代特征变化而对社会主义制度的自我完善与发展，这本来是中国特色社会主义的题中之义，是从一开始就讲清楚的，是不成为问题的。那为什么习近平总书记在这里还要突出强调这一点，而且强调它不是其他什么主义，强调如果把科学社会主义的基本原则丢了就不是社会主义了呢？要弄明白个中原因，就要把它放到改革开放以来的历史大背景下理解。

党的十一届三中全会坚决批判了"两个凡是"的错误方针，结束了粉碎"四人帮"后出现的徘徊前进的局面，开始全面纠正"文化大革命"中及其从前的"左"倾错误，停止使用"以阶级斗争为纲"这个不适宜社会主义社会的口号，作出把工作重点转移到社会主义现代化建设上来的战略决策，吹响了改革开放的号角，拉开了中国特色社会主义的序幕。然而，在这之后，无论社会还是党内又出现了一股右的思潮，即否定党的领导和社会主义制度的资产阶级自由化思潮。为此，邓小平明确提出要坚持四项基本原则，并把党的基本路线概括为以经济建设为中心和坚持四项基本原则、坚持改革开放两个基本点。但主张资产阶级自由化的人并没有就此罢手，时不时地掀起反对四项基本原则的浪潮。他们要么直接攻击四项基本原则为"四根棍子"，污蔑提出四项基本原则是"走回头

① 《十八大以来重要文献选编》（上），北京：中央文献出版社，2014年，第109页。

路"；要么打着解放思想的旗号，只讲"一个中心"和改革开放，不讲甚至反对讲四项基本原则，胡说"改革就是改革，无所谓什么方向"，污蔑中国特色社会主义是"国家资本主义"、"资本社会主义"，是"新民主主义的回归"，谁要是强调改革必须坚持社会主义方向，谁就会被骂成"走回头路"，被扣上"极左""保守派"的帽子。这股浪潮时高时低，一直持续到党的十八大之前。习近平总书记在"1·5"讲话中强调中国特色社会主义是社会主义、科学社会主义的基本原则不能丢，面对的就是这个背景。

"1·5"讲话指出，中华民族积贫积弱、任人宰割的时期，各种主义和思潮都尝试过，都没有解决中国的前途和命运问题，是马克思列宁主义、毛泽东思想引导中国人民走出了漫漫长夜、建立了新中国，是中国特色社会主义使中国快速发展起来。"我们说中国特色社会主义是社会主义，那就是不论怎么改革、怎么开放，我们都始终要坚持中国特色社会主义道路、中国特色社会主义理论体系、中国特色社会主义制度，坚持党的十八大提出的夺取中国特色社会主义新胜利的基本要求。"[1] 这其中包括在中国共产党领导下，立足基本国情，以经济建设为中心，坚持四项基本原则，坚持改革开放，公有制为主体、多种所有制经济共同发展的基本经济制度。他说："这些都是在新的历史条件下体现科学社会主义基本原则的内容，如果丢掉了这些，那就不成其为社会主义了。"[2] 这就是说，任何事物都有质的规定性。好比钢，碳含量不能超过2%，超过了，就不是钢而是铁了。

习近平总书记在"1·5"讲话中讲的这些道理，在新时代十年

---

[1]《十八大以来重要文献选编》（上），北京：中央文献出版社，2014年，第110页。

[2]《十八大以来重要文献选编》（上），北京：中央文献出版社，2014年，第110页。

里被反复论述、逐渐展开、不断丰富。例如，在政治建设上，他指出："发展社会主义民主政治，关键是要增加和扩大我们的优势和特点，而不是要削弱和缩小我们的优势和特点。"① "中国共产党领导是中国特色社会主义最本质的特征。"② 在经济建设上，他指出："让广大人民群众共享改革发展成果，是社会主义的本质要求，是社会主义制度优越性的集中体现"。③ 在文化建设上，他指出："宣传思想工作就是要巩固马克思主义在意识形态领域的指导地位"；④ "坚持正面宣传为主，决不意味着放弃舆论斗争。"⑤ 在社会建设上，他指出："公平正义是中国特色社会主义的内在要求，……共同富裕是中国特色社会主义的根本原则，所以必须使发展成果更多更公平惠及全体人民，朝着共同富裕方向稳步前进。"⑥

再比如，关于无论怎么改革都必须坚持中国特色社会主义道路的思想，习近平总书记也作出了清晰的表述。他指出："我们的改革开放是有方向、有立场、有原则的。"⑦ "不能笼统地说中国改革在某个方面滞后。在某些方面、某个时期，快一点、慢一点是有

① 《十八大以来重要文献选编》（中），北京：中央文献出版社，2016 年，第 63 页。

② 《习近平关于社会主义政治建设论述摘编》，北京：中央文献出版社，2017 年，第 28 页。

③ 《习近平关于社会主义经济建设论述摘编》，北京：中央文献出版社，2017 年，第 25 页。

④ 《习近平关于社会主义文化建设论述摘编》，北京：中央文献出版社，2017 年，第 22 页。

⑤ 《习近平关于社会主义文化建设论述摘编》，北京：中央文献出版社，2017 年，第 27 页。

⑥ 《习近平关于社会主义社会建设论述摘编》，北京：中央文献出版社，2017 年，第 25 页。

⑦ 《习近平关于全面深化改革论述摘编》，北京：中央文献出版社，2014 年，第 14 页。

的，但总体上不存在中国改革哪些方面改了，哪些方面没有改。问题的实质是改什么、不改什么，有些不能改的，再过多长时间也是不改。……不实行改革开放死路一条，搞否定社会主义方向的'改革开放'也是死路一条。"① "一些敌对势力和别有用心的人也在那里摇旗呐喊、制造舆论、混淆视听，把改革定义为往西方政治制度的方向改，否则就是不改革。他们是醉翁之意不在酒，'项庄舞剑，意在沛公'。"② "老百姓关心什么、期盼什么，改革就要抓住什么、推进什么，通过改革给人民群众带来更多获得感。"③ "如果不能创造更加公平的社会环境，甚至导致更多不公平，改革就失去意义，也不可能持续。"④ 在纪念改革开放40周年大会上，他再次掷地有声地强调，要"牢牢把握改革开放的前进方向。改什么、怎么改必须以是否符合完善和发展中国特色社会主义制度、推进国家治理体系和治理能力现代化的总目标为根本尺度，该改的、能改的我们坚决改，不该改的、不能改的坚决不改。"⑤

毛泽东曾讲过："应当从实际出发，不是从定义出发。"⑥ "我们除了科学以外，什么都不要相信，就是说，不要迷信。"⑦ "认识的盲目性和自由，总会是不断地交替和扩大其领域"⑧。习近平总书记也指出："坚持实事求是不是一劳永逸的，在一个时间一个地点做

---

① 《习近平关于全面深化改革论述摘编》，北京：中央文献出版社，2014年，第15页。

② 《习近平关于全面深化改革论述摘编》，北京：中央文献出版社，2014年，第19页。

③ 《习近平关于社会主义社会建设论述摘编》，北京：中央文献出版社，2017年，第40页。

④ 《十八大以来重要文献选编》（上），北京：中央文献出版社，2014年，第553页。

⑤ 《十九大以来重要文献选编》（上），北京：中央文献出版社，2019年，第732页。

⑥ 《毛泽东选集》第3卷，北京：人民出版社，1991年，第853页。

⑦ 《毛泽东文集》第6卷，北京：人民出版社，1999年，第330页。

⑧ 《毛泽东文集》第8卷，北京：人民出版社，1999年，第326页。

到了实事求是，并不等于在另外的时间另外的地点也能做到实事求是"①。如果说我们党当年实行改革开放是一次伟大思想解放的话，那么，新时代提出改革也要从实际出发，该改能改的坚决改，不该改不能改的坚决不改，同样是一次伟大思想解放，是破除新的迷信、新的盲目性、新的思想禁锢和打破新的条条框框的鲜明体现。实践已经说明，在国企和医疗、教育、住房等改革中，有些地方就是不该改和不能改的，给国家造成很多损失，给群众增加了很大负担。我们应当坚持改革开放也要从实际出发的原则，按照习近平总书记提出的"全面深化改革必须以促进社会公平正义、增进人民福祉为出发点和落脚点"的指导思想，对那些被实践证明改错了的，要坚决改回来，或者通过进一步的改革加以调整和完善，而不应当明明知道错了，还要硬着头皮死扛。

可见，只要把"中国特色社会主义是社会主义而不是其他什么主义"的论述，放在改革开放前30年的大背景下和新时代10年的实践中去认识，就会明白它所要表达的是，社会主义的本质在于人民至上而不是资本至上的深刻内涵，看到它在新时代中国特色社会主义思想形成过程中的特殊意义。

二、关于中国现代化建设必须从中国的国情出发

在"1·5"讲话中，这个命题是通过引述邓小平在党的十二大开幕词中一段话而提出的。那段话是："我们的现代化建设，必须从中国的实际出发，……照抄照搬别国经验、别国模式，从来不能得到成功。"②习近平总书记由此引申出关于"中国模式"问题

①《十八大以来重要文献选编》（上），北京：中央文献出版社，2014年，第696页。
②《邓小平文选》第3卷，北京：人民出版社，1993年，第2页。

的一大段论述。他说："近年来，随着我国综合国力和国际地位上升，国际上关于'北京共识'、'中国模式'、'中国道路'等议论和研究也多了起来，其中不乏赞扬者。一些外国学者认为，中国的快速发展，导致一些西方理论正在被质疑，一种新版的马克思主义理论正在颠覆西方的传统理论……我们始终认为，各国的发展道路应由各国人民选择。所谓的'中国模式'是中国人民在自己的奋斗实践中创造的中国特色社会主义道路。"① 这一论述，后来成为习近平新时代中国特色社会主义思想中有关中国式现代化理论的重要源头之一。

早在20世纪60年代，我们党就将社会主义建设的目标由实现工业化扩展为实现四个现代化。改革开放初期，邓小平针对主张全盘西化的资产阶级自由化思潮指出："我们搞的现代化，是中国式的现代化。我们建设的社会主义，是有中国特色的社会主义。"② 党的十八大后，习近平总书记继承了这一观点，并不断加以丰富和发展，形成了关于中国式现代化的完整理论。其中最主要的贡献是对中国式现代化的本质特征作出进一步概括，即针对资本主义现代化以资本为中心、两极分化、物质主义膨胀、对外扩张掠夺特别是暴力掠夺殖民地和以其他国家落后为代价等特点，概括出的中国式现代化的五大特征。这五大特征最核心的一点就是以人民为中心，促进全体人民共同富裕，不以资本为中心，不搞两极分化。只要把以上论述与"1·5"讲话关于"中国模式"的论述加以对照，就会清楚地看出它们之间存在的发展与被发展的内在逻辑关系。

---

① 《十八大以来重要文献选编》（上），北京：中央文献出版社，2014年，第111页。
② 《邓小平文选》第3卷，北京：人民出版社，1993年，第29页。

三、关于改革开放前后两个历史时期的本质都是我们党带领人民进行社会主义建设的实践探索

党的十一届三中全会后，尤其党的第二个历史决议通过后，我们党对改革开放前的历史已经有了明确结论，即一方面要实事求是地承认存在失误和曲折，尤其发动"大跃进"和"文化大革命"运动那样的严重错误；另一方面，必须毫不含糊地肯定成就仍然是历史主流，改革开放的伟大事业就是建立在改革开放前社会主义革命和建设伟大成就基础之上的。然而，党的十八大之前的相当长时间，总有人或明或暗地否定改革开放前的历史时期，甚至把那个时期描绘成漆黑一团；更多的人则不能理直气壮地表示应当正面评价那个时期，遇到有人污蔑那个时期也不敢反驳，总感到有些拿不准，怕被人扣上"左"的帽子。

针对上述现象，"1·5"讲话鲜明提出：改革开放前后两个历史时期"决不是彼此割裂的，更不是根本对立的"①，对二者决不能互相否定；如何正确处理二者的关系，"不只是一个历史问题，更主要的是一个政治问题。"② 在此之前，我们党虽然也一直是正面评价改革开放前历史的主流，但像"1·5"讲话这样旗帜鲜明、论述透彻、表达完整、富有强烈针对性地肯定改革开放前历史的本质和成就，在党的重要文件和主要领导人讲话中还是头一回。

只要通读"1·5"讲话就会看到，关于正确看待改革开放前后两个历史时期关系的论述，在这篇 7000 多字的讲话中约占四分之一的篇幅，无疑是讲话的重要内容。其中主要论点有四个：第

---

① 《十八大以来重要文献选编》（上），北京：中央文献出版社，2014 年，第 112 页。
② 《十八大以来重要文献选编》（上），北京：中央文献出版社，2014 年，第 113—114 页。

一，改革开放后的社会主义实践探索是对改革开放前的社会主义实践探索的坚持、改革、发展。改革开放前后相比，"在进行社会主义建设的思想指导、方针政策、实际工作上有很大差别，但两者决不是彼此割裂的，更不是根本对立的"，"本质上都是我们党领导人民进行社会主义建设的实践探索。"第二，中国特色社会主义是在改革开放历史新时期开创的，"如果没有一九七八年我们党果断决定实行改革开放，并坚定不移推进改革开放，坚定不移把握改革开放的正确方向，社会主义中国就不可能有今天这样的大好局面，就可能面临严重危机，就可能遇到像苏联、东欧国家那样的亡党亡国危机。"① 同时，中国特色社会主义"也是在新中国已经建立起社会主义基本制度并进行了二十多年建设的基础上开创的。""如果没有一九四九年建立新中国并进行社会主义革命和建设，积累了重要的思想、物质、制度条件，积累了正反两方面经验，改革开放也很难顺利推进。"② 第三，对改革开放前的社会主义实践探索中的失误要采取正确态度，进行科学分析。"要坚持实事求是的思想路线，分清主流和支流，坚持真理，修正错误，发扬经验，吸取教训。"③ 第四，改革开放前，"我们党在社会主义建设实践中提出了许多正确主张，当时没有真正落实，改革开放后得到了真正贯彻，将来也还是要坚持和发展的。"④ 把以上四点归纳一下，可以概括成一句话，即改革开放后与改革开放前相比，既有重大区别又有本质的一致性；改革开放前有过重大失误，但也为改革开放后的发展奠定了重要基础。

---

① 《十八大以来重要文献选编》（上），北京：中央文献出版社，2014 年，第 112 页。
② 《十八大以来重要文献选编》（上），北京：中央文献出版社，2014 年，第 112 页。
③ 《十八大以来重要文献选编》（上），北京：中央文献出版社，2014 年，第 112 页。
④ 《十八大以来重要文献选编》（上），北京：中央文献出版社，2014 年，第 112 页。

习近平总书记关于正确认识改革开放前后两个时期关系的论述，涉及如何看待新中国历史的问题，也涉及如何看待中国特色社会主义、如何选择国家政治发展道路的问题。大量事实表明，凡是怀疑和反对改革开放的，总是会用改革开放前的历史否定改革开放后的历史；凡是怀疑和否定四项基本原则的，也总会用改革开放后的历史否定改革开放前的历史；凡是把中国特色社会主义看成"新民主主义回归"和"民主社会主义"、"社会民主主义"，抑或看成"资本主义复辟"的，往往会把这两个历史时期加以割裂和对立；同样，凡是把这两个历史时期加以割裂、对立、相互否定的，也往往会反对或曲解中国特色社会主义道路。可见，如何认识改革开放前后两个历史阶段的关系，是一个如何看待新中国历史的问题，更是一个如何认识中国特色社会主义的现实的政治理论问题。习近平总书记在"1·5"讲话中讲，他"之所以强调这个问题，是因为这个重大政治问题如果处理不好，就会产生严重政治后果。"[1]

新时代十年，习近平总书记对新中国史给予了前所未有的重视，把新中国史与党史、改革开放史、社会主义发展史合在一起，要求全党和高校加强"四史"学习，不久前还为国史学会成立30周年发来贺信；并且对正确看待改革开放前后历史关系的问题作了反复强调和大量论述，提出要准确把握新中国历史发展的主题主线、主流本质。他的这些论述和要求，不仅对于人们正确认识新中国历史具有重要意义，而且对于人们树立和坚定中国特色社会主义的信心和决心具有更加重要的意义。

---

[1]《十八大以来重要文献选编（上）》，北京：中央文献出版社，2014年，第113页。

四、关于历史虚无主义的根本目的是煽动推翻共产党领导和社会主义制度

毛泽东同志指出："只有用马克思主义观点来研究实际问题、能解决实际问题的，才算实际的理论家。"① 只有同反马克思主义的东西进行斗争，才"会使马克思主义发展起来。这是在对立面的斗争中的发展，是合于辩证法的发展。"② 这些论述告诉我们，马克思主义的理论工作对于实际生活中提出的重大问题，必须研究、回答和解决，而不能回避和绕着问题走。只有这样，理论才能发挥作用，才能在解决实际问题的过程中得到发展。

改革开放后，马克思主义理论工作面对的一个实际问题，就是如何看待和应对资产阶级自由化思潮。邓小平同志直面这个问题，尖锐指出："所谓资产阶级自由化，就是要中国全盘西化，走资本主义道路。……如果走资本主义道路，可能在某些局部地区少数人更快地富起来，形成一个新的资产阶级，产生一批百万富翁，但顶多也不会达到人口的百分之一，而大量的人仍然摆脱不了贫穷，甚至连温饱问题都不可能解决。"③ "搞自由化，就会破坏我们安定团结的政治局面。没有一个安定团结的政治局面，就不可能搞建设。"④ "搞资产阶级自由化，否定党的领导，十亿人民没有凝聚的中心，党也就丧失了战斗力，那样的党连个群众团体也不如了，怎么领导人民搞建设？"⑤ 正是这些论述，揭示了资产阶级自由化的

① 《毛泽东文集》第2卷，北京：人民出版社，1993年，第374页。
② 《毛泽东文集》第7卷，北京：人民出版社，1999年，第279—280页。
③ 《邓小平文选》第3卷，北京：人民出版社，1993年，第207、208页。
④ 《邓小平文选》第3卷，北京：人民出版社，1993年，第182页。
⑤ 《邓小平文选》第3卷，北京：人民出版社，1993年，第197页。

本质和危害，统一了全党思想，抑制了这股思潮的泛滥，保证了改革开放事业的顺利进行，同时也极大地充实、丰富了邓小平理论。

后来，随着实践的深入发展，资产阶级自由化又派生出新自由主义、民主社会主义、历史虚无主义等思潮，在经济学、政治学和革命史、党史、新中国史等意识形态领域里大行其道、甚嚣尘上，其中尤以历史虚无主义思潮为烈。如何认识这些思潮，它们的实质是什么，目的是什么，不加防范的后果是什么？成为新时代马克思主义理论工作必须回答的新问题。

有人认为，历史虚无主义是一种学术思潮，应当与之进行学术讨论，而不应进行政治批判。这些人混淆了哲学史上欧洲唯心主义的虚无主义流派，与20世纪七八十年代以来主要流行于社会主义国家、专门用来虚无共产党和社会主义国家历史的历史虚无主义思潮之间的区别。对于这股思潮的本质，习近平总书记在"1·5"讲话中也给予了鞭辟入里的分析。他首先引用清代龚自珍的名言"灭人之国，必先去其史"，说明历史记述和解释与国家存亡之间的密切关系，随后一针见血地指出："国内外敌对势力往往就是拿中国革命史、新中国历史来做文章，竭尽攻击、丑化、污蔑之能事，根本目的就是要搞乱人心，煽动推翻中国共产党的领导和我国社会主义制度。"[1]他以苏联亡党亡国为例，进一步揭示历史虚无主义思潮可能产生的恶劣后果，说"苏联为什么解体？苏共为什么垮台？一个重要原因就是意识形态领域的斗争十分激烈，全面否定苏联历史、苏共历史，否定列宁，否定斯大林，搞历史虚无主义，思想搞乱了，各级党组织几乎没任何作用了，军队都不在党的领导之下了。最后，苏联共产党偌大一个党就作鸟兽散了，苏联偌大一个社

---

[1]《十八大以来重要文献选编》（上），北京：中央文献出版社，2014年，第113页。

会主义国家就分崩离析了。这是前车之鉴啊！"①

　　由于习近平总书记在中国特色社会主义刚刚进入新时代，便及时戳穿了历史虚无主义的本质，揭露了其可能产生的恶果，给人们敲响了警钟，使这个在中国大地上已肆虐二三十年的思潮，终于引起了人们的广泛警惕和认真对待，市场逐渐萎缩，地盘越来越小。此后，习近平总书记又以"宜将剩勇追穷寇"的精神，持续不断地对这股思潮进行批判，并要求宣传思想战线的干部挺直腰杆，同各种错误思潮做坚决斗争，绝不能以不争论、不炒热为借口，替不作为辩护。他强调："现在，国内国外、网上网下都有一些言论，贬低中华文化，否定中华民族的历史贡献，否定近代以来中国人民的奋斗史，歪曲中国共产党的历史、中华人民共和国的历史，歪曲改革开放的历史。这些就是负能量，增加正能量就要对着负能量去有的放矢，正面交锋。"②他说："一些单位和党政干部政治敏感性、责任感不强，在重大意识形态问题上含含糊糊、遮遮掩掩，助长了错误思潮的扩散。"③他督促有关部门和领导"要敢抓敢管，敢于亮剑"④，指出："对那些恶意攻击党的领导、攻击社会主义制度、歪曲党史国史、造谣生事的言论"，⑤一切媒体、书刊、讲台论坛、影视剧场都不能为之提供空间、提供方便。

----

① 《十八大以来重要文献选编》（上），北京：中央文献出版社，2014 年，第 113 页。

② 《习近平关于社会主义文化建设论述摘编》，北京：中央文献出版社，2017 年，第34 页。

③ 《习近平关于社会主义文化建设论述摘编》，北京：中央文献出版社，2017 年，第35 页。

④ 《习近平关于社会主义文化建设论述摘编》，北京：中央文献出版社，2017 年，第27 页。

⑤ 《习近平关于社会主义文化建设论述摘编》，北京：中央文献出版社，2017 年，第28 页。

正因为新时代十年抓住思想舆论阵地不放松，西方敌对势力妄想通过散布历史虚无主义思潮在我国掀起颜色革命的图谋，才未能得逞。可见，古人说，"灭人之国，必先去其史"，反过来说，要"护己之国"，也"必先卫其史"。从这个意义上说，历史研究既有资政育人的功能，也有护国的功能。从事新中国史的研究，绝不能为研究而研究，而应当自觉树立护国意识，积极发挥国史研究的护国功能，同历史虚无主义思潮做坚决斗争，用唯物史观指导的历史叙事和阐释，捍卫中华人民共和国的利益和荣誉，捍卫社会主义的制度和共产党的领导。

五、关于对中国特色社会主义也要不断深化认识

党的十九大报告指出："十八大以来，国内外形势变化和我国各项事业发展都给我们提出了一个重大时代课题，这就是必须从理论和实践结合上系统回答新时代坚持和发展什么样的中国特色社会主义、怎样坚持和发展中国特色社会主义。"[①] 这一论述说明，习近平新时代中国特色社会主义思想，主要是围绕中国特色社会主义的问题展开的。这一问题与什么是社会主义的问题有联系，但不完全是一回事。关于这一点，在"1·5"讲话中已初见端倪。

"1·5"讲话指出："坚持和发展中国特色社会主义是一篇大文章"，"我们这一代共产党人的任务，就是继续把这篇大文章写下去。"[②] 改革开放 30 多年来，对社会主义的认识、对中国特色社会主义的把握，已经达到了前所未有的高度。但也要看到，我国社会主义还处在初级阶段，我们还面临很多没有弄清楚的有待解决的难题，

①《十九大以来重要文献选编》（上），北京：中央文献出版社，2019 年，第 13 页。
②《十八大以来重要文献选编》（上），北京：中央文献出版社，2014 年，第 114 页。

对许多重大问题的认识和处理还处在不断深化的过程之中。为此，"1·5"讲话进一步指出：坚持马克思主义，坚持社会主义，一定要有发展的观点，要以我国改革开放和现代化建设的实际问题、以我们正在做的事情为中心。世界上没有放之四海而皆准的发展道路和发展模式，也没有一成不变的发展道路和发展模式。我们不能把过去取得的实践和理论成果，当成骄傲自满的理由和继续前进的包袱。我们的事业越前进、越发展，新情况新问题就会越多，面临的风险、挑战就会越多，面对的不可预料的事情就会越多。解放思想、实事求是、与时俱进，是马克思主义的活的灵魂。我们必须坚持马克思主义的发展观点，坚持实践是检验真理的唯一标准，发挥历史的主动性和创造性，清醒认识世情、国情、党情的变和不变，以逢山开路、遇水架桥的精神，敢于和善于分析回答现实生活中和群众思想上迫切需要解决的问题，"不断深化改革，不断有所发现、有所创造、有所前进，不断推进理论创新、实践创新、制度创新。"[①] 把这些论述概括起来讲，就是对社会主义的认识不能止步不前，对中国特色社会主义的认识同样不能止步不前，都要坚持解放思想、实事求是、与时俱进，都要坚持实践是检验真理的唯一标准。

只要回顾新时代十年就会看到，上述观点正是习近平总书记在这十年来所反复强调的，习近平新时代中国特色社会主义思想也是按照这个思路不断展开和丰富的。概括起来说就是，一方面社会主义初级阶段还要经历很长时间，不能轻言结束，不能做超越阶段的事情；另一方面，这个阶段并不是凝固的一成不变的，而是不断向前发展的，其中也会有不同的发展阶段。说新时代也好，新发展阶段也罢，都是指在社会主义初级阶段中又出现了一个新阶段。在社

---

① 《十八大以来重要文献选编》（上），北京：中央文献出版社，2014年，第115页。

会主义初级阶段中再划分不同阶段，显然是习近平新时代中国特色社会主义思想对中国特色社会主义认识深化的重要标志，是我党继创立社会主义初级阶段理论之后，对科学社会主义的又一次重大理论创新。

新中国至今已有73年历史，回首往事，在建设社会主义的道路上既取得了举世公认的辉煌成就，也出现过这样那样的曲折，产生过这样那样的分歧。这些成就的取得和曲折、分歧的产生，无不与对中国社会主义社会发展状况的判断和发展方向的认识有关。社会主义初级阶段的理论，使我们认清了中国当前最大的实际、最大的国情；初级阶段的社会主义理论，又使我们明确了与社会主义初级阶段相适应的一系列方针、政策，以及社会主义初级阶段发展的正确方向；新时代中国特色社会主义的理论，更使我们看到社会主义初级阶段中还有向前发展的不同阶段。在"1·5"讲话同一年的另一次讲话中，习近平总书记又指出："任何超越现实、超越阶段而急于求成的倾向都要努力避免，任何落后于实际、无视深刻变化着的客观事实而因循守旧、故步自封的观念和做法都要坚决纠正。"[1]我们要用习近平新时代中国特色社会主义思想，统一全党和群众的认识，按照习近平总书记的要求，用正确的政治方向校准在重大战略的谋划、重大政策的制定、重大任务的部署、重大工作的推进中可能出现的偏差，既不做超越阶段的事，也不做违背社会主义基本原则的事，而是尽力而为地去做促进初级阶段不断向前发展的事。只要这样做，就一定能使社会主义初级阶段经过新发展阶段和今后出现的其他一系列阶段，逐步向社会主义的高级阶段前进，最终实现共产主义的伟大理想。

---

[1]《十八大以来重要文献选编》（上），北京：中央文献出版社，2014年，第696页。

六、关于共产党员特别是党员领导干部必须做共产主义远大理想和中国特色社会主义共同理想的坚定信仰者和忠实践行者

"1·5"讲话强调："中国特色社会主义是党的最高纲领和基本纲领的统一。……我们既要坚定走中国特色社会主义道路的信念，也要胸怀共产主义的崇高理想，矢志不移贯彻执行党在社会主义初级阶段的基本路线和基本纲领，做好当前每一项工作。"① 这个观点是"1·5"讲话的又一重点，也是习近平总书记在新时代十年里所反复强调、不断充实的一个观点，是习近平新时代中国特色社会主义思想的重要内容之一。

改革开放以来，有人认为现在是社会主义初级阶段，再讲共产主义，不利于吸引外资；共产主义遥遥无期，还是少讲为好；甚至胡说共产主义是乌托邦，不应作为人民的奋斗目标；市场经济是永恒的，在市场经济前面不应加社会主义四个字，等等。针对这些错误言论，邓小平、陈云等老一辈革命家给予过针锋相对的批判。共产主义社会距离我们当然还很遥远，但不意味着遥不可及，更不是乌托邦和空中楼阁。共产主义不仅仅指未来社会，它同时也是以实现共产主义为目标的一种运动、一场斗争。只要是以共产主义为理想的运动和斗争，每一个胜利都是向共产主义社会迈进的一步。党的十八大后，习近平总书记对树立共产主义理想信念给予了前所未有的强调，指出在共产党最高奋斗目标是共产主义的问题上，"不要含糊其辞、语焉不详"②。

---

① 《十八大以来重要文献选编》（上），北京：中央文献出版社，2014 年，第 116 页。

② 《习近平关于全面从严治党论述摘编》，北京：中央文献出版社，2016 年，第 66 页。

在社会主义初级阶段，在执行中国特色社会主义政策的同时，为什么必须坚定共产主义理想信念呢？围绕这个问题，习近平总书记作了大量分析。归纳起来，主要有两点：

首先，中国特色社会主义是共产主义的组成部分，不坚定共产主义理想，就不可能坚持和发展中国特色社会主义。习近平总书记指出："我们党以马克思主义为立党之本，以实现共产主义为最高理想，以全心全意为人民服务为根本宗旨。这就是共产党人的本。没有了这些，就是无本之木。我们整个道路、理论、制度的逻辑关系就在这里……我们党带领全国各族人民开创和发展中国特色社会主义道路、中国特色社会主义理论体系、中国特色社会主义制度，都源于这个理想信念。"[1]"不能因为实现共产主义理想是一个漫长的过程，就认为那是海市蜃楼，就不去做一个忠诚的共产党员。""实现共产主义是我们共产党人的最高理想，而这个最高理想是需要一代又一代人接力奋斗的。如果大家都觉得这是看不见摸不着的东西，没有必要为之奋斗和牺牲，那共产主义就真的永远实现不了了。我们现在坚持和发展中国特色社会主义，就是向着最高理想所进行的实实在在努力。"[2]他在"1·5"讲话中也说过："一代又一代共产党人为了追求民族独立和人民解放，不惜流血牺牲，靠的就是一种信仰，为的就是一个理想。尽管他们也知道，自己追求的理想并不会在自己手中实现，但他们坚信，只要一代又一代人为之持续努力，一代又一代人为此作出牺牲，崇高的理想就一定能实现。"[3]

其次，坚定共产主义理想信念，是为了在执行中国特色社会主

①《习近平关于全面从严治党论述摘编》，北京：中央文献出版社，2016年，第62—63页。

②《十八大以来重要文献选编》（中），北京：中央文献出版社，2016年，第321页。

③《十八大以来重要文献选编》（上），北京：中央文献出版社，2014年，第116页。

义基本纲领的过程中不迷失方向，不松懈奋斗意志，不是要在现阶段就实行共产主义的政策。习近平总书记指出："对马克思主义、共产主义的信仰，对社会主义的信念，是共产党人精神上的'钙'。没有理想信念，理想信念不坚定，精神上就会得'软骨病'，就会在风雨面前东摇西摆。"① "如果理想信念不坚定，遇到一点风雨就动摇，那尽管平时表面上看着忠诚，但最终也是靠不住的。"② 在中国特色社会主义进入新时代后，以习近平同志为核心的党中央反复强调"不忘初心、牢记使命"，并在全党开展了以此为主题的教育活动。所谓初心和使命，就是中国共产党建立之初确立的奋斗目标、宗旨和任务。习近平总书记指出："中国共产党之所以叫共产党，就是因为从成立之日起我们党就把共产主义确立为远大理想。我们党之所以能够经受一次次挫折而又一次次奋起，归根到底是因为我们党有远大理想和崇高追求。"③ "国内外各种敌对势力，总是企图让我们党改旗易帜、改名换姓，其要害就是企图让我们丢掉对马克思主义的信仰，丢掉对社会主义、共产主义的信念。"④

与此相联系的一个问题是，否定了"无产阶级专政下继续革命"的理论，还能不能再讲革命，再说我们党是革命党。一段时间以来，关于"要把我们党由革命党转变为执政党"的舆论甚嚣尘上，讲"革命"成了禁忌，被当成"左"的表现。对此，习近平总书记自从党的十八大以来一再强调，"革命理想高于天"，"不要忘

---

① 习近平：《在纪念陈云同志诞辰110周年座谈会上的讲话》，北京：人民出版社，2015年，第6页。

②《论坚持党对一切工作的领导》，中央文献出版社2019年版，第62页。

③《十八大以来重要文献选编》（下），北京：中央文献出版社，2018年，第347页。

④《习近平关于"不忘初心、牢记使命"论述摘编》，北京：党建读物出版社、中央文献出版社，2019年，第79页。

记我们是革命者"①；指出："共产主义远大理想和中国特色社会主义共同理想，是中国共产党人的精神支柱和政治灵魂，也是保持党的团结统一的思想基础。"②"我们党是马克思主义执政党，但同时是马克思主义革命党"。③ 只要把党的十八大前后加以比较，人们就会看到，突出坚定理想信念，确实是新时代与此前时期相比的一个显著区别，也是习近平新时代中国特色社会主义思想的一大显著特色。

七、关于必须做好社会主义和资本主义两种社会制度长期合作与斗争的各方面准备

这个问题与坚定共产主义理想信念有逻辑上的因果关系。因为实现共产主义必须经历很长的历史阶段，所以，社会主义制度必然会在很长的历史阶段中与资本主义制度同时存在。要坚定共产主义理想信念，就意味着必须做好社会主义和资本主义两种社会制度长期合作与斗争的准备。

"1·5"讲话为了说明为什么社会主义和资本主义这两种社会制度要长期合作与斗争的道理，具体提出了两个论据：一是资本主义社会具有自我调节能力，二是西方发达国家在经济科技军事方面将对社会主义国家长期占据优势。习近平总书记指出，我们"必须深刻认识资本主义社会的自我调节能力"，"充分估计到西方发达国家在经济科技军事方面长期占据优势的客观现实"；"必须认真学习和借鉴资本主义创造的有益文明成果"，"必须面对被人们用西方

---

① 习近平：《在纪念周恩来同志诞辰 120 周年座谈会上的讲话》，《人民日报》2018 年 3 月 2 日。

② 《十九大以来重要文献选编》（上），北京：中央文献出版社，2019 年，第 44 页。

③ 习近平：《坚持和发展中国特色社会主义要一以贯之》，《求是》2022 年第 18 期。

发达国家的长处来比较我国社会主义发展中的不足并加以指责的现实"。而在处理与资本主义国家关系中，"最重要的，还是要集中精力办好自己的事情，……不断建设对资本主义具有优越性的社会主义，不断为我们赢得主动、赢得优势、赢得未来打下更加坚实的基础。"① 就是说，面对资本主义制度的物质优势和打压，一要创造比资本主义更好的劳动生产率，二要站稳社会主义的脚跟不动摇。

只要回顾新时代十年就会看到，党的十八大以来在处理与资本主义国家既合作又斗争的关系问题上，正是按照上述思路开展工作的。这些工作，我认为主要体现在以下三个方面：

第一，积极推动构建人类命运共同体，倡导摒弃冷战思维，走对话而不对抗、结伴而不加盟的国与国交往的新路。

第二，全面推进中国特色大国外交，高举和平、发展、合作、共赢的大旗，坚决反对霸权主义、强权政治、霸凌行径，推动建设新型国际关系和大国关系，加强同广大发展中国家的团结合作，积极参与全球治理体系的改革和建设，反对搞针对特定国家的阵营化和排他性的小圈子。

第三，提出并坚持总体国家安全观，完善国家安全机制，维护重点领域的国家安全，以人民安全为宗旨，以政治安全为根本，以经济安全为基础，以军事、文化、社会安全为保障，以促进国际安全为依托，走出一条中国特色的国家安全道路。

在维护重点领域的国家安全方面，习近平总书记强调较多的是政治安全和文化安全。加强政治安全、文化安全，说到底是打牢同资本主义、帝国主义国家斗争的基础。关于政治安全，他指出：国内外各种敌对势力总是企图让我们党改旗易帜、改名换姓，"而我

---

① 《十八大以来重要文献选编》（上），北京：中央文献出版社，2014 年，第 117 页。

们有些人甚至党内有的同志却没有看清这里面暗藏的玄机，认为西方'普世价值'经过了几百年，为什么不能认同？西方一些政治话语为什么不能借用？接受了我们也不会有什么大的损失，为什么非要拧着来？有的人奉西方理论、西方话语为金科玉律，不知不觉成了西方资本主义意识形态的吹鼓手"①。"冷战结束以来，在西方价值观念鼓捣下，一些国家被折腾得不成样子了……如果我们用西方资本主义价值体系来剪裁我们的实践，用西方资本主义评价体系来衡量我国发展，符合西方标准就行，不符合西方标准就是落后的陈旧的，就要批判、攻击，那后果不堪设想！"②他强调，要把握政治体制改革的方向，指出："有的人把改革开放定义为往西方'普世价值'、西方政治制度的方向改，否则就是不改革开放。这是曲解我们的改革开放。"③这些论述就是提醒人们要警惕和抵制西方资本主义国家对我国的和平演变图谋，确保国家的政治安全。

关于文化安全，习近平总书记同样告诫人们要高度警惕和坚决抵制西方的和平演变。他指出："我们在集中精力进行经济建设的同时，一刻也不能放松和削弱意识形态工作。在这方面，我们有过深刻教训。一个政权的瓦解往往是从思想领域开始的，政治动荡、政权更迭可能在一夜之间发生，但思想演化是个长期过程。"④"当前，各种敌对势力一直企图在我国制造'颜色革命'，妄图颠覆中

---

① 《习近平关于总体国家安全观论述摘编》，北京：中央文献出版社，2018年，第33页。

② 《习近平关于总体国家安全观论述摘编》，北京：中央文献出版社，2018年，第33—34页。

③ 《习近平关于总体国家安全观论述摘编》，北京：中央文献出版社，2018年，第19页。

④ 《习近平关于总体国家安全观论述摘编》，北京：中央文献出版社，2018年，第100页。

国共产党领导和我国社会主义制度。这是我国政权安全面临的现实危险。他们选中的一个突破口就是意识形态领域，企图把人们思想搞乱，然后浑水摸鱼、乱中取胜……历史和现实都警示我们，思想舆论阵地一旦被突破，其他防线就很难守得住。在意识形态领域斗争上，我们没有任何妥协、退让的余地，必须取得全胜。"① 他强调："意识形态关乎旗帜、关乎道路、关乎国家政治安全。各级党委和宣传思想部门、组织部门、教育部门要加强领导和管理，党报党刊党网、党政干部院校、大专院校要强化政治意识、责任意识，在重大问题上与党中央保持高度一致，绝不允许与中央唱反调，绝不允许吃共产党的饭、砸共产党的锅。"②

新时代十年在贯彻总体国家安全观方面的一个突出进展，是对香港"一国两制"实践的全面准确推进。自从 1997 和 1999 年先后实现港澳回归以来，香港"反中乱港"分子勾结国内外反华势力，多次举行非法集会、游行，疯狂进行打砸烧等暴力破坏活动，甚至打出"港独"旗号，使香港局势一度出现严峻局面。面对这些情况，以习近平同志为核心的党中央沉着应对，强调必须全面准确贯彻"一国两制""港人治港"、高度自治，指出"一国两制"，首先要树立"一国"意识，坚守"一国"原则，维护国家统一；高度自治不是完全自治，中央政府对香港特区拥有全面管治权；要坚持爱国者为主体的"港人治港"，发展壮大爱国爱港力量，增强香港同胞的国家意识和爱国精神。为了健全中央依照宪法和基本法对特别行政区行使全面管治权，推动建立健全特别行

---

① 《习近平关于总体国家安全观论述摘编》，北京：中央文献出版社，2018 年，第 118 页。

② 《习近平关于总体国家安全观论述摘编》，北京：中央文献出版社，2018 年，第 111 页。

政区维护国家安全的法律制度和执行机制，十三届全国人大常委会和十三届全国人大四次会议先后通过了《香港特别行政区维护国家安全法》和关于香港特别行政区选举制度的决定，并建立了中央人民政府驻香港特别行政区维护国家安全公署；香港特别行政区也依法设立了维护国家安全委员会，完善了公职人员宣誓制度。这些举措，解决了香港回归祖国后长期未纳入国家治理体系的问题，对于香港由乱转治、有效落实中央对香港的全面管治权、保障香港长治久安和长期稳定繁荣，具有重大而深远的意义，是香港主权回归后在治权上的真正回归。

自从 20 世纪七十年代末八十年代初以来，我们党根据和平与发展已代替战争与革命成为时代特征的新变化，在对外政策上做出了较大调整，努力改善与资本主义国家的关系，为国内经济建设创造良好环境；同时，从维护国家安全出发，一刻也没有放松对西方敌对势力渗透、颠覆、分裂活动的防范和抵御。党的十八大以来，以习近平同志为核心的党中央进一步总结了我们在处理与资本主义国家关系上的经验教训，完善了与资本主义国家既合作又斗争的措施，构成新时代中国特色社会主义的又一个重要内容。党的二十大报告指出：十年来，我们贯彻总体国家安全观，在原则问题上寸步不让，旗帜鲜明反对一切霸权主义和强权政治，推动构建新型国际关系，清醒看到"各种可以预见和难以预见的狂风暴雨、惊涛骇浪"①，"来自外部的打压遏制随时可能升级"②，必须"扎实做好各战略方向军事斗争准备，统筹推进传统安全领域和新型安全领域军事

① 《加快构建新发展格局 增强发展的安全性主动权》，《人民日报》2023 年 2 月 2 日，第 1 版。

② 《中国共产党第二十次全国代表大会文件汇编》，北京：人民出版社，2022 年，第 22 页。

斗争准备"①。正如习近平总书记在纪念中国人民志愿军抗美援朝出国作战 70 周年大会讲话中所说："中国人民不惹事也不怕事，在任何困难和风险面前，腿肚子不会抖，腰杆子不会弯，中华民族是吓不倒、压不垮的！"② 这些论述，正是新时代对两种社会制度既合作又斗争关系的深刻总结和精辟概括。

八、关于必须坚定走中国特色社会主义道路的决心和信心

随着鸦片战争后列强的不断入侵，中国人的自信心遭受极大挫伤。新中国成立后，中国人民站了起来，特别是抗美援朝打败了美国侵略者，中国人重新拾回了自信心。然而曾几何时，有些中国人又变得缺乏自信心了。"以洋为美""唯洋是从"被一些人奉为原则。针对这种现象，党的十八大报告提出了"道路自信、制度自信、理论自信"的概念。"1·5"讲话虽然没有使用"自信"这个词，但对"自信"的根据却进行了充分论证。

"1·5"讲话指出："我们党在革命、建设、改革各个历史时期，坚持从我国国情出发，探索并形成了符合中国实际的新民主主义革命道路、社会主义改造和社会主义建设道路、中国特色社会主义道路，这种独立自主的探索精神，这种坚持走自己路的坚定决心，是

---

① 《中国共产党第十九次全国代表大会文件汇编》，北京：人民出版社，2017 年，第 43—44 页。

② 纪念中国人民志愿军抗美援朝出国作战 70 周年大会在京隆重举行》，《人民日报》2020 年 10 月 24 日。

我们党不断从挫折中觉醒、不断从胜利走向胜利的真谛。"① 讲话还说："只要我们坚持独立自主走自己的路，毫不动摇坚持和发展中国特色社会主义，我们就一定能在中国共产党成立 100 年时全面建成小康社会，就一定能在新中国成立 100 年时建成富强民主文明和谐的社会主义现代化国家。"② 这里没有出现"自信"两个字，但论证的正是关于我们为什么要自信、能自信的道理。

就在"1·5"讲话之后两个月的十二届全国人大一次会议上，习近平总书记进一步发挥了"1·5"讲话的这一论述精神，明确提出了中国特色社会主义道路自信、制度自信、理论自信的概念。他指出，中国特色社会主义道路是在改革开放 30 多年的伟大实践、中华人民共和国 60 多年的持续探索、是在对近代以来 170 多年中华民族发展历程的深刻总结，是在对中华民族 5000 多年悠久文明的传承中走出来的，"具有深厚的历史渊源和广泛的现实基础"③。我们创造了伟大的中华文明，也能够继续拓展和走好适合中国国情的发展道路，因此，"要增强对中国特色社会主义的道路自信、理论自信、制度自信"④。过了三年，在庆祝中国共产党成立 95 周年大会上，他在上述"三个自信"的基础上，又提出了"文化自信"的概念，形成了"四个自信"的完整表述，使这一观点成为习近平新时代中国特色社会主义思想的又一重要内容，为树立民族自信心提供了重要的理论依据，并逐渐融入新时代人们的日常话语体系。正如他在那篇讲话中所说："当今世界，要说哪个政党、哪个国家、

---

① 《十八大以来重要文献选编》（上），北京：中央文献出版社，2014 年，第 117—118 页。

② 《十八大以来重要文献选编》（上），北京：中央文献出版社，2014 年，第 118 页。

③ 《十八大以来重要文献选编》（上），北京：中央文献出版社，2014 年，第 234 页。

④ 《十八大以来重要文献选编》（上），北京：中央文献出版社，2014 年，第 235 页。